Die Anwendbarkeit der Verbrauchsgüterkaufvorschriften auf Leasinggeschäfte

Schriften zum Handels- und Wirtschaftsrecht
Herausgegeben von Michael Kling, Herbert Leßmann
und Ralph Backhaus

Band 30

Zur Qualitätssicherung und Peer Review der vorliegenden Publikation

Die Qualität der in dieser Reihe erscheinenden Arbeiten wird vor der Publikation durch Herausgeber der Reihe geprüft.

Notes on the quality assurance and peer review of this publication

Prior to publication, the quality of the work published in this series is reviewed by editors of the series.

Michael Schlemmer

Die Anwendbarkeit der Verbrauchsgüterkaufvorschriften auf Leasinggeschäfte

Zugleich ein Beitrag zur Lehre vom Umgehungsgeschäft

PL ACADEMIC RESEARCH

Bibliografische Information der Deutschen Nationalbibliothek
Die Deutsche Nationalbibliothek verzeichnet diese Publikation in der Deutschen Nationalbibliografie; detaillierte bibliografische Daten sind im Internet über http://dnb.d-nb.de abrufbar.

Zugl.: Marburg, Univ., Diss., 2016

Gedruckt auf alterungsbeständigem,
säurefreiem Papier.

D 4
ISSN 1439-4189
ISBN 978-3-631-71555-0 (Print)
E-ISBN 978-3-631-71556-7 (E-PDF)
E-ISBN 978-3-631-71557-4 (EPUB)
E-ISBN 978-3-631-71558-1 (MOBI)
DOI 10.3726/b10667

PL Academic Research ist ein Imprint der Peter Lang GmbH.

Peter Lang – Frankfurt am Main · Bern · Bruxelles · New York · Oxford · Warszawa · Wien

Diese Publikation wurde begutachtet.

www.peterlang.com

Meinen Eltern
Helwig und Susanne Anna Gela

Vorwort

Diese Arbeit wurde im Januar 2016 vom Fachbereich Rechtswissenschaften der Philipps-Universität Marburg als Dissertation angenommen. Rechtsprechung und Literatur sind im Wesentlichen berücksichtigt bis Ende 2015.

Anstoß für diese Arbeit war eine Entscheidung des BGH aus dem Jahr 2005. Mein Interesse an dem Thema hat der nicht normierte Vertragstyp Leasing und seine Verknüpfung mit dem Verbraucherschutz geweckt. Nach näherer Befassung haben sich die Lehre vom Umgehungsgeschäft und das normierte Umgehungsverbot beim Verbrauchsgüterkauf als weitere Themenschwerpunkte hinzugesellt. Antrieb bei der Untersuchung war die Freiheit des deutschen Zivilrechts innerhalb der Vorgaben des europäischen Rechts. Die dogmatische Klarheit, bei diesem durch allgemeine Rechtssätze und den Allgemeinen Teil des Schuldrechts geprägten Thema, war meine Intention beim Verfassen der Arbeit.

Für die stete Unterstützung und große Geduld sowie die Empfehlung zur Aufnahme in diese Schriftenreihe bedanke ich mich herzlich bei meinem geschätzten Doktorvater Prof. Dr. Ralph Backhaus. Diu manentia tandem bona fiunt. Prof. Dr. Christine Budzikiewicz danke ich für das Engagement und ihre Akribie als Zweitgutachterin. Mein Dank gilt ferner Maria Riebeling als Lektorin und der Kanzlei Kapellmann und Partner Rechtsanwälte mbB für die vielfältige Unterstützung bei der Abfassung dieser Arbeit. Mein besonderer und ewiger Dank gilt meinen Eltern, denen diese Arbeit gewidmet ist, und meinen Großeltern Karl und Martha Becker. Sie haben meine Entscheidung zur Promotion vorbehaltlos unterstützt, gefördert und in Zeiten des Zweifels verteidigt, ohne je zu fordern. Ohne sie wäre diese Arbeit nicht entstanden. Gleiches gilt denen, die mir nicht wegen sondern trotz der Promotion beigestanden haben.

Inhaltsverzeichnis

Literaturverzeichnis

Arnold, Arnd: Gewährleistung beim Finanzierungsleasing nach der Schuldrechtsreform, in: Deutsches Steuerrecht (DStR) 2002, Seite 1049 bis 1055

Bamberger, Heinz Georg (Hrsg.) / **Roth**, Herbert (Hrsg.): Beck'scher Online-Kommentar BGB, 34. Edition, Stand 2/2015 München

Beckmann, Heiner: Anmerkung zum Urteil des BGH vom 21.12.2005 - VII ZR 85/05, in: Entscheidungssammlung zum Wirtschafts- und Bankrecht (WuB) I J 2. Leasing - 1.06H. Beckmann, WuB I J 2. - 1.06

Beckmann, Heiner: Finanzierungsleasing, 3. Auflage, München 2006

Benecke, Martina: Gesetzesumgehung im Zivilrecht, Tübingen 2004

Berger, Nikolaus: Typus und Rechtsnatur des Herstellerleasing, Heidelberg 1988

Bernstein, Rainer: Auswirkung der neuen höchstrichterlichen Rechtsprechung auf die Vertragsgestaltung des Mobilien-Finanzierungsleasingvertrages, in: Der Betrieb (DB) 1985, S. 1877 bis 1883

Bernstein, Rainer: Der Tatbestand des Mobilien-Finanzierungsleasingvertrages und seine rechtliche Einordnung als Vertrag „sui generis", Frankfurt am Main 1983

Bertram, Klaus (Hrsg.) / **Brinkmann**, Ralph / **Kessler**, Harald / **Müller**, Stefan: Haufe HGB Bilanz Kommentar : [§§ 238 - 342e HGB], 5. Auflage, Freiburg i. Br. 2014

Blomeyer, Jürgen: Das Finanzierungsleasing unter dem Blickwinkel der Sachmängelhaftung und des Abzahlungsgesetzes, in: Neue Juristische Wochenschrift (NJW) 1978, S. 973 bis 977

Borggräfe, Joachim: Die Zwangsvollstreckung in bewegliches Leasinggut - Finanzierungsleasing als Kreditvertrag, Berlin 1976

Breitfeld, Lothar: Die Schuldrechtsmodernisierung - Auswirkungen auf das Mobilien-Leasing, in: Finanzierung Leasing Factoring (FLF) 2003, S. 215 bis 222

Brox, Hans / **Walker,** Wolf-Dietrich: Allgemeiner Teil des BGB, 37. Auflage, München 2013

Bruns, Patrick: Kaufrechtliche Ersatzlieferung nur gegen Nutzungsentschädigung?, in: Neue Zeitschrift für Verkehrsrecht (NZV) 2006, S. 640 bis 644

Büschgen, Hans E. (Hrsg.): Praxishandbuch Leasing, München 1998

Canaris, Claus-Wilhelm: Finanzierungsleasing und Wandelung, in: Neue Juristische Wochenschrift (NJW) 1982, S. 305 bis 312

Canaris, Claus-Wilhelm: Handelsgesetzbuch Großkommentar, 3. Auflage, Dritter Band: 3. Teil, Bankvertragsrecht, 2. Überarbeitung, Berlin 1981

Canaris, Claus-Wilhelm: Interessenlage, Grundprinzipien und Rechtsnatur des Finanzierungsleasing, in: Archiv für die civilistische Praxis (AcP) 1990, S. 410 bis 469

Canaris, Claus-Wilhelm: Schuldrechtsmodernisierung 2002, München 2002

Cholstinina, Janina: Anmerkung zum Urteil des BGH vom 21.12.2005 - VII ZR 85/05, in: Neue Justiz (NJ) 2006, Seite 318

Dauner-Lieb, Barbara / **Heidel**, Thomas / **Ring**, Gerhard: Anwaltkommentar BGB, Band 2: Schuldrecht, Teilband 1 (§§ 241–610), Bonn 2005

Dietz, Albrecht: Die betriebswirtschaftlichen Grundlagen des Leasing, in: Archiv für die civilistische Praxis (AcP) 1990, S. 235 bis 259

Doehner, Rupert: Die Schuldrechtsreform vor dem Hintergrund der Verbrauchsgüterkauf-Richtlinie, Baden-Baden 2004

Döller, Georg: Leasing – wirtschaftliches Eigentum oder Nutzungsrecht?, in: Betriebs-Berater (BB) 1971, S. 535 bis 540

Ebenroth, Carsten Thomas: Der Finanzierungs-Leasing-Vertrag als Rechtsgeschäft zwischen Miete und Kauf – BGH, Betr. 1977, 395, in: Juristische Schulung (JuS. 1978, S. 588 bis 594

Eck, Wolfgang A.: 40 Jahre Leasing in Deutschland – Die Geschichte der Deutschen Leasing AG, in: Finanzierung Leasing Factoring (FLF) 2002, S. 200 bis 201

Eckert, Hans-Georg : Anmerkung zum Urteil des OLG Naumburg vom 01.03.2005 – 11 U 132/04, in: Entscheidungen zum Wirtschaftsrecht (EWiR) 2005, § 475, 1/05, S. 717 und 718

Eckert, Hans-Werner / **Maifeld**, Jan / **Matthiessen**, Michael: Handbuch des Kaufrechts, 2. Auflage, München 2014

Ehmann, Horst / **Rust,** Ulrich: Die Verbrauchsgüterkaufrichtlinie, in: Juristen Zeitung (JZ) 1999, S. 853 bis 864

Emmerich, Volker: Grundprobleme des Leasings, in: Juristische Schulung (JuS. 1990, S. 1 bis 7

Engel, Johanna: Grundzüge des Immobilien-Leasing, in: Neue Zeitschrift für Miet- und Wohnungsrecht (NZM) 1998, S. 785 bis 789

Erhardt, Karsten: Vermeidung und Umgehung im Verbrauchsgüterkaufrecht, München 2009

Erman, Walter (Begr.): Bürgerliches Gesetzbuch, Band I: §§ 1–758, 14. Auflage, Köln 2014

Figge, Horst: Vertragsformen und kalkulatorische Grundlagen des Leasings, in: Archiv für die civilistische Praxis (AcP) 1990, S. 219 bis 234

Fikentscher, Wolfgang / **Heinemann**, Andreas: Schuldrecht, 10. Auflage, Berlin 2006

Flink, Wolfgang: Leasing-Praxishandbuch für Rentabilitätsvergleiche, Loseblattsammlung, Kissing Stand 09/1987

Flume, Werner: Allgemeiner Teil des Bürgerlichen Rechts, Zweiter Band: Das Rechtsgeschäft, 4. Auflage, Berlin Heidelberg 1992

Flume, Werner: Das Rechtsverhältnis des Leasings in zivilrechtlicher und steuerrechtlicher Sicht, in: Der Betrieb (DB) 1972 S. 1 bis 6; S. 53 bis 61, 105 bis 109 und 152 bis 155

Flume, Werner: Die Rechtsfigur des Finanzierungsleasing, in: Der Betrieb (DB) 1991, S. 265 bis 271

Franke, Robert: Zur Frage des Scheincharakters der Umgehungsgeschäfte, in: Juristische Wochenschrift (JW) 1934, S. 1149 bis 1151

Gebler, Olaf / **Müller**, Christoph: Finanzierungsleasing: Die Auswirkungen der Schuldrechtsreform und neuere Entwicklung in der Vertragspraxis, in: Zeitschrift für Bankrecht und Bankwirtschaft (ZBB) 2002, S. 107 bis 116

Gitter, Wolfgang: Gebrauchsüberlassungsverträge, Tübingen 1988, in: Gernhuber, Joachim (Hrsg.): Handbuch des Schuldrechts, Band 7 (Sammelwerk mit selbstständigen Bänden)

Godefroid, Christoph: Finanzierungsleasingverträge und Schuldrechtsmodernisierungsgesetz, in: Betriebs-Berater (BB) 2003, Beilage Nr. 5: Leasing-Berater, S. 2 bis 10

Gramlich, Ludwig **/ Zerres,** Thomas: Umgehungsverbote im Verbraucherschutz – zur Auslegung des § 5 Abs. 1 HWiG, in: Zeitschrift für Wirtschaftsrecht (ZIP) 1998, S. 1299 bis 1305

Gsell, Beate: Die Beweislast für den Sachmangel beim Verbrauchsgüterkauf, in: Juristische Schulung (JuS) 2005, S. 967 bis 972

Gsell, Beate: Grenzen der Nutzungsentschädigung bei Rückgabe einer mangelhaften Kaufsache, in: Juristische Schulung (JuS) 2006, S. 203 bis 206

Gzuk, Roland: Finanzierungsleasing als alternative Investitionsform, in: Archiv für die civilistische Praxis (AcP) 1990, S. 208 bis 218

Haas, Lothar / **Medicus**, Dieter / **Rolland**, Walter / **Schäfer**, Carsten / **Wendtland**, Holger: Das neue Schuldrecht, München 2002

Habersack, Mathias: Verbraucherleasing nach der Schuldrechtsreform, in: Betriebs-Berater (BB) 2003, Beilage Nr. 6, S. 2 bis 7

Hagenmüller, Karl Friedrich (Hrsg.): Leasing-Handbuch, Frankfurt am Main 1965

Hager, Johannes: Rechtsfragen des Finanzierungsleasing von Hard- und Software, in: Archiv für die civilistische Praxis (AcP) 1990, S. 324 bis 357

Havermann, Hans: Leasing, Düsseldorf 1965

Heermann, Peter W.: Drittfinanzierte Erwerbsgeschäfte, Tübingen 1998

Hertel, Christian: Zur Anwendbarkeit des VerbrKrG auf Leasingverträge sowie bei Schuldbeitritt und Schuldübernahme, in: Entscheidungssammlung zum Wirtschafts- und Bankrecht (WuB) I E 2. § 7 VerbrKrG – 3.99Hertel, WuB I E 2. § 7 VerbrKrG – 3.99

Hiddemann, Hans-Joachim: Die Rechtsprechung des Bundesgerichtshofs zum Leasingvertrag, in: Wertpapier-Mitteilungen (WM) 1978, S. 834 bis 841

von Hippel, Eike: Verbraucherschutz, 3. Auflage, Tübingen 1986

Höpfner, Clemens: Finanzierungsleasing mit Verbraucherbeteiligung als Umgehungstatbestand im Sinne des § 475 Abs. 1 Satz 2 BGB, in: Zeitschrift für Bankrecht und Bankwirtschaft (ZBB) 2006, S. 200 bis 205

Höpfner, Clement: Die Auswirkungen der Schuldrechtsreform auf das Finanzierungsleasing – Typologische Einordnung, in: Finanzierung Leasing Factoring (FLF) 2004, S. 72 bis 77

Jaggy, Ulrike: Kaufvertragliche Ersatzlieferung und Leasingvertrag, in: Betriebs-Berater (BB) 2003, Beilage Nr. 5: Leasing-Berater, S. 14 bis 20

von Jhering, Rudolph: Der Zweck im Recht, Erster Band, 3. Auflage, Leipzig 1893

Klamroth, Sabine: Inhaltskontrolle von Finanzierungs-Leasing-Verträgen über bewegliche Gegenstände nach dem „Leitbild des Leasing-Vertrages", in: Betriebs-Berater (BB) 1982, S. 1949 bis 1957

Klein, Franz (Begr.): Kommentar zur Abgabenordnung, 12. Auflage, München 2014

Koch, Ernst-Gerald: Störungen beim Finanzierungs-Leasing, Berlin 1980

Koch, Rainer: Immobilien-Leasing: Ein Beitrag zur Zivilrechtsdogmatik des Leasing, München 1988

Koziolek, Martin: Die Umgehungsregelung des Verbraucherkreditgesetzes, Bayreuth 1998

Krasensky, Hans (Hrsg.): Leasing – Beiträge über ein neues Verfahren der Investitionsfinanzierung, Wien 1964

Krause, Dieter: Die zivilrechtlichen Grundlagen des Leasing-Verfahrens, Köln 1967

Lammel, Siegbert: Anmerkung zum Urteil des BGH vom 21.12.2005 - VII ZR 85/05, in: jurisPR-MietR 7/2006, Anm. 6

Larenz, Karl: Lehrbuch des Schuldrechts, Band 2: Besonderer Teil, 12. Auflage, München 1981

Larenz, Karl / **Canaris**, Claus-Wilhelm: Lehrbuch des Schuldrechts, Zweiter Band: Besonderer Teil, 2. Halbband, 13. Auflage, München 1994

Larenz, Karl / **Wolf,** Manfred: Allgemeiner Teil des Bürgerlichen Rechts, 9. Auflage, München 2004

Leenen, Detlef: Die Pflichten des Leasing-Gebers, in: Archiv für die civilistische Praxis (AcP) 1990, S. 260 bis 286

Lieb, Manfred: Das Leitbild des Finanzierungs-Leasing im Spannungsfeld von Vertragsfreiheit und Inhaltskontrolle, in: Der Betrieb (DB) 1988, S. 946 bis 954

Löbbe, Marc: Der Finanzierungsleasingvertrag nach der Schuldrechtsreform, in: Betriebsberater (BB) 2003, Beilage 6, S. 7 bis 14

Lorenz, Stephan: Fünf Jahre „neues" Schuldrecht im Spiegel der Rechtsprechung, in: Neue Juristische Wochenschrift (NJW) 2007, S. 1 bis 8

Marek, Michael: Leasing: Historische Entwicklung und Zukunftsperspektiven, in: Finanzierung Leasing Factoring (FLF) 2001, S. 25 bis 28

Martinek, Michael: Moderne Vertragstypen, Band I: Leasing und Factoring, München 1991

Martinek, Michael / **Stoffels**, Markus / **Wimmer-Leonhardt**, Susanne (Hrsg.): Handbuch des Leasingrechts, 2. Auflage, München 2008

Moseschus, Alexander Marcus: Anmerkung zum Urteil des BGH vom 21.12.2005 - VII ZR 85/05, in: Entscheidungen zum Wirtschaftsrecht (EWiR) 2006, § 535, 1/06, S. 299 und 300

Müller, Klaus: Schuldrecht Besonderer Teil – Ein Lehrbuch, Heidelberg 1990

Müller, Markus: Die Umgehung des Rechts des Verbrauchsgüterkaufs im Gebrauchtwagenhandel, in: Neue juristische Wochenschrift (NJW) 2003, S. 1975 bis 1980

Müller-Sarnowski, Barbara: Die Stellung des Lieferanten gegenüber dem Leasingnehmer im Rahmen der leasingtypischen Abtretungskonstruktion, in: Deutsches Autorecht (DAR) 2007, S. 72 bis 77

Müller-Sarnowski, Barbara: Privat-Autoleasing nach der Schuldrechtsreform, eine Bestandsaufnahme, in: Deutsches Autorecht (DAR) 2002, S. 485 bis 496

Najdecki, Damian Wolfgang: Umgehung der Schutzvorschriften für den Verbrauchsgüterkauf, Frankfurt am Main 2008

Oberfeuchtner, Ralph: Finanzierungsleasing und Verbraucherschutz, Berlin 2010

Oechsler, Jürgen: Schuldrecht Besonderer Teil – Vertragsrecht, 1. Auflage München 2003, 2. Auflage München 2007

Omlor, Sebastian: „Verbrauchsgüterleasing" als neue Kategorie, in: Zeitschrift für das gesamte Schuldrecht (ZGS) 2008, S. 220 bis 226

Osterloh, Arn: Anmerkung zum Urteil des BGH vom 21.12.2005 – VII ZR 85/05, in: jurisPR-BGHZivilR 6/2006 Anm. 2

Otting, Joachim: Sachmangelhaftung und Leasing durch Verbraucher, in: Straßenverkehrsrecht (SVR) 2006, S. 175

Oxe, Jennifer Daniela: Der Leasingnehmer als Verbraucher, Baden-Baden 2010

Palandt, Otto (Begr.): Bürgerliches Gesetzbuch, 74. Auflage, München 2015

Papapostolou, Nikolaos: Die Risikoverteilung beim Finanzierungsleasingvertrag über bewegliche Sachen, München 1987

Prütting, Hanns / **Wegen,** Gerhard / **Weinreich,** Gerd (Hrsg.): BGB Kommentar, 9. Auflage, Köln 2014

Reich, Norbert: Die Umsetzung der Richtlinie 1999–44-EG in das deutsche Recht, in: Neue Juristische Wochenschrift (NJW) 1999, S. 2397 bis 2403

Reich, Norbert : Leasing, in: Gitter, Wolfgang (Hrsg.): Vertragsschuldverhältnisse (ohne Kaufrecht), München 1974, S. 49 bis 98

Reinicke, Dietrich / **Tiedtke**, Klaus: Finanzierungsleasing und Sachmängelhaftung, in: Betriebs-Berater (BB) 1982, S. 1142 bis 1148

Reinicke, Dietrich / **Tiedtke**, Klaus: Kaufrecht, 8. Auflage 2009; 7. Auflage, München 2004

Reinking, Kurt: Auswirkungen der geänderten Sachmängelhaftung auf den Leasingvertrag, in: Zeitschrift für das gesamte Schuldrecht (ZGS) 2002, S. 229 bis 235

Reinking, Kurt: Die Auswirkungen der Schuldrechtsreform auf das private Kraftfahrzeugleasing, in: Deutsches Autorecht (DAR) 2002, S. 145 bis 150

Reinking, Kurt / **Eggert**, Christoph: Der Autokauf, 12. Auflage, Köln 2014; 9. Auflage, Neuwied und München 2005

Reinking, Kurt / **Kessler**, Ronald / **Sprenger**, Wolfgang: Autoleasing und Autofinanzierung, Bonn 2007

Römer, Gustav: Gesetzesumgehung im deutschen Internationalen Privatrecht, Berlin 1955

Roth, Herbert: Beweislastumkehr bei Verbrauchsgüterkauf, in: Zeitschrift für Wirtschaftsrecht (ZIP) 2004, S. 2025 bis 2027

Roth, Wulf-Henning: Europäischer Verbraucherschutz und BGB, in: Juristen Zeitung (JZ) 2001, S. 475 bis 490

Runge, Berndt / **Bremer**, Horst / **Zöller**, Günter: Leasing, Heidelberg 1978

Säcker, Franz Jürgen / **Rixecker**, Roland / **Rebmann**, Kurt (teilw.) (Hrsg.): Münchener Kommentar zum Bürgerlichen Gesetzbuch, Band 1: Allgemeiner Teil (§§ 1–240 BGB, AGBG), 4. Auflage, München 2001; Band 3: Schuldrecht Besonderer Teil I (§§ 433–610, Finanzierungsleasing, HeizkostenV, BetriebskostenV, CISG), 6. Auflage, München 2012; Band 3: Schuldrecht Besonderer Teil I (§§ 433–610, Finanzierungsleasing, HeizkostenV, BetriebskostenV, CISG), 5. Auflage, München 2008; Band 3: Schuldrecht Besonderer Teil I (§§ 433–610, Finanzierungsleasing, HeizkostenV, BetriebskostenV, CISG), 4. Auflage, München 2004; Band 3: Schuldrecht Besonderer Teil, 1. Halbband (§§ 433–651k), 2. Auflage, München 1988

Sannwald, Rüdiger: Der Finanzierungsleasingvertrag über bewegliche Sachen mit Nichtkaufleuten, Berlin 1982

von Savigny, Friedrich Carl : System des heutigen römischen Rechts, Band 1, 2. Nachdruck der Ausgabe Berlin 1840, Aalen 1981

Schimansky, Herbert / **Bunte,** Hermann-Josef / **Lwowski,** Hans-Jürgen (Hrsg.): Bankrechts-Handbuch, 4. Auflage, München 2011

Schindler, Sven: Der Verbrauchsgüterkauf, in: Juristische Ausbildung (JA) 2004, S. 835 bis 839

Schröder, Jan: Gesetzesauslegung und Gesetzesumgehung, Paderborn u. a., 1985

Schulz, Mario: Finanzierungleasing unter Verbraucherbeteiligung, Baden-Baden 2010

Schulze-Osterlohe, Joachim : Sale-and-lease-back-Geschäfte – Zivilrechtliche Qualifikation und Ausweis in der Handelsbilanz, in: Zeitschrift für Wirtschaftsrecht (ZIP) 2005, S. 1617 bis 1620

Schurig, Klaus: Die Gesetzesumgehung im Privatrecht, in: Festschrift für Murad Ferid zum 80. Geburtstag, Frankfurt 1988

Sieker, Susanne: Umgehungsgeschäfte, Tübingen 2001

Soergel, Hans Theodor (Begr.) / **Siebert,** Wolfgang (Hrsg.) / **Baur**, Jürgen F. (Hrsg.): Bürgerliches Gesetzbuch, Band 1: Allgemeiner Teil (§§ 1 – 240), 12. Auflage, Stuttgart u. a. 1987; Band 2: Allgemeiner Teil 2 (§§ 104 – 240), 13. Auflage, Stuttgart u. a. 1999; Band 6/2: Schuldrecht 4/2 (§§ 454 – 480), 13. Auflage, Stuttgart u. a. 2009

Sonnenberger, Jürgen: Rechtsfragen beim Leasing beweglicher Sachen, in: Neue Juristische Wochenschrift (NJW) 1983, S. 2217 bis 2222

Soyka, Julia: Der Verbrauchsgüterkauf, Hamburg 2011

Spittler, Hans-Joachim: Leasing für die Praxis, 6. Auflage, Köln 2002

Städler, Arno: Rückläufige Investitionen – geringes Leasingwachstum Marktanteilsgewinn 2012 – 2013 wird spannend, Sonderdruck aus ifo Schnelldienst Nr. 23/2012Städler, ifo-Schnelldienst 23/2012

Stagel, Jakob Fortunat: Die Selbstständigkeit der Gewährleistungsrechte des Leasingnehmers beim Finanzierungsleasing, in: Zeitschrift für Wirtschaftsrecht (ZIP) 2009, S. 846 bis 853

von Staudinger, Julius (Begr.): J. von Staudingers Kommentar zum Bürgerlichen Gesetzbuch mit Einführungsgesetz und Nebengesetzten, §§ 134–163 (Allgemeiner Teil 4), Neubearbeitung Berlin 2003; §§ 134–138, Anhang zu § 138, ProstG (Allgemeiner Teil 4a), Neubearbeitung Berlin 2011; §§ 311, 311a, 312, 312a-i (Vertragsschluss), Neubearbeitung Berlin 2012; §§ 433–487, Leasing (Kaufrecht und Leasingrecht), Neubearbeitung Berlin 2004; §§ 433–480 (Kaufrecht), Neubearbeitung Berlin 2014; Leasing, Neubearbeitung Berlin 2014

Stoffels, Markus : Anmerkung zum Urteil des BGH vom 21.12.2005 – VII ZR 85/05, in: Lindenmaier Möhring – Kommentierte BGH-Rechtsprechung (LMK) 2006, 170499

Stoffels, Markus: Gesetzlich nicht geregelte Schuldverträge, Tübingen 2001

Tacke, Helmut: Bearbeitung und Abwicklung eines Leasingvertrags, in: Der Betrieb (DB) 1988, Beilage 6, S. 3 bis 4

Tamm, Martina: Verbraucherschutzrecht, Tübingen 2011

Teichmann, Arndt: Die „Gesetzesumgehung“ im Spiegel der Rechtsprechung, in: Juristenzeitung (JZ) 2003, S. 761 bis 768

Teichmann, Arndt: Die Gesetzesumgehung, Göttingen 1962

Tiedtke, Klaus / **Möllmann**, Peter: Auswirkungen der Schuldrechtsreform im Leasingrecht, in: Der Betrieb (DB) 2004, S. 583 bis 589

Tiedtke, Klaus / **Peterek**, Jörg: Die Rechtsprechung des BGH zum Leasing seit 2004, in: Der Betrieb (DB) 2008, S. 335 bis 342

Tipke, Klaus / **Kruse,** Heinrich Wilhelm: Kommentar zur Abgabenordnung, Loseblattsammlung, 122. Nachlieferung, Stand März 2010

Tonner, Norbert: Leasing im Steuerrecht, 6. Auflage, Heidelberg München u. a. 2014

Ulmer, Peter / **Brandner**, Hans Erich / **Hensen**, Horst-Diether: AGB-Recht: Kommentar zu den §§ 305–310 BGB und zum UKlaG, 11. Auflage, Köln 2011

Wassermann, Heinrich: Leasing in Deutschland im Jahr 2006: 2212 Gesellschaften am Markt, in: Finanzierung Leasing Factoring (FLF) 2007, S. 258 bis 261

Weber, Jan: Die Entwicklung des Leasingrechts in den Jahren 2001 bis Mitte 2003, in: Neue juristische Wochenschrift (NJW) 2003, S. 2348 bis 2356

Wertenbruch, Johannes: Reichweite der Beweislastumkehr des § 476 beim Gebrauchtwagenkauf – Wesentliche Unterschiede zu einer Garantie, in: Kommentierte BGH-Rechtsprechung (LMK) 2004, S. 156 bis 157

Westerhoff, Rudolf: Gesetzesumgehung und Gesetzeserschleichung, Hamburg 1966

von Westphalen, Friedrich: Auswirkungen der Schuldrechtsreform auf das Leasingrecht, in: Zeitschrift für Wirtschaftsrecht (ZIP) 2006, S. 1653 bis 1661

von Westphalen, Friedrich: Das „neue" Kaufrecht – Bilanz gelöster und teilweise ungelöster Fragen, in: Betriebs-Berater (BB) 2008, S. 2 bis 10

von Westphalen, Friedrich: Immobilien-Leasing-Verträge – einige Aspekte zur notariellen Praxis, in: Mitteilungen des bayerischen Notarvereins, der Notarkasse und der Landesnotarkammer Bayern (MittBayNot) 2004, S. 13 bis 16

von Westphalen, Friedrich: Leasing als „sonstige Finanzierungshilfe" gemäß § 1 Abs. 2 VerbrKrG, in: Zeitschrift für Wirtschaftsrecht (ZIP) 1991, S. 639 bis 644

von Westphalen, Friedrich: Leistungsstörung beim Autoleasing, in: Deutsches Autorecht (DAR) 2006, S. 620 bis 628

von Westphalen, Friedrich (Hrsg.): Der Leasingvertrag, 4. Auflage, Köln 1992

von Westphalen, Friedrich (Hrsg.): Der Leasingvertrag, 6. Auflage, Köln 2008

von Westphalen, Friedrich / **Thüsing**, Gregor (Hrsg.): Vertragsrecht und AGB-Klauselwerke, Loseblattsammlung, Teil: Klauselwerke, Leasing, München Stand 07/2011

Woitkewitsch, Christopher : Anmerkung zum Urteil des BGH vom 21.12.2005 – VII ZR 85/05, in: Verbraucher und Recht (VuR) 2006, S. 440 und 441

Wolf, Eckhard / **Eckert**, Hans-Georg / **Ball**, Wolfgang: Handbuch des gewerblichen Miet-, Pacht- und Leasingrechts, 10. Auflage, Köln 2009; 9. Auflage, Köln 2004

Zahn, Herbert: Der kaufrechtliche Nacherfüllungsanspruch – ein Trojanisches Pferd im Leasingvertrag, in: Der Betrieb (DB) 2002, S. 985 bis 992

Zerres, Thomas: Bedeutung der verbraucherschützenden Umgehungsverbote am Beispiel der „Haustürgeschäfte", in: Monatsschrift für Deutsches Recht (MDR) 2004, S. 1334 bis 1339

Einleitung

Diese Dissertation befasst sich mit der Frage, ob und inwieweit die Regeln über den Verbrauchsgüterkauf auch auf Leasinggeschäfte Anwendung finden können. Der Facettenreichtum dieser Fragestellung zwingt zu einer umfassenden Darstellung, die mit den Grundlagen des Leasings und des Verbrauchsgüterkaufs beginnen muss und sich über die Entwicklung der Grundsätze des Umgehungsgeschäfts zum Kernproblem vorarbeitet. Dabei müssen sowohl steuerrechtliche wie betriebswirtschaftliche Belange berücksichtigt werden, und auch ein Blick auf die Geschichte des Leasings ist angezeigt. Selbstverständlich bedarf die inhaltliche Auseinandersetzung einer vertieften Befassung mit der Rechtsprechung sowie einer eingehenden Literaturrecherche und -aufarbeitung.

A. Einführung in den Untersuchungsgegenstand

Die Schuldrechtsreform hat den Verbrauchsgüterkauf mit seinen umfangreichen verbraucherschützenden Regelungen hervorgebracht. Diese Vorschriften haben spürbare Auswirkungen auf unseren Alltag. Ob der Einkauf bei einer Warenhauskette oder der Kauf eines neuen Pkw; die Einflüsse der §§ 474ff. BGB sind überall und ganz offensichtlich zu spüren. Nun gibt es allerdings auch Bereiche, auf die die Verbrauchsgüterkaufvorschriften Einfluss haben können, die weniger naheliegend sind. Mit einem dieser Bereiche beschäftigt sich diese Arbeit. Haben die Verbrauchsgüterkaufvorschriften Auswirkungen auf Leasinggeschäfte? Ergo: Sind die Verbrauchsgüterkaufvorschriften auf Leasinggeschäfte anwendbar?

Bei einem Liefervertrag im Rahmen eines Finanzierungsleasinggeschäfts[1] agieren sowohl aufseiten des Leasinggebers als auch aufseiten des Lieferanten in aller Regel Unternehmer im Sinne des § 14 BGB.[2] Schließen diese nun einen Kaufvertrag über die Leasingsache, sind die Verbrauchsgüterkaufvorschriften demnach nicht anwendbar. Im Leasingvertrag zwischen Leasinggeber und Leasingnehmer soll nun angenommen werden, der Leasingnehmer ist Verbraucher nach § 13 BGB. Da es sich nach weit überwiegender Ansicht bei einem Finanzierungsleasingvertrag jedenfalls nicht um einen Kaufvertrag handelt,[3] kann es auch in diesem Vertragsverhältnis grundsätzlich nicht zu einem Verbrauchsgüterkauf kommen. Allerdings handelt es sich bei einem Finanzierungsleasinggeschäft meist um ein dreiseitiges Geschäft, dem eben diese zwei Verträge – also Liefervertrag und Leasingvertrag – zugrunde liegen. Inhalt eines Leasingvertrages wird in aller Regel auch die sogenannte leasingtypische Abtretungskonstruktion, die beide Verträge miteinander verbindet.[4] Danach zeichnet sich der Leasinggeber von der Gewährleistung frei und tritt im Gegenzug seine Ansprüche gegen den Lieferanten an den Leasingnehmer ab. Fraglich ist nun, ob und inwieweit der Leasingnehmer, der auch Verbraucher ist, in den Genuss der verbraucherschützenden Normen kommen kann bzw. kommen muss, wenn diese besondere Konstellation vorliegt. Denn der Leasingnehmer wäre sonst nicht nur

1 Siehe unten: Seite 23ff.

2 Dies soll im Folgenden immer angenommen werden, außer es wird explizit etwas anderes ausgeführt.

3 Siehe unten: Seite 26ff.

4 Siehe unten: Seite 24ff.

um die besonderen, nur bei Anwendung der Verbrauchsgüterkaufvorschriften einschlägigen Normen (wie z. B. § 476 BGB) gebracht. Er könnte darüber hinaus von einer eventuellen Haftungsbeschränkung zwischen Leasinggeber und Lieferant tangiert werden, die ihn schlechterstellen würde, als er nach allgemeinem Kaufrecht stünde. Eine Haftungsbeschränkung ist, wie sich aus § 444 BGB ergibt, durchaus möglich, aber sie wäre im Fall eines „gewöhnlichen" Verbrauchsgüterkaufs wegen § 475 I BGB unwirksam. Ist eine solche beispielsweise in den AGB des Lieferanten festgelegt und werden diese dann wirksamer Bestandteil des Liefervertrages, geht die der Abtretungskonstruktion zugrundeliegende Abtretung der Gewährleistungsansprüche des Leasinggebers gegenüber dem Lieferanten an den Leasingnehmer ins Leere. Der an sich schützenswerte Verbraucher hätte dann nicht die Möglichkeit, Ansprüche auf kaufrechtliche Gewährleistung geltend zu machen. Daher stellt sich die Frage, inwieweit das Leasinggeschäft unter diesen Voraussetzungen mit dem Umgehungsverbot aus den Verbrauchsgüterkaufvorschriften gemäß § 475 I 2 BGB vereinbar ist. Eine weitere Frage, die sich in diesem Zusammenhang stellt, ist, ob er dieses Schutzes überhaupt bedarf, oder ob z. B. eine mietrechtliche Haftung des Leasinggebers ihn hier nicht gleichwertig schützen kann. Das Mietrecht könnte zur Anwendung kommen, wenn man die Abtretungskonstruktion für gescheitert und damit den die Abtretungskonstruktion bedingenden mietrechtlichen Haftungsausschluss aufseiten des Leasinggebers für unwirksam hält.

Welche Auswirkungen dies alles auf die Vertragsbeziehungen in einem Leasinggeschäft hat, soll Gegenstand der folgenden Untersuchung sein.

B. Hintergründe zum Leasing

I. Historische Entwicklung

Der Begriff Leasing stammt aus dem angloamerikanischen Recht (engl.: to lease = mieten, pachten, auch vermieten, verpachten) und stellt in seiner heutigen Ausprägung eine neuere Entwicklungsform der Gebrauchsüberlassungsverträge dar. Nachdem bereits der griechische Philosoph *Aristoteles* (384 - 322 v.Chr.) im vierten vorchristlichen Jahrhundert festgestellt hat, dass der Reichtum vielmehr im Gebrauch als im Eigentum besteht,[5] sind die frühesten Formen des praktizierten Leasings aus der Zeit des Alten Rom vor über 2000 Jahren überliefert. Die Römer ‚leasten' die auf Feldzügen erbeuteten Sklaven zur Arbeit in Marmorsteinbrüchen, von wo sie nach sechs Monaten als „*ausgezehrte Gestalten*" an den Vermieter zurückgegeben wurden, der sie anschließend auf dem Sklavenmarkt verkaufte.[6] Ein anderes Beispiel für diese frühe Form des Leasings wurde vor rund 900 Jahren praktiziert, als venezianische Eisenschmiede Schiffsanker für die Dauer einer Schiffsreise an Kaufleute überließen.[7] Die Entwicklung des modernen Leasings hat ihren Anfang in der zweiten Hälfte des 19. Jahrhunderts. Die *Bell-Telephone-Company* begann 1877 ihre Telefonanlagen nicht mehr nur zu verkaufen, sondern den Kunden auch mietweise zu überlassen.[8] Diesem Beispiel, welches gemeinhin als Leasing der ersten Generation bezeichnet wird, folgten bald andere Hersteller z. B. aus der Lederverarbeitungsmaschinen- oder der Lochkartenbranche.[9] Allerdings galt das überwiegende Interesse der Hersteller für diese Vermarktungsform dem Ankurbeln des Absatzes ihrer Produkte. Ein Dreiecksverhältnis, wie es beispielsweise dem heutigen Finanzierungsleasing zugrunde liegt, war zu diesem Zeitpunkt noch gar nicht bekannt und ein Finanzierungsinteresse nur schwach ausgeprägt.[10] Diese beiden typischen Leasingeigenschaften kamen erst nach dem 2. Weltkrieg - wiederum in den USA - auf. Dort entwickelte sich aufgrund des steigenden Finanzbedarfs das Leasing als Finanzierungsinstrument und wurde von *Henry Schoenfeld* ‚erfunden' und mit der *United States Leasing Corporation* als erste eigenständige

5 Marek, FLF 2001, 25.

6 Flink, Teil 4, Kap. 3, 1.

7 Flink, Teil 4, Kap. 3, 1.

8 Spittler, 17.

9 Marek, FLF 2001, 25.

10 Staudinger/*Stoffels*, Leasing, Rn. 1, unter Verweis auf Sannwald, 20 und Martinek, 40.

Leasinggesellschaft institutionalisiert.[11] Man spricht nun vom Leasing der zweiten Generation.[12] Die Geburtsstunde der deutschen Leasinggesellschaften schlug 1962. Zuerst gründete *Armin Schäfer* am 10. Januar die *Deutsche Leasing GmbH* in Düsseldorf; dicht gefolgt von der *Maschinen-Miete GmbH* – ebenfalls Düsseldorf –, deren Gründer *Albrecht Dietz* die Idee aus den USA importierte. Diese beiden Unternehmen fusionierten 1971 zusammen mit der 1963 in München ins Leben gerufenen *Mietdienst GmbH* zur bekannten *Deutsche Leasing AG* mit Sitz in Bad Homburg v. d. Höhe.[13] Die ersten Massengüter, die in Deutschland vermehrt nicht mehr verkauft, sondern verleast wurden, waren dabei elektrische Schreibmaschinen von IBM.[14] Heute gibt es in Deutschland über 2000 Gesellschaften, deren Namen oder Geschäftsgegenstand auf eine Leasingtätigkeit schließen lassen.[15] Allerdings werden rund 90% des Leasing-Marktvolumens nach Auskunft des *Bundesverbandes deutscher Leasing-Unternehmen (BDL)* von seinen ca. 175 Mietgliedern abgedeckt.[16] Andere Quellen sprechen von 330 Leasing-Unternehmen, denen 2006 Marktbedeutung zukam.[17] Inzwischen wird die heutige Geschäftspraxis teilweise auch als das Leasing der dritten Generation bezeichnet.[18] Dieser Generationswechsel ist u. a. in dem Abschluss von sog. erlasskonformen Leasingverträgen begründet. Unter erlasskonformen Leasingverträgen wird dabei die Vertragsgestaltung unter Berücksichtigung der Leasingerlasse des Bundesfinanzministeriums verstanden.[19] Diese Differenzierung ist nachvollziehbar, zumal diese Erlasse aus steuerrechtlicher Sicht erheblichen Einfluss auf das Leasinggeschäft haben. Bei der Entwicklung des Leasings selbst ist dieser Schritt jedoch bei Weitem nicht so bedeutend, wie der Wechsel von der ersten zur zweiten Leasinggeneration.

---

11 Marek, FLF 2001, 26; Dietz, AcP 1990, 235, 236f.
12 Martinek/Stoffels/Wimmer-Leonhardt/*Martinek*, § 1, Rn. 8.
13 Eck, FLF 2002, 200.
14 Dietz, AcP 1990, 235, 242ff.
15 Wassermann, FLF 2007, 260.
16 URL: http://bdl.leasingverband.de/mitglieder, letzter Aufruf der Seite 15.05.2015.
17 Wassermann, FLF 2007, 261.
18 Martinek/Stoffels/Wimmer-Leonhardt/*Martinek*, § 1, Rn. 13.
19 Siehe unten: Seite 10ff.

II. Wirtschaftliche Bedeutung

1. Volkswirtschaftliche Bedeutung

Die volkswirtschaftliche Bedeutung von Leasing in Deutschland und Europa ist hoch und steigt noch. Am anschaulichsten kann man dies an einigen Zahlen darstellen. Der Anteil der Leasinginvestitionen am Gesamtinvestitionsvolumen in der Bundesrepublik ohne Wohnungsbau (sog. Leasing-Quote) lag 2014 bei 15% nach 14,8% im Jahr 2013 und 14,9% im Jahr 2012.[20] Das Gesamtinvestitionsvolumen Deutschlands ohne Wohnungsbau lag 2014 bei 334,4 Mrd. €,[21] davon hat die Leasingbranche Investitionen von 50,2 Mrd. € getätigt.[22] Im Jahr 2014 wurden in der Bundesrepublik ca. 1,8 Mio. Leasingverträge neu abgeschlossen.[23] Aufgrund der Wirtschafts- und Finanzkrise in der Zeit ab 2008 erlebte der Leasingmarkt, entsprechend der allgemeinen wirtschaftlichen Entwicklung, einen deutlichen Rückgang, bzw. er stagnierte. In der Folgezeit erholte sich der Markt wieder, konnte aber noch nicht zu den Geschäftszahlen vor der Krise aufschließen.[24] Allerdings hat sich die Anzahl der abgeschlossenen Leasingverträge im Vergleich zu Vorkrisenzeiten leicht auf die genannten 1,8 Mio. erhöht. Zum Vergleich: 1979 wurden nach Angaben des BDL noch 195.030 Verträge gezählt. Wohlgemerkt handelte es sich dabei um alle laufenden Verträge, also auch um solche, die bereits früher abgeschlossen wurden und im Jahr 1979 noch immer liefen.[25]

Vertragsgegenstand beim Leasing können jede Mobilie oder Immobilie sowie jedes immaterielle Recht sein. Die Spannbreite reicht im Mobilien-Leasing von Tieren[26] bis zu Kampfpanzern, und bei den immateriellen Rechten sind vor allem Marken[27] ein gefragtes Leasinggut. Vor der Wirtschafts- und Finanzkrise, also bis in das Jahr 2006, war auch das Immobilien-Leasing, vor allem in der Form des *sale and lease back* ein florierendes Geschäft. Durch die Krise

---

20 http://bdl.leasingverband.de/zahlen-fakten/leasing-in-deutschland/jahres-und-strukturdaten, letzter Aufruf der Seite 15.05.2015.

21 URL: http://bdl.leasingverband.de/zahlen-fakten/leasing-in-deutschland/jahres-und-strukturdaten, letzter Aufruf der Seite 15.05.2015.

22 URL: http://bdl.leasingverband.de/zahlen-fakten/leasing-in-deutschland/jahres-und-strukturdaten, letzter Aufruf der Seite 15.05.2015.

23 http://bdl.leasingverband.de/zahlen-fakten/leasing-in-deutschland, letzter Aufruf der Seite 15.05.2015

24 URL: http://bdl.leasingverband.de/zahlen-fakten/leasing-in-deutschland/jahres-und-strukturdaten, letzter Aufruf der Seite 15.05.2015.

25 Sannwald, 22.

26 Z. B. Polizeipferde oder Zoo- und Zirkustiere, vgl. Wassermann, FLF 2007, 260.

27 Z. B. „Asbach" (Spirituose), vgl. Wassermann, FLF 2007, 260.

sind der Immobilienmarkt, und damit auch der Immobilien-Leasing-Markt, eingebrochen, sodass auf das Immobilienleasing nur noch Investitionen in Höhe von ca. 2 Mrd. € im Jahr 2012 entfallen sind, nach annährend 9 Mrd. € im Jahr 2006.[28] Innerhalb des Mobilien-Leasings treten Fahrzeuge aller Art als Leasing-Güter in den Vordergrund. Ihr Anteil machte im Jahr 2012 ca. 70 % des Mobilien-Leasings aus.[29]

Die Leasinggesellschaften selbst sind zumeist Banken oder von Banken kontrollierte Unternehmen,[30] wozu auch die konzernverbundenen Banken der Herstellerfirmen potenzieller Leasinggüter zählen. Zunehmend an Bedeutung gewinnt die Internationalisierung des Leasings. Neben dem sog. *Cross-Border-Leasing* – hierunter versteht man den grenzüberschreitenden Leasingverkehr, also wenn sich Leasinggeber und -nehmer in verschiedenen Ländern befinden – entsteht zunehmend ein internationales Zweigstellennetz der etablierten Leasinggesellschaften. Außer in den neuen Mitgliedsstaaten der EU werden auch die Schwellenländer stärker forciert.[31]

Zweifelsohne ist Leasing ein wichtiges, vermutlich sogar unverzichtbares Instrument für die Finanzierung von Wirtschaftsgütern, dem eine erhebliche volkswirtschaftliche Bedeutung zukommt.

2. Betriebswirtschaftliche Bedeutung

Seit jeher stellt sich sowohl der mit dem Leasing befassten Literatur als auch den potentiellen Leasingnehmern die Frage nach den betriebswirtschaftlichen Vorteilen des Leasings. Nachdem das Leasing der ersten Generation, wie bereits festgestellt, eher ein Absatzinstrument des Herstellers darstellte,[32] handelt es sich beim Leasing der zweiten (und dritten) Generation um ein Verfahren der Investitionsfinanzierung.[33] Da Leasing nicht die einzige und auch nicht immer die kostengünstigste Investitionsfinanzierung darstellt, muss aus der Sicht des Investitionsnutzers, das heißt unter Zugrundelegung der jeweiligen finanziellen Situation, darüber entschieden werden, ob zur Investitionsfinanzierung das Leasinggeschäft verwendet wird oder eine anderes Verfahren den Vorrang

28 Vgl. Städler, ifo-Schnelldienst 23/2012, 12.

29 URL: http://bdl.leasingverband.de/zahlen-fakten/leasing-in-deutschland/entwicklungen-im-mobilien-neugeschaeft, letzter Aufruf der Seite 15.02.2015.

30 Wassermann, FLF 2007, 261.

31 Wassermann, FLF 2007, 258.

32 Siehe oben: Seite 4ff.

33 Krasensky/*Krasensky*,1ff; Martinek/Stoffels/Wimmer-Leonhardt/*Martinek*, § 2, Rn. 1.

finden sollte. Wie bereits die im volkswirtschaftlichen Teil dargestellten Zahlen schließen lassen,[34] gibt es jedoch einige vorteilhafte Aspekte, die Leasing anderen Finanzierungsmethoden voraus hat:[35]

- Es tritt keine unmittelbare Belastung der Liquidität ein, da der Leasinggegenstand bei Anschaffung nicht voll bezahlt werden muss.
- Diese Liquidiätsschonung setzt sich bei Leasing über die volle Investitions- und Nutzungsdauer fort, denn das Leasinggut belastet nicht das Anlagevermögen des Leasingnehmers und setzt so Kapital frei bzw. bindet es nicht.
- Leasing führt so faktisch zu einer vollständigen Fremdfinanzierung des Leasingguts durch seine vollständige Beleihung. Zudem sind über das Leasinggut hinaus – anders als häufig bei bei einem kreditfinanzierten Kauf – keine weiteren Sicherheiten erforderlich.
- Außerdem erfüllt Leasing die *„‚goldene' Finanzierungsregel des ‚pay as you earn'"*. Danach soll sich die Investitionen über den geplanten Nutzungszeitraum soweit möglich selbst finanziere. Durch den mit dem Leasinggut erwirtschafteten Ertrag sollen also (mindestens) die Leasingraten beglichen werden können.
- Aus den vereinbarten und mit Vertragsschluss bereits feststehenden Leasingraten ergibt sich dabei außerdem eine planbare Kalkulationsgrundlage, die sich während der Vertragslaufzeit grds. auch nicht ändert.
- Das Leasinggeschäft bleibt für den Leasingnehmer zudem bilanzneutral, wenn der Leasinggeber auch wirtschaftlich Eigentümer des Leasinggegenstands bleibt.[36] Denn das Leasinggut muss weder in der Handels- noch in der Steuerbilanz auf der Passivseite der Bilanz aufgenommen werden.
- Zudem besteht nur ein geringes Risiko, dass das Investitionsgut überaltert. Denn mit dem Leasingvertrag ist die Nutzungszeit des Investitionsguts zeitlich beschränkt. Bei erlasskonformem Leasing liegt die Leasingdauer bei max. 90 % der betriebsgewöhnlichen Nutzungsdauer. So profitiert der Leasingnehmer mehr oder weniger automatisch von Inovation und technischer Entwicklung.
- Da der Leasingnehmer kein nennenswertes Kapital zur Anschaffung des Investitionsguts aufbringen muss, ergeben sich zudem keine Wertverluste aus der Inflation.

---

34 Siehe oben: Seite 7.

35 Die folgende Darstellung basiert auf der Liste aus Martinek/Stoffels/Wimmer-Leonhardt/*Martinek*, § 2 Rn. 4, die wiederum auf den Ausführungen *von: Gzuk*, AcP 1990, 208, ff; Figge, AcP 1990, 234, ff; Dietz, AcP 1990, 235, 239ff. beruhen.

36 Siehe hierzu unten: Seite 10ff.

Trotz dieser grundsätzlichen Vorteile, die das Leasingverfahren aufweist, kann unter Umständen ein Alternativverfahren für den Investor aus betriebswirtschaftlicher Sicht vorteilhafter sein. Als Alternativen zum Leasing kommen vor allem der eigen- oder der fremdfinanzierte Kauf infrage.[37] Der fremdfinanzierte Kauf hat trotz der gerade genannten Vorzüge des Leasings den Vorteil, dass die Nominalkosten des Leasings oft höher sind als beim Kauf. Die Leasingraten beinhalten in den allermeisten Fällen einen nicht unerheblichen Gewinnanteil für den Leasinggeber, sodass die Kreditbeschaffung auf dem Kapitalmarkt häufig zu günstigeren Nominalkosten führen wird.[38] Natürlich stellt auch der eigenfinanzierte Kauf aus Sicht der Nominalkosten das günstigere Verfahren dar, sodass es eben für einen potentiellen Leasingnehmer trotz der oben genannten Vorteile von Leasing effizienter sein kann, ein anderes Verfahren für seine Investitionen heranzuziehen. Der Grund, warum Leasing trotzdem oft die betriebswirtschaftlich sinnvollere Variante ist, liegt in den steuerlichen Vorteilen.[39] Erst die Sicht auf die steuerlichen Aspekte des Leasings erklärt den enormen Aufschwung, den Leasing seit seiner Anfangsphase erlebt hat und der immer noch anhält.

3. Steuerliche Aspekte

Aus steuerlicher Sicht stellt Leasing für den Leasingnehmer eine besonders günstige Form der Investitionsfinanzierung dar.[40] Grund dafür ist die Tatsachte, dass das Leasinggut im Eigentum des Leasinggebers steht und daher in dessen steuerlicher Bilanz anzusetzen ist,[41] wohingegen die Leasingraten beim Leasingnehmer als Mietzinsen zu werten sind und eine Betriebsausgabe darstellen.[42] Diese mindert im Jahr der Zahlung der Leasingrate den Gewinn des Leasingnehmers. Hieraus ergeben sich in den meisten Fällen Vorteile für den Leasingnehmer bei der Einkommens-, Körperschafts- und Gewerbesteuer, da der Abzug der Leasingrate in der Regel bis zu 100 % möglich ist.[43]

---

37 Als weitere Option wird oft auch die reine Miete angesehen, welche aber nicht in echter Konkurrenz zum Leasing steht, sodass der Kauf die einzig sinnvolle Alternative zum Leasing bleibt; vgl. Martinek/Stoffels/Wimmer-Leonhardt/*Martinek*, § 2 Rn. 3.

38 Martinek/Stoffels/Wimmer-Leonhardt/*Martinek*, § 2, Rn. 5.

39 Martinek/Stoffels/Wimmer-Leonhardt/*Martinek*, § 2, Rn. 7 a. E., m. w. N.

40 Siehe hierzu ausführlich Tonner, Leasing im Steuerrecht.

41 Tonner, 73ff.

42 Tonner, 97f.

43 Gewerbesteuer: 25 bzw. 50 %, vgl. Tonner, 126f; Einkommenssteuer: bis zu 100 %, vgl. Tonner, 97f, vorausgesetzt, es wird ein entsprechender Gewinn ermittelt.

Der heutigen steuerrechtlichen Behandlung des Leasings ist allerdings eine lange Entwicklungsphase vorhergegangen. Diese ist mit dem Schicksal von Leasing in seiner heutigen Form so stark verbunden, dass es angebracht ist, sie hier kurz darzustellen.

Die Vorteile des Leasings gegenüber anderen Finanzierungsmethoden, insbesondere die steuerlichen, beruhen darauf, dass bei Leasing der Leasinggeber Eigentümer des Leasingguts bleibt. Nun war es aber bei Aufkommen des Leasings in Deutschland, also Mitte der 60er Jahre, aus steuerrechtlicher Sicht fraglich, wie Leasing einzuordnen war. Die steuerrechtliche Zuordnung von Wirtschaftsgütern – in Abgrenzung zum zivilrechtlichen Eigentum – richtete sich nach § 11 StAnpG. Dieser regelte für besondere Konstellationen, wie z.B. das Treuhandverhältnis und das Sicherungseigentum, die steuerrechtliche Zurechnung des Wirtschaftsguts. Im Grundsatz galt, dass sich die steuerrechtliche Zuordnung nach den zivilrechtlichen Eigentumsverhältnissen richtete.[44] Das kam den Beteiligten des Leasinggeschäfts entgegen, da sie so die gewünschte steuerrechtliche Behandlung des Leasinggeschäfts erfuhren. Auch konnte Leasing nicht ohne Weiteres unter die normierten Ausnahmefälle des § 11 StAnpG subsumiert werden.[45]

Allerdings konnten und können sich Leasingverträge durch bestimmte vertragliche Ausgestaltung bei wirtschaftlicher Betrachtungsweise als Kauf darstellen. Die fiskalisch gewollte steuerrechtliche Zuordnung des Leasingguts wäre dann umgangen. Diesen Umstand hat auch der BFH erkannt und entsprechend reagiert. Mit seiner Leitentscheidung zum Leasing vom 26.01.1970 stellte der BFH klar, dass es unter gewissen Umständen auch notwendig sein kann, bei der Zurechnung von Wirtschaftsgütern zu einer bestimmten Person nicht mehr auf einen rechtlichen Eigentümerbegriff abzustellen, sondern vielmehr einen wirtschaftlichen Eigentümerbegriff zugrunde zu legen.[46] Bei seinem Urteil hat der BFH aber explizit festgehalten, dass die Frage, wann ein solcher Fall vorliegt, immer nach dem Einzelfall zu beurteilen ist. Diese Entscheidung hat der Gesetzgeber zum Anlass genommen, die steuerrechtliche Zurechnung von Wirtschaftsgütern neu und abstrakter zu regeln, sodass fiskalisch gewollte Zurechnungen durch Leasingverträge nicht mehr umgangen werden konnten.[47] Seitdem besagt § 39 II Nr.1 S.1 AO:

---

44 Flume, DB 1972, 1, 60.

45 Siehe hierzu ausführlich Flume, DB 1972, 1, 60ff, 105ff. und 152ff.

46 BFHE 97, 466.

47 Siehe hierzu kritisch und sehr lesenswert: Flume, DB 1972, 1,

„Übt ein anderer als der Eigentümer die tatsächliche Herrschaft über ein Wirtschaftsgut in der Weise aus, dass er den Eigentümer im Regelfall für die gewöhnliche Nutzungsdauer von der Einwirkung auf das Wirtschaftsgut wirtschaftlich ausschließen kann, so ist ihm das Wirtschaftsgut zuzurechnen."

Wird also durch den Leasingvertrag eine Situation geschaffen, die den Herausgabeanspruch nach § 985 BGB des rechtlichen Eigentümers für die betriebsgewöhnliche Nutzungsdauer faktisch wirkungslos macht, soll keine Zurechnung des Leasinggutes zum rechtlichen Eigentümer erfolgen, sondern zum wirtschaftlichen.[48]

Um der durch dieses Urteil und die entsprechende Gesetzesänderung verunsicherten Kautelarpraxis eine gewisse Rechtssicherheit zu geben, hat das Bundesfinanzministerium nach der Entscheidung des BFH insgesamt vier sog. Leasingerlasse angeordnet.[49] Darin wird für vier Varianten des Leasings jeweils konkretisiert, unter welchen Voraussetzungen der Leasinggeber auch wirtschaftlicher Eigentümer bleibt. Diese vier Erlasse haben dazu geführt, dass sich das Leasing zu seiner heutigen Form entwickelt hat. Man wird wohl davon ausgehen können, dass die Leasingerlasse die heutige Kautelarpraxis des Leasingrechts maßgeblich geprägt haben.[50]

a) Vollamortisationserlass vom 19.04.1971

Den ersten Erlass hat das Bundesfinanzministerium 1971 als eine direkte Reaktion auf das besagte Urteil des BFH erlassen.[51] Darin definiert es zunächst das Finanzierungsleasing und jeweils vier Unterarten. Danach stellt das Bundesfinanzministerium klar, dass es für die Frage, wem das Wirtschaftsgut zuzurechnen ist, auf die konkrete Vertragsgestaltung ankommt und einer Prüfung im Einzelfall bedarf. Anschließend beschreibt es für die vier definierten Finanzierungsleasingmodelle, unter welchen Voraussetzungen die Wirtschaftsgüter dem Leasinggeber oder dem Leasingnehmer zugerechnet werden.

Das Bundesfinanzministerium kommt zunächst zu dem Ergebnis, dass Finanzierungsleasing eine feste Grundlaufzeit und eine Vollamortisation des Leasinggebers voraussetzt. Eine feste Grundlaufzeit liegt vor, wenn der Leasingvertrag über eine bestimmte Laufzeit abgeschlossen wurde, während der weder Leasinggeber noch Leasingnehmer kündigen können. Vollamortisation tritt ein, wenn

---

48 Martinek/Stoffels/Wimmer-Leonhardt/*Martinek*, § 2, Rn. 14.

49 Martinek/Stoffels/Wimmer-Leonhardt/*Wagner*, § 68, Rn. 26.

50 Staudinger/*Stoffels*, Leasing, Rn. 52.

51 BStBl. I 1971, S. 264.

der Leasingnehmer mit seinen Leasingraten mindestens die Anschaffungs- bzw. Herstellungskosten sowie die Nebenkosten und die Finanzierungskosten des Leasinggebers trägt. Liegt ein Finanzierungsleasing nach dieser Definition vor, stellt sich die Frage der Zurechnung. Hier unterscheidet das Bundesfinanzministerium zwischen Leasingverträgen ohne Kauf- oder Verlängerungsoption, mit Kaufoption, mit Verlängerungsoption oder Spezialleasingverträge.

i. Verträge ohne Kauf- oder Verlängerungsoption liegen vor, wenn der Leasingnehmer keine solche Option hat und die Vertragsdauer entweder die betriebsgewöhnliche Nutzungsdauer[52] umfasst oder kürzer ist. Der Leasinggeber bleibt wirtschaftlicher Eigentümer, wenn die Grundmietzeit zwischen 40 und 90 % der betriebsgewöhnlichen Nutzungsdauer des Leasinggegenstandes beträgt.
ii. Bei einem Leasingvertrag mit Kaufoption handelt es sich um einen Leasingvertrag, bei dem der Leasingnehmer das Recht hat, die Leasingsache nach der Grundmietzeit, die dann unterhalb der betriebsgewöhnlichen Nutzungsdauer liegt, zu erwerben. Eine steuerrechtliche Zurechnung des Wirtschaftsgutes zum Leasinggeber liegt dann vor, wenn die Grundmietzeit wiederum 40 bis 90 % der betriebsgewöhnlichen Nutzung beträgt und der Kaufpreis nach ausgeübter Option entweder dem Buchwert nach linearer AfA nach amtlicher AfA-Tabelle oder dem niedrigeren gemeinen Wert entspricht.
iii. Ein Leasingvertrag mit Verlängerungsoption liegt vor, wenn der Leasingnehmer das Recht hat nach Ablauf der Grundmietzeit, die kürzer als die betriebsgewöhnliche Nutzungsdauer ist, den Leasingvertrag auf bestimmte oder unbestimmte Zeit zu verlängern. Der Leasinggeber bleibt wirtschaftlicher Eigentümer, wenn die Grundmietzeit 40 bis 90 % der betriebsgewöhnlichen Nutzung beträgt und nach ausgeübter Option die Anschlussmiete so bemessen ist, dass sie den Wertverzehr für den Leasinggegenstand deckt, der sich auf der Basis des unter Berücksichtigung der linearen AfA nach amtlicher AfA-Tabelle ermittelten Buchwerts oder des niedrigeren gemeinen Werts und der Restnutzungsdauer ergibt.
iv. Bei einem Spezialleasingvertrag handelt es sich um einen Leasingvertrag, der sich auf ein Leasinggut bezieht, das speziell für den Leasingnehmer angefertigt wurde und das nach Ablauf der Grundmietzeit für niemanden als den Leasingnehmer selbst eine wirtschaftlich sinnvolle Verwendung darstellen kann. Diese Art des Leasings kann nach dem Erlass des Bundesfinanzministeriums zu keinem Zeitpunkt und unter keinen Umständen dem

52 Die betriebsgewöhnliche Nutzungsdauer bestimmt sich nach der AfA-Tabelle (AfA = Absetzung für Abnutzung).

wirtschaftlichen Eigentum des Leasinggebers zugerechnet werden, sodass diese Art des Leasings ohne die steuerlichen Vorteile, die das Leasing unter den oben genannten Voraussetzungen mit sich bringt, auskommen muss. Es erklärt sich von selbst, dass Spezialleasing aus diesen Gründen keine große wirtschaftliche Rolle spielt.

Unter diesen Erlass fielen Anfangs wohl die meisten aller Mobilienleasingverträge.[53] Allerdings verspürte der Markt bald das Bedürfnis, während einer möglichst kurzen Grundmietzeit eine möglichst geringe Leasingrate zahlen zu wollen. Dabei musste sich natürlich das Leasinggeschäft für den Leasinggeber immer noch wirtschaftlich lohnen. Dies führte zur Einführung der sogenannten Teilamortisationsverträge.[54]

b) Teilamortisationserlass vom 22.12.1975

Teilamortisationsleasing gibt dem Leasingnehmer die Möglichkeit, bei einer kurzen Grundmietzeit, die auch hier zwischen 40 und 90 % der betriebsgewöhnlichen Nutzungsdauer liegen muss, mit niedrigen Leasingraten trotzdem die Vorteile, auch die steuerlichen, des Leasings zu genießen. Dafür ist es aber nicht nur aus steuerlichen, sondern aus Sicht des Leasinggebers auch aus wirtschaftlichen Gesichtspunkten notwendig, einen Ausgleich zu schaffen, der im Ergebnis auch zu einer Vollamortisation des Leasinggebers führt. In der Regel wird diese Vollamortisation dadurch herbeigeführt, dass der Leasingnehmer eine abschließende Leasingrate zu zahlen hat, die dem Restwert des Leasinggutes entspricht. Dabei kann es in verschiedener Form zu einer Anrechnung des durch Verwertung des Leasinggegenstandes erzielten Erlöses kommen. Das Bundesfinanzministerium hat dem Bedürfnis der Leasingbranche nach solch einer Vertragsgestaltung Rechnung getragen und im zweiten Leasingerlass von 1975 den steuerrechtlichen Rahmen für diese Form des Leasings gesetzt.[55] Das Bundesfinanzministerium nimmt dabei Bezug auf seinen ersten Erlass und stellt fest, dass auch hier die Grundmietzeit zwischen 40 und 90 % der betriebsgewöhnlichen Nutzungsdauer liegen muss, der Leasingvertrag während seiner Grundlaufzeit von keiner Partei gekündigt werden kann und auf irgendeine Weise die Vollamortisation des Leasinggebers erreicht werden muss. Danach hat es für drei Unterarten von Teilamortisationsverträgen, die in der Leasingbranche typischerweise verwendet werden,

53 Staudinger/*Stoffels*, Leasing, Rn. 53.

54 Staudinger/*Stoffels*, Leasing, Rn. 55.

55 Bundesminister der Finanzen, Schreiben vom 22.12.1975 – IV B 2 – S 2170 – 161/75, ESt-Kartei SH § 4 I EStG Karte 2.1.3.

die Voraussetzungen festgelegt, unter denen es möglich ist, die Steuervorteile des Leasings im oben genannten Sinne zu nutzen; nicht jedoch ohne festzuhalten, dass die genannten Grundsätze im Fall von besonderen Vertragsbedingungen auch zu einer anderen Beurteilung führen können.

i. Zunächst geht das Bundesfinanzministerium auf Verträge ein, die dem Leasinggeber ein Andienungsrecht gewähren. Danach hat der Leasinggeber das Recht, aber nicht die Pflicht dem Leasingnehmer das Leasinggut anzubieten. Dieser muss es im Fall des Anbietens zu einem bereits bei Abschluss des Leasingvertrages feststehenden Preis erwerben. In einem solchen Fall hat der Leasinggeber neben dem rechtlichen auch das wirtschaftliche Eigentum an dem Investitionsgut, sodass das Leasing auch seine steuerlichen Vorteile für den Leasingnehmer entfalten kann.
ii. Des Weiteren hat sich das Bundesfinanzministerium zu Leasingverträgen geäußert, wonach das Leasinggut vom Leasinggeber nach abgelaufener Grundmietzeit veräußert wird. Reicht der Veräußerungserlös nicht aus um die Vollamortisation des Leasinggebers herbeizuführen, muss der Leasingnehmer eine Schlussrate in Höhe des zur Vollamortisation notwendigen Betrags leisten. Geht der durch die Veräußerung erzielte Erlös über den zum Erreichen der Vollamortisation notwendigen Betrag hinaus, wird der Mehrerlös derart geteilt, dass der Leasinggeber 25 % erhält. Sind diese Voraussetzungen erfüllt, wird das Wirtschaftsgut dem Leasinggeber zugerechnet.
iii. Schließlich befasste sich das Bundesfinanzministerium mit solchen Leasingverträgen, die dem Leasingnehmer ein Kündigungsrecht frühestens ab dem Erreichen von 40 % der betriebsgewöhnlichen Nutzungsdauer gewähren. Im Gegenzug hat der Leasingnehmer eine Schlussrate zu zahlen, die zur Vollamortisation des Leasinggerbers führt. Nach der Kündigung wird das Leasinggut vom Leasinggeber veräußert. 90 % des Veräußerungserlöses werden auf die zu zahlende Schlussrate des Leasingnehmers angerechnet. Ein eventueller Mehrerlös bleibt vollständig beim Leasinggeber. Dadurch ist es auch hier gerechtfertigt, den Leasinggeber als wirtschaftlichen Eigentümer anzusehen.

Die Intention des Bundesfinanzministeriums ist wieder die, dem Leasinggeber das Leasinggut nach § 39 AO nur zuzurechnen, wenn er auf Dauer die Substanz und den Ertrag der Sache hat. Daher wird in allen aufgeführten Fällen die Gefahr der Wertminderung auf den Leasingnehmer übertragen und eine Wertsteigerung kommt immer auch dem Leasinggeber zugute.[56] Dies rechtfertigt

56 Staudinger/*Stoffels*, Leasing, Rn. 56, mwN.

die Zurechnung zum wirtschaftlichen Eigentum des Leasinggebers. Die beiden bereits angesprochenen Leasingerlasse gelten aber nur für bewegliche Wirtschaftsgüter. Schon bald nach dem ersten Erlass gab es aber Bedarf für ein steuerbehördliches Handeln, das sich auf unbewegliche Wirtschaftsgüter bezieht. Das Bundesfinanzministerium ist diesem Verlangen nachgekommen.

c) *Die Immobilienleasingerlasse vom 21.03.1972 und 23.12.1991*

Der erste Immobilienleasingerlass von 1972[57] war das Pendant zum ein Jahr vorher erschienenen Vollamortisationserlass. Auch dieser Erlass hatte eine Vollamortisation des Leasinggebers als Grundvoraussetzung, nur bezog er sich auf Immobilien. Jedoch stellte sich im Gegensatz zu den beiden Erlassen bezüglich beweglicher Wirtschaftsgüter heraus, dass die Vertragsmodelle, die das Bundesfinanzministerium in seinem ersten Immobilienerlass zugrunde gelegt hatte, weder der Komplexität der praktischen Vertragsgestaltung noch den Wünschen der potenziellen Leasingnehmer entsprachen.[58] Mit einiger Verzögerung erkannte das auch das Bundesfinanzministerium, welches 1991 mit dem zweiten Immobilienleasingerlass reagierte.[59] Dieser stellt zwar einen (Immobilien-)Teilamortisationserlass dar, allerdings ist er weit weniger mit dem entsprechenden Erlass für bewegliche Wirtschaftsgüter vergleichbar, wie dies noch bei den Vollamortisationserlassen (Mobilien- und Immobilienerlasse) der Fall war. Dies kam der Immobilien- und Leasingwirtschaft allerdings sehr gelegen, denn genau nach einer solchen Sonderstellung für Immobilien verlangte die Praxis. Die Investition in Immobilien unterscheidet sich sowohl in Intention als auch Abwicklung erheblich von Investitionen in Mobilien, sodass dieser Unterscheidung auch beim Leasing Rechnung getragen werden musste und wurde.[60] Das Bundesfinanzministerium legt grundsätzlich dieselben Definitionen und Vertragsarten zugrunde, wie es dies auch beim Vollamortisationserlass von 1971 getan hat. Allerdings differenziert es hier ähnlich wie beim ersten Immobilienerlass zwischen Grund und Boden und dem Gebäude als Leasingobjekt. Jedoch wird die strenge Unterscheidung aus dem ersten Immobilienerlass aufgegeben und die wirtschaftliche Zurechnung von Grund und Boden richtet sich nach der zum Gebäude. Das

57 BStBl. I 1972, S.188.

58 Martinek/Stoffels/Wimmer-Leonhardt/*Martinek*, § 2, Rn. 26; Staudinger/*Stoffels*, Leasing, Rn. 57.

59 BStBl. I 1992, S.13.

60 Martinek/Stoffels/Wimmer-Leonhardt/*Wagner*, § 68, Rn. 38ff.

heißt, ist der einen Partei das Gebäude als Wirtschaftsgut zuzurechnen, kann ihr auch Grund und Boden zugerechnet werden.

Nach dem zweiten Immobilienerlass ist das Wirtschaftsgut immer dem Leasinggeber zuzurechnen, wenn die Voraussetzungen des Finanzierungsleasings vorliegen (unkündbare Grundmietzeit und Vollamortisation des Leasinggebers), außer eine der im Folgenden näher ausgeführten Voraussetzungen ist gegeben. Damit trägt das Bundesfinanzministerium den Erfordernissen der Praxis insoweit Rechnung, als dem Leasingnehmer die Wertsteigerung des Leasingobjekts zugutekommt. Dieses Merkmal zur Zurechnung des wirtschaftlichen Eigentums, welches bei den anderen Erlassen grundsätzlich immer beim Leasinggeber liegen musste, wird nun aufgegeben und man beschränkt sich bei der Zurechnung auf das Risiko der Wertminderung. Jedenfalls dieses muss beim Leasinggeber verbleiben, um ihn als wirtschaftlichen Eigentümer betrachten zu können.

i. Handelt es sich um einen Fall des Spezialleasings, wird das Gebäude konsequenterweise zum wirtschaftlichen Eigentum des Leasingnehmers gerechnet.
ii. Bei Leasingverträgen mit Kaufoption geht das Risiko der Wertminderung und damit das Wirtschaftsgut auf den Leasingnehmer über, wenn die Grundmietzeit länger als 90 % der betriebsgewöhnlichen Nutzung dauert oder wenn der Kaufpreis nach der Grundmietzeit unter dem Restbuchwert liegt.
iii. Ist in dem Leasingvertrag eine Verlängerungsoption vorgesehen, erfolgt eine Zurechnung zum Leasingnehmer, wenn die Grundmietzeit mehr als 90 % der betriebsgewöhnlichen Nutzungsdauer ausmacht oder die Anschlussmiete nicht mindestens 75 % eines nach Art, Lage und Ausstattung vergleichbaren Grundstücks beträgt.
iv. Außer diesen Kriterien kann eine Zurechnung zum wirtschaftlichen Eigentum des Leasingnehmers dann erfolgen, wenn bestimmte Vertragsgestaltungen das bereits angesprochene Risiko der Wertminderung auf den Leasingnehmer übertragen. Dazu zählen:

   - die Gefahr des zufälligen Untergangs (ganz oder teilweise);
   - die Verpflichtung zur Wiederherstellung oder zum Wiederaufbau bei Zerstörung (ganz oder teilweise) des Leasingguts, wenn der Leasingnehmer diese nicht zu vertreten hat;
   - die Nutzung des Leasinggegenstandes ist aufgrund eines nicht vom Leasingnehmer zu vertretenden Ereignisses langfristig ausgeschlossen;
   - eine Kostentragungspflicht bei vorzeitiger, vom Leasingnehmer nicht zu vertretender Beendigung des Vertrags;
   - eine umfassende Freistellung des Leasinggebers durch den Leasingnehmer von Ansprüchen Dritter in Bezug auf das Leasingobjekt oder dann,

- wenn der Leasingnehmer als Eigentümer von Grund und Boden des Gebäudes von einem Leasinggeber als Erbbauberechtigter den Leasinggegenstand (das Gebäude) errichten lässt und durch den Erbbaurechtsvertrag dazu gezwungen wird, das Leasinggut nach Ablauf des Erbbaurechts zu erwerben.

Wie die obige Darstellung zeigt, sind Ausführungen über Leasing, seine Vertragsgestaltung und seine unterschiedlichen Ausprägungen nicht möglich, ohne auf die steuerlichen Besonderheiten einzugehen. Die steuerliche Einordnung des Leasings ist nicht die Folge der typischen vertraglichen Ausgestaltungen, sondern es ist vielmehr so, dass ein großer Teil der vertraglichen Ausgestaltung aus den Leasingerlassen und damit aus der steuerlichen Einordnung folgt. Es versteht sich von selbst, dass Leasing in den allermeisten Fällen nur dann Sinn macht, wenn es sich um erlasskonformes Leasing handelt. Erst dann kommen seine Vorteile gegenüber anderen Finanzierungsmethoden voll zur Geltung.

Vereinzelt wird bestritten, dass erst der Steuervorteil das Leasing so attraktiv macht.[61] Allerdings wird es von den Leasingnehmern wohl überwiegend aus diesen Gründen angenommen. Wie bereits ausgeführt bietet Leasing eine ganze Reihe von Vorteilen gegenüber anderen Finanzierungsmethoden; aber die steuerrechtliche Einordnung dürfte im unternehmerischen Rechtsverkehr zweifelsohne der marktrelevanteste sein.

Für Verbraucher ergeben sich nur in den seltensten Fällen steuerliche Vorteile aus einem Leasinggeschäft. Für sie sind daher ganz überwiegend die anderen Vorteile von Leasing, wie z.B. die Fremdfinanzierung und die bei Leasing mögliche kurze Haltezeit des Leasingguts bei gleichzeitig hohem Wertverlust, entscheidungserhebliche Faktoren. Viele private Leasingnehmer schaffen sich auf diese Weise z.B. alle zwei bis drei Jahre ein neues Pkw-Modell an.[62] Darüber hinaus sei das bei Leasing häufig vorkommende Full-Service-Angebot auch für Verbraucher attraktiv.[63] Hinzu tritt, dass Leasinggesellschaften häufig Preise unterhalb des Marktniveaus ansetzten, was Leasing – neben den anderen Vorteilen – auch für Verbraucher attraktiv macht.[64] So wurde der Nutzen von Leasing für den privaten Leasingnehmer wie folgt beschrieben:

> „Im Leasingvertrag vereinigen sich für eine private Investition der Beschaffungsvorgang mit dem Finanzierungsvorgang bei gleichzeitigem Wegfall des Eigentumerwerbs und

---

61 Emmerich, JuS 1990, 1, 2 Fn.10.

62 Büschgen/*Berninghaus* § 15 Rn. 1 mwN.

63 Oxe, 34f, mit weiteren Vorteilen.

64 v. Westphalen/*Zahn*, Kap. M, Rn. 1.

> seiner späteren Rückgängigmachung sowie der Transformation einer Investition in eine budgetverträgliche und preisinformative Gebrauchsüberlassung, verbunden mit einer Ersparnis an Transaktions- bzw. Opportunitätskosten."[65]

Nicht ganz zu Unrecht wird auch darauf hingewiesen, dass Leasing im Vergleich zu einem kreditfinanzierten Kauf – außerhalb jeder betriebswirtschaftlichen Überlegung – als „*schick*" gelte und auch deswegen häufig von Verbrauchern gewählt werde.[66]

65 Dietz, AcP 1990, 235, 241; wobei zu beachten ist, dass der Verfasser Vorstandsvorsitzender der Deutschen Leasing AG war.

66 Oxe, 35.

C. Konzeption und Erscheinungsformen des Leasings

Ein Vertragstypus Leasing ist im BGB nicht explizit geregelt.[67] Dass sich dies auch nach der Schuldrechtsreform nicht geändert hat, lässt vermuten, dass der Gesetzgeber mit der bisherigen Leasingpraxis einverstanden ist und eine Kodifizierung nicht für notwendig hält.[68] Dies mag aber auch daran liegen, dass ‚Leasing' nur der Oberbegriff für zahlreiche Erscheinungsformen einer Finanzierungshilfe mit sehr unterschiedlichem Charakter ist, der sich so pauschal nicht in Gesetzesform gießen ließe bzw. zu einer unüberschaubaren Zahl von Vorschriften führen würde. Nicht umsonst wird eine einheitliche Definition des Leasings „*... durch die Vielzahl der vorfindbaren Akzentuierungen erschwert, wenn nicht gar verhindert...*".[69] Leasing wird daher sehr stark durch die Kautelarpraxis geprägt, was die Arbeit der Anwender und der Rechtsprechung zwar nicht sonderlich erleichtern mag, gleichzeitig aber auch gewisse Gestaltungsspielräume gibt, die die rein rechtliche Befassung mit dem Thema Leasing sehr interessant machen. Im Folgenden soll auf die wesentlichen Ausgestaltungen dieser Kautelarpraxis und der damit einhergehenden, durch Praxis und Rechtsprechung geprägte, rechtlichen Einordnung, näher eingegangen werden.

Dem Grunde nach gehört Leasing von seiner rechtlichen Einordnung her nach wohl ganz überwiegender Auffassung zu den Gebrauchsüberlassungsverträgen. Weiterhin lässt sich festhalten, dass die Gebrauchsüberlassung entgeltlich und auf eine bestimmte Zeit erfolgt.[70] Daraus ergeben sich die synallagmatischen Hauptpflichten der an dem Leasingvertrag Beteiligten: Der Leasinggeber überlässt dem Leasingnehmer ein Leasinggut und erhält dafür von diesem ein Entgelt, die Leasingraten. Die (weiteren) Rechte und Pflichten ergeben sich aus dem jeweiligen Vertragsinhalt und den von Rechtsprechung und Lehre entwickelten Grundsätzen zu den jeweiligen Erscheinungsformen des Leasings.

Die Entwicklung des Leasings hat einige Grundformen und zahlreiche Unterformen an Leasingverträgen hervorgebracht. Dabei ist es vom Aufkommen dieser

---

67 Lediglich in §§ 499 II, 500 BGB a. F. wurde das (Finanzierungs-) Leasing im Rahmen einer Verweisungsnorm angesprochen. Heute behandelt § 506 II BGB das Leasing als „entgeltliche Finanzierungshilfe".

68 Beckmann, § 1, Rn. 40f; Löbbe, BB 2003, Beilage 6, 7,

69 Büschgen/*Büschgen*, § 1, Rn. 1.

70 *Reich*, in: Gitter, Vertragsschuldverhältnisse, 50.

Vertragsvarianten bis zum heutigen Tag schwierig und Gegenstand kontroverser Diskussionen, eine zivilrechtliche Einordnung vorzunehmen. Die folgende Darstellung über die einzelnen (Grund-)Varianten des Leasings und deren rechtliche Einordnung soll keine neuen wissenschaftlichen Erkenntnisse zutage fördern – dies ist bereits ausführlich, um nicht zu sagen erschöpfend, geschehen und auch nicht Ziel dieser Arbeit – sondern vielmehr einen Überblick über die bereits entwickelten Differenzierungen und Einordnungen geben. Doch wird diesem Teil der Arbeit eine wesentliche Rolle bei der Behandlung des eigentlichen Problems zukommen. Denn die Untersuchung der Frage, ob und ggf. wie die Verbrauchsgüterkaufvorschriften auf Leasingverträge anwendbar sind, divergiert je nach den Erscheinungsformen des Leasings.[71]

Seitdem die Wissenschaft sich mit dem Thema Leasing auseinandersetzt, gibt es Versuche, die verschiedenen Erscheinungsformen zu klassifizieren, sie also systematisch oder durch irgendeine andere Art der Einordnung zu sortieren. Hierbei setzte sich schnell die teilweise noch heute gültige betriebswirtschaftlich orientierte Systematisierung von *Krasensky* durch.[72] Dieser unterscheidet zwischen Leasinggeschäften nach Art des Objekts und solchen nach Art des Verpflichtungscharakters. Dabei bilden a) Vermietung von Investitionsgütern, b) Anlagen-Leasing und c) Konsumgüterleasing die Unterscheidungskriterien nach Art des Leasingobjekts. Operating-Leasing und Financial Leasing bilden die Unterscheidungsmerkmale nach dem Verpflichtungscharakter.[73] Beide Unterscheidungsmerkmale stellen in freier Kombination die Erscheinungsformen des Leasings dar.[74] Diese Art der Klassifizierung wird in der neuesten Literatur als überflüssig erachtet,[75] aber an gleicher Stelle *„um der begrifflich-kategorialen Klarheit willen"*[76] eine Einordnung des Leasings in Leasing im engeren Sinne (Finanzierungsleasing) und Leasing im weiteren Sinne, vorgenommen. Dabei wird nicht ganz klar, was diese Einordnung gegenüber der von *Krasensky* voraushaben soll. Die folgende Darstellung verzichtet bewusst auf eine Einordnung und wird auf die problemrelevanten und allgemein anerkannten Leasingformen und ihre Unterarten direkt eingehen.

71 Siehe hierzu unten: Seite 139ff.

72 Krasensky/*Krasensky*, 12ff.

73 Krasensky/*Krasensky*, 13.

74 Krause, 12.

75 Martinek/Stoffels/Wimmer-Leonhardt/*Martinek*, § 3, Rn. 31.

76 Martinek/Stoffels/Wimmer-Leonhardt/*Martinek*, § 3, Rn. 6.

I. Finanzierungsleasing

Finanzierungsleasing ist heute die mit Abstand häufigste und wichtigste Erscheinungsform des Leasings.[77] Dies ist wohl vor allem auf die schon oben angesprochenen Leasingerlasse des Bundesfinanzministeriums zurückzuführen. An dieser Stelle wurde bereits kurz auf diese Form des Leasings eingegangen,[78] was nachfolgend vertieft werden soll.

Das Finanzierungsleasing dient, wie der Name schon sagt, der Investitionsfinanzierung. Es steht daher in Konkurrenz mit anderen Finanzierungsinstrumenten wie z.B. dem finanzierten Kauf oder dem Mietkauf.[79] Spricht man von Finanzierungsleasing, ist zu beachten, dass hierbei häufig nur ein Vertrag gemeint ist, nämlich der Leasingvertrag zwischen Leasingnehmer und Leasinggeber. Ein Finanzierungsleasing wird allerdings aus zwei Verträgen gebildet, die beide unabdingbar für das Vorliegen eines solchen Geschäfts sind. Bei einem Finanzierungsleasinggeschäft handelt es sich immer um ein Dreipersonenverhältnis. Dabei besteht neben dem Leasingvertrag noch ein Vertrag zwischen Leasinggeber und einer dritten Person, der die Lieferung des Leasingguts zum Gegenstand hat.

Abb. 1: Vertragsbeziehungen beim Finanzierungsleasing[80]

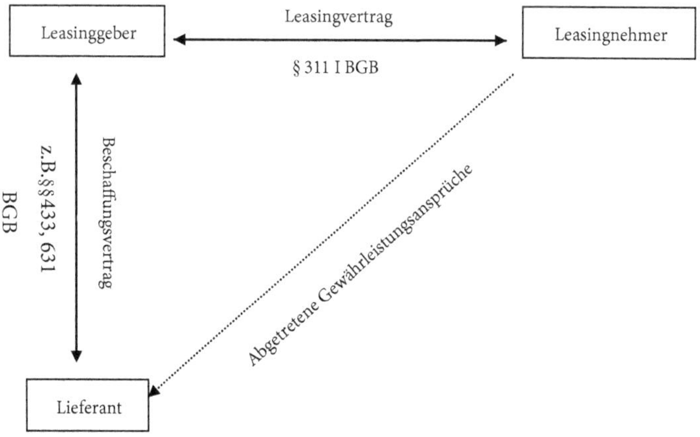

77 URL: http://bdl.leasingverband.de/zahlen-fakten/leasing-in-deutschland/jahres-und-strukturdaten, letzter Aufruf der Seite 05.12.2015.

78 Siehe oben: Seite 10ff.

79 Beckmann, § 1, Rn. 35ff.

80 Abbildung angelehnt an Martinek/Stoffels/Wimmer-Leonhardt/*H. Beckmann*, § 5, Rn. 5.

Zwischen Lieferant und Leasingnehmer besteht also grundsätzlich keine originäre vertragliche Beziehung. Wohl aber sind die Verträge, also ihre Wirksamkeit und Durchführbarkeit, nach herrschender Meinung grundsätzlich für den jeweils anderen Vertrag Geschäftsgrundlage im Sinne von § 313 BGB.[81] Außerdem kann es zwischen Lieferant und Leasingnehmer zu Verträgen außerhalb des Leasinggeschäfts kommen, wie z. B. zu besonderen Wartungs- und Dienstleistungsverträgen.

In der jüngeren Literatur gibt es Versuche, diese Grundstruktur auf Basis eines neuen, dem Zivilrecht gänzlich fremden,[82] oder jedenfalls sehr modernen Verständnisses der Rechtsgeschäftslehre,[83] zu durchbrechen. Ausgangspunkt dieser Überlegungen ist jeweils eine Abkehr vom Grundsatz der Relativität der Schuldverhältnisse und eine übervertragliche Verknüpfung des jeweiligen Pflichtenprogramms. Mögen diese Ansätze auch äußerst innovativ und durchdacht sein, ist ihre Zeit jedenfalls noch nicht gekommen.[84] Das vorgenannte klassische Verständnis des Finanzierungsleasings soll den weiteren Ausführungen zugrunde liegen.

Die Verknüpfung von Leasing- und Liefervertrag erfolgt nach dem herkömmlichen[85] Verständnis des Finanzierungsleasings mithilfe einer – für diese Arbeit entscheidenden – Vertragsklausel. Dabei handelt es sich um die sogenannte leasingtypische Abtretungskonstruktion.[86] Der Leasinggeber – hauptsächlich Investitionsfinanzierer – hat in der Regel kein Interesse daran, gegenüber dem Leasingnehmer für Mängel der Sache zu haften. Der Lieferant steht dem Leasinggut wesentlich näher als der Leasinggeber, der in den allermeisten Fällen dazu keinen über die Finanzierung hinausgehenden Bezug hat. Aus diesem Grund vereinbaren Leasinggeber und Leasingnehmer einen Haftungsausschluss für Mängel an der Leasingsache. Da der Leasingnehmer dann nahezu rechtlos gestellt

---

81 BGHZ 68, 118ff; BGHZ 81, 298ff; NJW 2014, 1519f; Stagl, ZIP 2009, 846, 849; Palandt/*Grüneberg*, Überbl. § 311, Rn. 17; Beckmann, § 1, Rn. 33.

82 Heermann, Drittfinanzierte Erwerbsgeschäfte.

83 Bankrechts-Handbuch,/*Martinek*, § 101, Rn. 79.

84 Siehe hierzu Ausführungen und Analyse bei Oxe, 37ff. sowie bei Stagl, ZIP 2009, 846, 648 und Martinek/Stoffels/Wimmer-Leonhardt/*Martinek*, § 4, Rn. 55ff.

85 Als Alternative werden in der Literatur eine Ermächtigungskonstruktion, beruhend auf § 185 I BGB, sowie eine Lösung über die Anwendung der Regeln über den Vertrag zugunsten Dritter diskutiert, die aber nicht überzeugen können, vgl. hierzu die Übersicht über den Meinungsstand bei Schulz, 100ff. und dessen Bekenntnis zur Abtretungskonstruktion auf Seite 106ff, dem im Ergebnis zuzustimmen ist.

86 Vgl. dazu ausführlich Papapostolou, 77ff. und Martinek/Stoffels/Wimmer-Leonhardt/*Beckmann*, § 25, Rn. 15ff; sowie die Ausführungen unten, unter Seite 95ff.

wäre, hielte diese Haftungsbeschränkung grundsätzlich einer AGB-rechtlichen Inhaltskontrolle nach § 307 I 1 BGB nicht stand.[87] Die Rechtsprechung hat allerdings erkannt, dass es sowohl für Leasinggeber, als auch für Leasingnehmer unter besonderen Umständen sachgerechter sein kann, diese Haftungsbeschränkung gleichwohl als wirksam zu erachten.[88] Eine unangemessene Benachteiligung für den Leasingnehmer soll dann nicht gegeben sein, wenn sie durch ein Äquivalent kompensiert wird. Dieses Äquivalent stellt die Abtretung der Gewährleistungsrechte des Leasinggebers gegenüber dem sachnäheren Lieferanten an den Leasingnehmer dar. Durch diese Abtretung ist das Äquivalenzverhältnis im Leasingvertrag gewahrt und der Leasingnehmer wird nicht (mehr) unangemessen benachteiligt.

Inhaltlich stellt der BGH strenge Anforderungen an die Abtretung. Sie muss zunächst uneingeschränkt, unbedingt und vorbehaltlos erfolgen.[89] Das heißt, es muss eine vollständige Abtretung aller dem Leasinggeber gegen den Lieferanten zustehenden kaufrechtlichen Gewährleistungsrechte vereinbart werden.[90] Einzig der Wegfall des Leasingvertrages ist als eine auflösende Bedingung im Sinne des § 158 II BGB interessengerecht und zulässig.[91] Der Leasingnehmer steht dann nach Auffassung der Rechtsprechung so, wie er auch stehen würde, wenn er keinen Haftungsausschluss mit dem Leasinggeber vereinbart hätte. Ob dies tatsächlich so ist, soll unter anderem Gegenstand nachfolgender Untersuchung sein.[92]

Dem Finanzierungsleasingvertrag ist darüber hinaus, wie sogleich noch näher ausgeführt wird,[93] immanent, dass der Leasingnehmer gegenüber dem Leasinggeber die Vollamortisation schuldet. Sind die Beschaffungsverträge zwischen Leasinggeber und Lieferant in der Regel keinen Besonderheiten, im Vergleich etwa zu üblichen Kauf- oder Werkverträgen, unterworfen, hängt der Leasingvertrag zwischen Leasinggeber und Leasingnehmer entscheidend von

---

87 BGH NJW 2006, 1066, 1068; Zu beachten ist auch, dass diese Haftungsbeschränkung nicht gegen das Klauselverbot nach § 309 Nr. 8 b aa) BGB verstößt, da dieses Verbot nur Verträge über die Lieferung neu hergestellter Sachen und Werkleistungen betrifft, worunter Leasingverträge nach ganz überwiegender Auffassung nicht fallen, vgl. Martinek/Stoffels/Wimmer-Leonhardt/*Beckmann*, § 25, Rn. 24.

88 Erstmals BGHZ 68, 118ff; seit dem ständige Rechtsprechung, vgl. nur: BGHZ 81,298, 301ff; BGH NJW 1985, 129; BGHZ 94, 180, 186; BGHZ 97, 135, 140.

89 Ständige Rechtsprechung, vgl. nur: BGH NJW 2006, 1066; 1987, 1072 mwN.

90 BGHZ 68, 118ff.

91 BGH NJW 1991, 1746; Martinek/Stoffels/Wimmer-Leonhardt/*Beckmann*, § 25, Rn. 41.

92 Siehe unten: Seite 67ff.

93 Siehe unten: Seite 12ff.

der konkreten vertraglichen Ausgestaltung ab. Die Frage nach der Ausgestaltung der Leasingverträge ist aber grundsätzlich von der nach der rechtlichen Einordnung zu unterscheiden.

1. Rechtliche Einordnung des Finanzierungsleasingvertrages

Die rechtliche Einordnung der Leasingverträge gehört zu den am häufigsten und auch am heftigsten diskutierten Themen, die sich mit dem Aufkommen von Leasing ergeben haben.[94] Dabei stellt sich zwangsläufig die Frage nach der Relevanz dieser Kontroverse. Sieht man von einem akademischen Interesse der Wissenschaft ab, könnte man, so wie dies auch in der Literatur durchaus vertreten wird,[95] die Diskussion als zumindest überbewertet bezeichnen. Allerdings würde dies nicht erklären, warum sich auch die Rechtsprechung so eingehend mit dieser Frage beschäftigt.[96] Tatsächlich bedarf es dieser Diskussion auch aus praktischen Erwägungen, sprich: aus Erwägungen der Rechtsanwendung. Zwar lassen es Privatautonomie und Vertragsfreiheit zu, dass im Rahmen der §§ 134, 138, 307ff, etc. BGB nach Belieben Verträge geschlossen und formuliert werden können, gleichwohl bedarf es auch außerhalb rechtssystematischer Gesichtspunkte der Einordnung.[97] Zum einen kann es zwingende Rechtsvorschriften geben, die bei einer Zuordnung des Leasings zu der einen oder anderen Vertragsart zu beachten wären, zum anderen kann bei der Auslegung von Vertragsklauseln und dem Beachten AGB-rechtlicher Vorschriften die rechtliche Einordnung eine erhebliche Rolle spielen.[98] Daher kann wohl mit einiger Sicherheit behauptet werden, dass eine Einordnung der Leasingverträge, gleichgültig welcher konkreten Leasingart, keineswegs entbehrlich und auch nicht überbewertet ist. Nachfolgend ist daher eine zusammenfassende Übersicht über die rechtliche Einordnung von Finanzierungsleasingverträgen und dem Stand der Diskussion angezeigt, die auch im weiteren Verlauf der Arbeit noch von Bedeutung ist.[99]

---

94 Gitter, Gebrauchsüberlassungsverträge, 301; Staudinger/*Stoffels*, Leasing, Rn. 64; Martinek/Stoffels/Wimmer-Leonhardt/*Martinek*, § 4, Rn. 1.

95 Lieb, DB 1988, 946, ; Leenen, AcP 1990, 260, 264.

96 Vgl. nur: BGHZ 71, 189, 194; BGHZ 68, 118, 123; BGHZ 82. 121, 125; BGHZ 95, 39, 49.

97 Martinek, 64f, der die wesentlichen Gründe für die Notwendigkeit der rechtlichen Einordnung anschaulich beschreibt.

98 Martinek, 64f; Erman/*Dickersbach*, Anh. § 535, Rn. 18; Staudinger/*Stoffels*. Leasing, Rn. 64.

99 Siehe hierzu beispielsweise unten: Seite 145ff. und Seite 152ff.

a) Finanzierungsleasing als Mietvertrag

Seit jeher[100] – und aus der Natur der Sache heraus sehr verständlich – wird versucht, den Finanzierungsleasingvertrag als Mietvertrag zu qualifizieren. Mittlerweile kann man wohl sagen, dass die meisten Stimmen in der Literatur[101] sowie die Rechtsprechung[102] dieser Ansicht gefolgt sind. In der Tat bestehen zunächst beachtliche Ähnlichkeiten zwischen einem Mietvertrag und einem Leasingvertrag. Beides sind Dauerschuldverhältnisse, beide begründen für den Vermieter/Leasinggeber eine Gebrauchsüberlassungspflicht und beide verpflichten den Mieter/Leasingnehmer zur Zahlung eines Zinses, vgl. für das Mietrecht § 535 BGB. Der Leasingnehmer zahlt also genau wie der Mieter nicht auf die Sache selbst, sondern auf die Sachnutzung.[103] Dies genügt den Vertretern dieser Ansicht, um Leasing unter das Mietrecht zu subsumieren. Der BGH sieht zwar die Unterschiede zwischen Leasing- und Mietvertrag, hält allerdings das Mietrecht *„in erster Linie"*[104] für anwendbar. Er erkennt aber, dass den Besonderheiten des Leasingvertrages Rechnung getragen werden muss, und tut dies in der Form, dass er dem Leasing ein typisches Gepräge zugesteht, welches sich von der Miete unterscheidet.[105] Insoweit müsse auf die Besonderheiten des Leasingvertrages eingegangen werden und wegen dieser Besonderheiten dürfe es nicht zu einem starren Festhalten an den mietvertraglichen Vorschriften kommen.[106] Damit berücksichtigt der BGH auch die Tatsache, dass sich wichtige Eigenschaften dieser Verträge diametral entgegenstehen. Dazu zählt vor allem die Instandhaltungspflicht des Vermieters. Diese wird beim Leasingvertrag mit der Preis- und Sachgefahr auf den Leasingnehmer übertragen. Ein solches Abwälzen der Risiken

100 Hagenmüller/*Kaminsky*, 63; Havermann, 50.

101 Reiner Mietvertrag: Blomeyer, NJW 1978, 973, ff; Döller, BB 1971, 535, 539; Flume, DB 1972, 1, 4ff; Sonnenberger, NJW 1983, 2217, 2218; E.-G. Koch, 99ff; Atypischer Mietvertrag: Reinicke/Tiedtke, BB 1982, 1142, 1146f; Hiddemann, WM 1978, 834, 836; wohl auch Beckmann, § 1, Rn. 43; Sannwald, 78ff; Palandt/*Weidenkaff*, vor § 535, Rn. 38; v. Westphalen/*v. Westphalen*, Kap. B, Rn. 9ff; Siehe hierzu auch die Ausführungen bei Martinek/Stoffels/Wimmer-Leonhardt/*Martinek*, § 4, Rn. 12ff, der selbst aber eine solche Qualifizierung ablehnt, vgl. § 4, Rn. 17ff.

102 Vgl. nur BGH WM 1975, 1203ff; BGHZ 81, 298ff.

103 Flume, DB 1972, 1, 4ff.

104 Zuerst BGH NJW 1977, 195, 196; seit dem ständige Rechtsprechung, vgl. nur: BGHZ 68, 118, 123; BGHZ 71, 196, 204; BGHZ 97, 135, 139.

105 BGHZ 81, 298, 302.

106 BGHZ 95, 39, 49.

wird sowohl vom BGH[107] als auch von einem großen Teil der Literatur als eine der Besonderheiten des Leasingvertrages angesehen. Dies sei zwar eine Tatsache, die dem typischen Mietrecht fremd sei, stehe der Annahme eines Mietvertrags aber nicht entgegen.[108] Damit tragen Rechtsprechung und Literatur natürlich vor allem den Interessen der Leasingparteien Rechnung. Denn eine Steueroptimierung im Sinne der Leasingerlasse kann nicht erreicht werden, wenn der Leasingvertrag nicht als Mietvertrag, sondern z.B. als Kaufvertrag eingeordnet werden würde.

Zur Frage, ob man einen Leasingvertrag als Mietvertrag einordnen darf oder nicht, kommt es nach oben Gesagtem also darauf an, um wie viel man den normierten Vertragstyp ‚Miete' beschneiden kann, ohne ihn vollständig zu entleeren. Gewichtige Stimmen in der Literatur sind der Ansicht, dass dann, wenn man die Besonderheiten des Leasings berücksichtigt, die mietvertraglichen Regelungen über die Maße beschnitten sind.[109] Argument dafür ist zum einen der Finanzierungscharakter des Leasinggeschäfts. Wie bereits oben dargestellt ist Leasing ein Instrument der Investitionsfinanzierung.[110] Das von der Rechtsprechung zwar beachtete, aber gegenüber dem Mietcharakter als weniger wichtig eingeordnete Finanzierungsmerkmal des Leasings hat nach Meinung der Kritiker des mietrechtlichen Ansatzes eine mindestens ebenbürtige Stellung gegenüber dem Mietcharakter.[111] Dies wird vor allem mit der in der Regel – auf die ein oder andere Weise – eintretenden Vollamortisation begründet. Eine solche Pflicht zur Vollamortisation sei der Miete völlig fremd.[112] Ein weiteres wichtiges Argument ist hier die leasingtypische Überwälzung der Sach- und Preisgefahr. Ist es im Mietrecht eine Hauptpflicht des Vermieters, die Mietsache auch instand zu halten, den Gebrauch also zu gewähren,[113] wird dies beim Leasing tunlichst vermieden. Allein das soll nach Ansicht einiger Autoren eine Behandlung des Leasings nach Mietrecht ausschließen.[114] Auch darin werde der Finanzierungscharakter von Leasingverträgen wieder deutlich. Der Leasinggeber wolle in tatsächlicher

107 BGH NJW 1988, 198, 200; NJW 2004, 1041, 1043.

108 Vgl. Blomeyer, NJW 1978, 973, ff; Flume, DB 1972 53, Flume, DB 1972 53, 56f.

109 Larenz/Canaris, Band II/2, 104f; Martinek/Stoffels/Wimmer-Leonhardt/*Martinek*, § 4, Rn. 18; Staudinger/*Stoffels*, Leasing, Rn. 76.

110 Siehe oben: Seite 8f.

111 Martinek/Stoffels/Wimmer-Leonhardt/*Martinek*, § 4, Rn. 18; Staudinger/*Stoffels*, Leasing, Rn. 76.

112 Larenz/Canaris, Band II/2, 104f.

113 Palandt/*Weidenkaff*, § 535, Rn. 14.

114 Larenz, Band II, 12. Aufl., 455; Lieb, DB 1988, 946, 951.

Hinsicht, also bei allem, was mit der Leasingsache selbst zu tun hat, so wenig wie möglich involviert werden. Der Leasingnehmer bestimme das anzuschaffende Leasinggut und er habe darüber hinaus die Pflicht, es instand zu halten bzw. zu setzen.

Diese Argumentation lässt tatsächlich ein Übergewicht des von der Rechtsprechung betonten Mietcharakters nicht erkennen. Jedoch ist unter praktischen Erwägungen die mietrechtliche Einordnung recht vorteilhaft. So kann z.B. die Einordnung unter einen bestimmten normierten Vertragstyp wegen § 307 II Nr. 1 BGB die Inhaltskontrolle erleichtern, da so die grundlegenden gesetzlichen Bestimmungen bzw. die Natur des Vertrages als Hilfsmittel bei der Inhaltskontrolle herangezogen werden können. Zwar kann eine Inhaltskontrolle auch am Maßstab des § 307 II Nr. 2 BGB ausgerichtet werden. Es wird allerdings darauf verwiesen, dass eine Ausrichtung an den Normen des dispositiven Rechts der Rechtsprechung nicht nur die Kontrolle von Formularverträgen erleichtert, sie biete auch ein höheres Maß an Verlässlichkeit und Rechtssicherheit.[115] Insbesondere für den Fall der Unwirksamkeit einzelner AGB-Klauseln biete der Rückfall auf die gesetzlichen Regelungen durch § 306 II BGB eine verlässliche Möglichkeit, sachgerechte Ergebnisse zu erreichen.[116] Diese – zugegeben etwas „bequeme" – Argumentation hat einiges für sich, erleichtert sie doch insbesondere den Umgang mit dem durch Formularverträge geprägten Leasingrecht.[117] Auch können Lücken im Vertragswerk so durch gesetzliche Regelungen geschlossen werden.[118] Schließlich können in der Praxis bei Störungen im Vertragsverhältnis durch eine Auslegung der Leasingverträge als *„atypische"* Mietverträge[119] sehr befriedigende Lösungen gefunden werden.

b) Finanzierungsleasing als Vertrag sui generis

Die nach dem mietvertraglichen Ansatz wohl am häufigsten vertretene Theorie sieht den Finanzierungsleasingvertrag als Vertrag sui generis (eigener Art).[120]

---

115 So auch v. Westphalen/*v. Westphalen*, Kap. B, Rn. 7, wonach die Inhaltskontrolle nur bei Ausrichtung am dispositiven Recht *„festen Boden unter den Füßen"* habe.

116 v. Westphalen/*v. Westphalen*, Kap. B, Rn. 7 mwN.

117 Siehe hierzu auch ausführlich unten, Seite 145ff, mwN.

118 Büschgen/*Kügel*, § 5, Rn. 1.

119 Sannwald, 89, der wohl den Begriff des *„atypischen"* Mietvertrags geprägt hat.

120 Ausführlich: Bernstein, Der Tatbestand des Mobilien-Finanzierungsleasingvertrages und seine rechtliche Einordnung als Vertrag „sui generis", 1983; ebenso: Bernstein, DB 1985, 1877, 1879; Klamroth, BB 1982, 1949, 1951ff; Stagl, ZIP 2009, 846ff; Gitter, Gebrauchsüberlassungsverträge, 306; Larenz, Band II, 12. Aufl., 453ff; Martinek/

Danach handelt es sich bei Finanzierungsleasingverträgen um finanzierte Gebrauchsüberlassungsverträge eigener Art, die neben anderen Verträgen wie Miete, Kauf oder Darlehen stehen.[121] Vertreter dieser Ansicht ziehen damit die Konsequenzen aus der oben bei dem mietvertraglichen Ansatz angesprochenen Kritik. Die *„leasingtypischen Besonderheiten“* seien derart weitgehend, dass es nicht mehr vertretbar sei, den Finanzierungsleasingvertrag in das Gebilde der vom BGB vorgesehenen Vertragstypen zu zwängen.[122] Bei einem Leasingvertrag handele es sich vielmehr um einen eigenständigen Vertragstyp. Die genaue Ausgestaltung eines Leasingvertrages sui generis hängt wiederum von dem jeweiligen Vertreter dieser Theorie ab, wobei gesagt werden muss, dass es teils erhebliche Unterschiede zwischen den Ansichten einzelner Autoren gibt. Allerdings lässt sich als gemeinsamer Kern herausarbeiten, dass danach einem Leasingvertrag eine gleichbedeutende Gebrauchsüberlassungs- und Finanzierungsfunktion zukommt.[123] Was im Gegensatz zum Mietvertrag aber gerade nicht Vertragsbestandteil ist, ist die Instandhaltungspflicht. Diese grenzt den Leasingvertrag sui generis maßgeblich vom Mietvertrag ab, bei dem sie grundsätzlich Hauptleistungspflicht ist.[124] Für Leasing als Vertrag eigener Art spreche auch, dass das UNIDROIT-Übereinkommen über das internationale Finanzierungsleasing vom 28. Mai 1998[125] den Finanzierungsleasingvertrag als eigenständigen Vertragstyp konzipiert hat.[126] Diese internationale Anerkennung des Finanzierungsleasings stärkt zumindest mittelbar auch die Vertreter eines sui generis-Ansatzes. Wobei allerdings zu beachten ist, dass das UNIDROIT-Übereinkommen derzeit von Deutschland nicht ratifiziert ist.[127]

Der Flexibilität dieser Ansicht werden das Fehlen eines gesetzlich normierten Leitbilds sowie Probleme im Zusammenhang mit dem Grundsatz der Relativität der Schuldverhältnisse entgegengehalten.[128] So soll die AGB-Kontrolle *„nur dann*

Stoffels/Wimmer-Leonhardt/*Martinek*, § 4, Rn. 48ff; ders.: Moderne Vertragstypen, Band I, 86ff; MüKo/*Koch*, Leasing, Rn. 32; Runge/Bremser/Zöller, 234; Staudinger/*Stoffels*, Leasing, Rn. 76; wohl auch Oxe, 43ff.

121 Martinek/Stoffels/Wimmer-Leonhardt/*Martinek*, § 4, Rn. 42.

122 Runge/Bremser/Zöller, 234.

123 Martinek/Stoffels/Wimmer-Leonhardt/*Martinek*, § 4, Rn. 53.

124 Palandt/*Weidenkaff*, § 535, Rn. 36.

125 URL: http://www.unidroit.org/english/conventions/1988leasing/convention-leasing1988.pdf letzter Aufruf: 08.10.2016.

126 Martinek/Stoffels/Wimmer-Leonhardt/*Martinek*, § 4, Rn. 50.

127 URL: http://www.unidroit.org/status-leasing-conv-1988, letzter Aufruf: 08.10.2016

128 v. Westphalen/*v. Westphalen*, Kap. B, Rn. 7f, vgl. hierzu schon die oben am Ende der Ausführungen über das Finanzierungsleasing als Mietvertrag (Seite 27ff.)

festen Boden unter den Füßen“ haben, wenn sich diese gemäß § 307 II Nr. 1 BGB an den Normen des dispositiven Rechts ausrichte. Dies biete ein höheres Maß an Verlässlichkeit und Rechtssicherheit, als das Abstellen auf das Interesse der Vertragsparteien.[129] Der sui generis-Ansatz muss sich aus der Literatur auch den Vorwurf entgegenhalten lassen, er umgehe die Qualifikationsproblematik lediglich, anstatt sie zu lösen. Wegen des fehlenden gesetzlichen Leitbildes müsse für jede Rechtsfolge zunächst eine Analogie gefunden werden, sodass ein „*auf Einzelfallentscheidungen beruhendes systemloses Leasingrecht*“ die Folge wäre.[130] Ebenso werden Schwierigkeiten in der insolvenzrechtlichen Abwicklung als Argument gegen eine Behandlung des Finanzierungsleasings als Vertrag sui generis vorgetragen.[131] So gelten im Insolvenzrecht gemäß der §§ 109ff. InsO besondere Regelungen für die insolvenzrechtliche Abwicklung von Miet- und Pachtverträgen. Allerdings versteht es z.B. *Canaris,* die meisten Bedenken ohne Rückgriff auf eine typologische Einordnung argumentativ zu beseitigen.[132] Auf Vor- und Nachteile dieser Ansicht wird an anderer Stelle weiter unten noch vertieft eingegangen.[133]

c) Finanzierungsleasing als Kaufvertrag

Ein sehr früh entwickelter, heute aber kaum noch auf Zustimmung stoßender Ansatz hat das Finanzierungsleasing dem Kaufrecht zugeordnet. Man sah die Leasingverträge als Ratenkauf,[134] Nutzkauf[135] oder finanzierten Kauf.[136] Argumentiert wird hier, dass die Verteilung der Sachgefahr dem Kaufrecht am ähnlichsten sei.[137] Weiterhin lasse sich der Leasinggeber während der unkündbaren Grundmietzeit voll bezahlen, der „Mietzins“ sei daher als Ratenzahlung im Sinne des Kaufs zu sehen. Das Ergebnis, nämlich die Vollamortisation, sei das Gleiche wie das beim Kauf erzielte.[138] Die Ähnlichkeit des Finanzierungsleasings mit

---

aufgeführten Vorteile eines gesetzlichen Leitbildes. Zur Auseinandersetzung mit dieser Argumentation siehe unten, Seite 145ff.

129 v. Westphalen/*v. Westphalen*, Kap. B, Rn. 7f mwN.

130 Schulz, 33; der allerdings im Weiteren selbst Aspekte des sui generis-Ansatzes vertritt, wie z.B. die fehlende originäre Einstandspflicht des Leasinggebers, vgl. Seite 131.

131 Büschgen/*Kügel*, § 5, Rn. 63 a. E.

132 Larenz/Canaris, Band II/2, § 66, III 111ff.

133 Siehe unten: Seite 145ff.

134 Ebenroth, JuS 1978, 588, 592f.

135 Fikentscher/Heinemann, Rn. 1071.

136 MüKo/*Voelskow*, 2. Auflage, vor § 535, Rn. 53.

137 Ebenroth, JuS 1978, 588, 592.

138 Fikentscher/Heinemann, Rn. 1071.

einem finanzierten Kauf wird ebenfalls hervorgehoben.[139] Das von den Parteien ‚eigentlich' Gewollte sei das, was es auch bei einem Kauf wäre, nur dass sie durch das Leasing steuerliche und betriebswirtschaftliche Vorteile genießen könnten.[140]

Dieser Ansicht können aber gewichtige Argumente entgegen gebracht werden. Zunächst wird angeführt, dass der Leasinggeber das Leasinggut nicht übereigne. Eine Übereignung hätte zur Folge, dass die steuerrechtlichen Grundsätze keinen Bestand mehr hätten.[141] Die Vorteile des Leasings wären demnach aufgehoben. Dies könne zwar als Zirkelschluss interpretiert werden – man könnte dem entgegenhalten, das Steuerrecht habe sich dem Zivilrecht unterzuordnen und nicht umgekehrt – allerdings würde dann zumindest der Parteiwille einen Kaufvertrag ausschließen. Denn der Eigentumsübergang sei aus eben diesen steuerrechtlichen Gründen von den Parteien gerade nicht gewollt.[142] Ebenso werde bei einem Einordnen von Leasing als Kaufvertrag der Restwert der Leasingsache für den Leasinggeber völlig außer Acht gelassen.[143] Dieser sei nicht nur bei den Teilamortisationsverträgen in größerem Umfang vorhanden, sondern ergebe sich bei einer Grundmietzeit von 90 % der betriebsgewöhnlichen Nutzungsdauer auch für die Vollamortisationsverträge aus den nicht unerheblichen 10 %, die dem Leasinggeber in der Regel nach der Vollamortisation noch verbleiben.[144]

d) Finanzierungsleasing als Darlehensvertrag

Eine nur vereinzelt vertretene Ansicht sieht im Leasingvertrag einen Darlehensvertrag.[145] Hier wird die Finanzierungsfunktion des Leasingvertrages im Vergleich mit der Gebrauchsüberlassung übergewichtet. Der Verfechter dieser Ansicht sieht in der Gebrauchsüberlassung der Sache die Valuta für das Darlehen. Er führt an, dass zwar kein reines Geld- oder Sachdarlehen vorliege, wohl aber Einräumung von Sachkapital Gegenstand des Darlehensvertrages sei.[146] Durch diese Annahme gelinge es ohne Schwierigkeiten, die Gefahrtragung auf

139 MüKo/*Voelskow*, 2. Auflage, vor § 535, Rn. 53.

140 MüKo/*Voelskow*, 2. Auflage, vor § 535, Rn. 53; Ebenroth, JuS 1978, 588, 592.

141 Gitter, Gebrauchsüberlassungsverträge, 302.

142 Gitter, Gebrauchsüberlassungsverträge, 302; Martinek/Stoffels/Wimmer-Leonhardt/*Martinek*, § 4, Rn. 26.

143 v. Westphalen/*v. Westphalen*, Kap B, Rn. 14; Martinek/Stoffels/Wimmer-Leonhardt/*Martinek*, § 4, Rn. 30.

144 Gitter, Gebrauchsüberlassungsverträge, 302.

145 Borggräfe, 50ff.

146 Borggräfe, 54 mwN.

den Leasingnehmer abzuwälzen. Den Leasinggeber treffe keinerlei Verantwortlichkeit für das Misslingen der Investitionsentscheidung.[147]

Dieser Ansicht schlägt allerdings harsche Kritik aus der Literatur entgegen.[148] Da der Leasinggeber Eigentümer des Leasingobjekts bleibt, scheide ein Sachdarlehen als Rechtsgrundlage aus. Selbst wenn es zu einer Leasingkonstruktion im Rahmen eines Sachdarlehens kommen könne, könne der Leasingnehmer nach Ablauf des Darlehensvertrages schlecht eine Sache gleicher Art und Güte zurückgeben. Er müsse die Sache neu anschaffen, und zudem könnten nur vertretbare Sachen Gegenstand von Leasingverträgen werden. Auch ein Gelddarlehen komme nicht infrage, da die Dreiecksbeziehung von Lieferant, Leasinggeber und Leasingnehmer nicht „*passt*". Der Leasingnehmer habe keine vertraglichen Beziehungen zum Lieferanten, der an den Leasingnehmer die Darlehensvaluta auszuzahlen hätte. Der Leasinggeber würde damit lediglich sich selbst ein Darlehen gewähren.[149] Dies hat auch der Vertreter des darlehensvertraglichen Ansatzes erkannt und mit einer Prämisse reagiert: Nicht Geld oder die Sache selbst seien Darlehensvaluta, sondern die Gebrauchsüberlassung an sich.[150] Damit hat er allerdings nicht unbedingt die Diskussion um die rechtliche Einordnung der Leasingverträge vorangebracht, da es einen solchen Vertragstyp im BGB ebenfalls nicht gibt. In der Tat scheint die Einordnung des Finanzierungsleasings als Darlehnsvertrag eher abwegig. Wohl aus diesem Grund wird die Auffassung auch seit den 1970er-Jahren nicht mehr ernstlich vertreten.

e) Finanzierungsleasing als Geschäftsbesorgungsvertrag

Canaris hat einen in der Literatur höchst anerkannten Sonderweg bei der rechtlichen Einordnung von Finanzierungsleasingverträgen beschritten.[151] Dabei beleuchtet er die Thematik aus einem gänzlich anderen Blickwinkel. Seiner Meinung nach handelt der Leasinggeber als mittelbarer Stellvertreter für Rechnung des Leasingnehmers. Die Anschaffung erfolgt demnach aufgrund eines Geschäftsbesorgungsvertrages nach § 675 BGB zwischen Leasinggeber und Leasingnehmer, wobei der Leasinggeber einen Anspruch auf Ersatz seiner Aufwendungen in Form des Kaufpreises gemäß §§ 675, 670 BGB gegen den Leasingnehmer hat.

147 Borggräfe, 53f.

148 Martinek/Stoffels/Wimmer-Leonhardt/*Martinek*, § 4, Rn. 35.

149 Martinek/Stoffels/Wimmer-Leonhardt/*Martinek*, § 4, Rn. 35.

150 Borggräfe, 54 mwN in Rn. 365.

151 Canaris, Bankvertragsrecht, Rn. 1718ff; Canaris, NJW 1982, 305, ff; heute noch vertreten von Höpfner, FLF 2004, 72ff. sowie Höpfner, ZBB 2006, 200, 202.

Dieser Aufwendungsersatzanspruch soll vom Leasinggeber kreditiert werden, wobei die Rückzahlung in (Leasing-)Raten erfolgen würde. Demgemäß handele es sich bei einem Finanzierungsleasingvertrag um einen typengemischten Vertrag, der im Wesentlichen Elemente der Geschäftsbesorgung und des Darlehens enthalten soll. Es wird dabei vielfach eine Parallele zum handelsrechtlichen Kommissionsgeschäft nach § 383ff. HGB betont.[152] Dieses liege allerdings nicht in Gänze vor, da der Leasinggeber nicht das Eigentum nach § 384 II HGB an den Leasingnehmer weiterleiten soll, sondern lediglich eine Pflicht zur Verschaffung des Besitzes am Leasinggegenstand bestehe.[153] Das Eigentum könne nicht übertragen werden, da dies sowohl der steuerrechtlichen Zwecksetzung des Finanzierungsleasings widerspreche als auch dem Sicherungsinteresse des Leasinggebers zuwiderlaufe.

Diese Herangehensweise lässt einige Vorteile erkennen. Zunächst bestehen keinerlei Bedenken mehr, was die AGB-rechtliche Problematik um den Gewährleistungsausschluss angeht. Zwar tritt hier der Leasinggeber wie gehabt die Gewährleistungsansprüche aus dem Kaufvertrag an den Leasingnehmer ab, es ist allerdings nicht mehr nötig, dass er sich auch im Verhältnis zu dem Leasingnehmer von einer Gewährleistung durch AGB freizeichnet. Im Gegensatz zur Miete soll es dem auf Geschäftsbesorgung beruhenden Ansatz von *Canaris* immanent sein, dass der Auftraggeber, hier also der Leasingnehmer, die Sachgefahr trägt. Der Leasingnehmer bliebe dann auch bei zufälligem Untergang zur Vollamortisation verpflichtet.[154] Weiterhin kann man aufgrund der „*Bezogenheit des Kaufvertrages auf den Leasingnehmer*"[155] bei allen Zurechnungsfragen problemlos auf die – in tatsächlicher Hinsicht ohnehin – maßgebliche Person des Leasingnehmers abstellen. *Canaris* hat bei der Entwicklung dieser Theorie auch die Verknüpfung zwischen Kaufvertrag und Leasingvertrag durch das damals noch nicht normierte Institut der Störung oder des Wegfalls der Geschäftsgrundlage im Auge gehabt. Durch seinen Lösungsansatz gelingt es ihm darüber hinaus relativ unproblematisch, bei Rückabwicklung des Kaufvertrages den Leasingnehmer von seiner Pflicht zur Zahlung der Leasingraten freizustellen.[156] Sowohl der Rechtsprechung als auch den Vertretern des mietrechtlichen Ansatzes blieb in

152 Einige Vorschriften aus dem Kommissionsgeschäft werden von Canaris sogar analog herangezogen, so z.B. §§ 384 I, 387 HGB, vgl. Canaris, Bankvertragsrecht, Rn. 1733.

153 Canaris, Bankvertragsrecht, Rn. 1736.

154 Canaris, Bankvertragsrecht, Rn. 1743f. und vor allem 1755ff.

155 Canaris, NJW 1982, 305, 312.

156 Canaris, Bankvertragsrecht, Rn. 1744ff.

diesem Fall allein der Rückgriff auf das damals noch nicht normierte Institut des Wegfalls bzw. der Störung der Geschäftsgrundlage.[157]

Doch auch dieser durchdachten und dogmatisch fundierten Ansicht werden gewichtige Argumente entgegengehalten.[158] Das Wichtigste dürfte auch hier wieder die Interessenlage der Parteien sein. Beide – Leasinggeber und Leasingnehmer – fühlen sich in diesem Gewand des ‚Handelns für fremde Rechnung' nicht wohl. Um die steuerrechtlichen Vorteile des Leasings genießen zu können, so wird eingewandt, sei es gerade notwendig, dass der Leasinggeber nicht nur rechtlicher, sondern auch wirtschaftlicher Eigentümer des Leasingguts ist. Diese Prämisse könne aber bei einem Handeln für fremde Rechnung nie eintreten, das Wirtschaftsgut sei immer dem Geschäftsherrn zuzurechnen.[159] *Canaris* betont ausdrücklich die Stellung des Leasinggebers als bloßem Finanzierer und die exklusive Stellung des Leasingnehmers als Nutzer des Leasinggutes.[160] Darüber hinaus wird dem Ansatz von *Canaris* entgegengehalten, der Leasinggeber habe entgegen der Auffassung von *Canaris* ein über die Leasingraten hinausgehendes Interesse an der Leasingsache. Dieses weitere Interesse wurde hier bereits an anderer Stelle dargestellt,[161] von *Canaris* aber anders interpretiert.[162] Schließlich sei, so die Gegenauffassungen, zu beachten, dass bei einem typischen Handeln für fremde Rechnung der Auftragnehmer das durch die Geschäftsbesorgung Erlangte an den Geschäftsführer herauszugeben habe. Nach der Lösung von Canaris erlange der Leasinggeber nach wie vor Eigentum an der Sache, er gebe aber den Besitz und die Gewährleistungsansprüche an den Leasingnehmer weiter. Bei dem gesetzlich geregelten Fall des Handelns auf fremde Rechnung, nämlich § 384 HGB, sei aber auch das Eigentum an den Kommittenten herauszugeben.[163]

Dem Geschäftsbesorgungsansatz kann tatsächlich einiges abgewonnen werden. Im Ergebnis und insbesondere wegen der steuerrechtlichen Auswirkungen

---

157 Vgl. zur alten und neuen Rechtslage Tiedtke/Möllmann, DB 2004, 583, 588 mwN; eine gute Übersicht über die zur Rückabwicklung vertretenen Ansichten und die sich dabei ergebenden Probleme nach der Schuldrechtsreform gibt Godefroid, BB 2003, Beilage 5, 2, 7.

158 So auch Martinek, 84.

159 Reinicke/Tiedtke, BB 1982, 1142, 1145, Gitter, Gebrauchsüberlassungsverträge, 304; Martinek/Stoffels/Wimmer-Leonhardt/*Martinek*, § 4, Rn. 41.

160 Canaris, Bankvertragsrecht, Rn. 1715.

161 Siehe oben: Seite 32f.

162 Vgl. hierzu die gesamten Ausführungen in: Canaris, Bankvertragsrecht, Rn. 1710ff. sowie Canaris, NJW 1982, 305, ff.

163 Martinek/Stoffels/Wimmer-Leonhardt/*Martinek*, § 4, Rn. 40 a. E.

ist er aber nicht haltbar und den Gegnern dieser Auffassung ist zuzustimmen. Hierzu wird auf die Ausführungen unten verwiesen, wo eine weitergehende Auseinandersetzung mit dieser Rechtsauffassung notwendig wird.[164]

f) Zwischenergebnis

Die herrschende Meinung in Rechtsprechung und Literatur sieht den Leasingvertrag als Mietvertrag mit leasingtypischen Besonderheiten. Die kontroverse Diskussion um die Rechtsnatur des Leasings verlor zwischenzeitlich an Dynamik und Relevanz, hat aber nach der Schuldrechtsreform wieder Fahrt aufgenommen. Für die hier behandelte Fragestellung spielt die Rechtsgrundlage von Leasing grundsätzlich nur eine sekundäre Rolle. Allerdings gibt es einige Autoren, die das in der Einführung beschriebene Problem mit Ansätzen zu lösen versuchen, die sich aus der Rechtsnatur des Leasings ergeben. Es wird daher im Verlauf dieser Arbeit erforderlich werden, auf zwei Sondermeinungen einzugehen, die der Frage nach der Anwendung der Verbrauchsgüterkaufvorschriften auf Leasinggeschäfte anhand der Rechtsgrundlage von Leasing nachgehen.[165]

2. Möglichkeiten der vertraglichen Ausgestaltung von Finanzierungsleasingverträgen

Den Vertragsparteien stehen zahlreiche Möglichkeiten zur Verfügung, im Rahmen eines Finanzierungsleasinggeschäfts die Verträge zu gestalten. Finanzierungsleasing ist Formularvertragsrecht *par excellence.*[166] Es gibt jedoch einige ‚Grundmodelle' der Vertragsgestaltung, die sich im Laufe der Zeit entwickelt haben und im Folgenden kurz dargestellt werden.

Zunächst ist dabei das bereits oben beschriebene Dreiecksverhältnis als das allen Finanzierungsleasinggeschäften immanente Grundmodell zu nennen.[167] Weiterhin muss danach unterschieden werden, ob es sich um erlasskonformes oder nicht-erlasskonformes Finanzierungsleasing handeln soll. Die Erlasse des Bundesfinanzministeriums regeln, wie oben beschrieben, ausschließlich steuerrechtliche Zuordnungsaspekte; wenn es die Parteien als hilfreich erachten, können sie sich selbstredend auch auf eine andere Zuordnung einigen. Allerdings kann heute wohl davon ausgegangen werden, dass im Zweifel ein erlasskonformer

164 Siehe hierzu unten: Seite 152ff.

165 Siehe unten: Seite 139ff.

166 *Reich,* in: Gitter, Vertragsschuldverhältnisse, 51.

167 Siehe oben: Seite 24f.

Leasingvertrag vorliegen soll.[168] Die Leasingerlasse geben damit einen gewissen Rahmen vor, den auszufüllen Sache der Parteien bleibt, wenn sie in den Genuss der steuerlichen Vorteile kommen wollen. Aber trotz, oder gerade wegen dieses Rahmens, gibt es einige Möglichkeiten, ein Finanzierungsleasinggeschäft zu gestalten.

a) Vollamortisationsvertrag (Full-pay-out)

Durch den oben beschriebenen ersten Leasingerlass[169] wurden die sogenannten Vollamortisationsverträge steuerrechtlich erfasst, aber nicht erfunden. Das Prinzip der Vollamortisationsverträge bei Leasing ist deutlich älter.[170] Ein solcher Vertrag setzt voraus, dass neben den Herstellungs- oder Anschaffungskosten auch die Finanzierungskosten und ein Gewinn des Leasinggebers durch die Zahlungen des Leasingnehmers abgedeckt werden, die Anschaffung des Leasinggebers sich also vollständig amortisiert. Darüber hinaus ist die Unkündbarkeit während der Grundmietzeit Wesensmerkmal eines solchen Vertrages. Welche Voraussetzungen vorliegen müssen, damit ein Vollamortisationsvertrag auch erlasskonform ist, wurde bereits im Rahmen der steuerlichen Aspekte von Leasing erläutert.[171]

Bei Vollamortisationsverträgen können solche mit und ohne Kauf- bzw. Verlängerungsoption unterschieden werden. Hat sich der Leasingnehmer bei Vertragsschluss keine Option vorbehalten, muss er nach Ablauf der Grundmietzeit grundsätzlich die Leasingsache an den Leasinggeber zurückgeben. Wurde hingegen eine Option vereinbart, kann der Leasingnehmer je nach Vereinbarung die Sache entweder weiter mieten, leasen oder kaufen.[172]

b) Teilamortisationsvertrag (Non-full-pay-out)

Etwas später als die Vollamortisationsverträge kamen, aufgrund geänderter Interessenlage der Leasingnehmer, vermehrt sogenannte Teilamortisationsverträge auf

---

168 Martinek/Stoffels/Wimmer-Leonhardt/*Martinek*, § 2, Rn. 28.

169 Siehe oben: Seite 12f.

170 Dietz, AcP 1990, 235, 237; Danach hat bereits *Henry Schoenfeld*, Gründer der United Stats Leasing Company, Full-pay-out leases (Vollamortisationsverträge) und Non-pay-out-leases (Teilamortisationsverträge) angeboten, je nach den Bedürfnissen seiner Kundschaft.

171 Siehe oben: Seite 12f.

172 Büschgen/*Büschgen*, § 3, Rn. 11.

(von manchen[173] als Leasing der 2. Generation bezeichnet, wobei hierunter nicht das Gleiche zu verstehen ist wie oben im Kapitel „Historische Entwicklung"[174]). Auch hierzu gibt es einen Erlass des Bundesfinanzministeriums.[175] Teilamortisationsverträge tragen dem Interesse der Leasingnehmer an einer möglichst geringen Zahlungspflicht während der Grundlaufzeit Rechnung, die durch eine entsprechende Kompensation nach Ablauf derselben trotzdem zu einer vollen Amortisation des Leasinggebers führt.[176] Der Unterschied zum Vollamortisationsvertrag liegt zum einen in den niedrigeren Leasingraten während der Grundlaufzeit und zum anderen darin, dass Teilamortisationsverträge in der Regel mit kürzerer Grundlaufzeit abgeschlossen werden oder vom Leasingnehmer kündbar sind.[177]

Bei Teilamortisationsverträgen kann wiederum zwischen solchen mit einem Andienungsrecht des Leasinggebers, solchen mit Mehrerlösbeteiligung und solchen mit Kündigungsrecht des Leasingnehmers unterschieden werden. Der Leasingvertrag mit Andienungsrecht hat im Gegensatz zum Optionsrecht bei Vollamortisationsverträgen kein Recht des Leasingnehmers auf Kauf des Leasingobjekts zum Gegenstand, sondern vielmehr die Pflicht desselben, die vom Leasinggeber angediente Sache zu einem festgelegten Preis zu erwerben. Dieser Preis muss – jedenfalls, wenn das Leasing ein erlasskonformes sein soll – die volle Amortisation des Leasinggebers sicherstellen. Bei einer Mehrerlösbeteiligung verwertet der Leasinggeber nach Abschluss der Grundmietzeit die Leasingsache und beteiligt den Leasingnehmer an einem ggf. anfallenden Mehrerlös. Sollte durch die Verwertung eine volle Amortisation des Leasinggebers nicht eintreten, bleibt der Leasingnehmer nach dem betreffenden Leasingerlass zu einer Ausgleichszahlung verpflichtet. Diese beiden Modelle können ohne Weiteres mit dem dritten kombiniert werden. Dabei hat der Leasingnehmer ein Kündigungsrecht, welches bei einem erlasskonformen Vertrag erst nach Ablauf der Mindestgrundmietzeit von 40 % der betriebsgewöhnlichen Nutzungsdauer gewährt werden darf. Übt der Leasingnehmer sein Kündigungsrecht aus, muss entweder eine Folge über das Andienungs- oder Mehrerlösbeteiligungsmodell gesucht werden, oder der Leasingnehmer muss eine Abschlusszahlung, die zur Vollamortisation des Leasinggebers führt, leisten.[178] Festzuhalten bleibt daher, dass auch

---

173 Staudinger/*Stoffels*, Leasing, Rn. 55; Büschgen/*Büschgen*, § 3, Rn. 12 mwN.

174 Siehe oben: Seite 5ff.

175 Siehe oben: Seite 14f.

176 Staudinger/*Stoffels*, Leasing, Rn. 55; Zu den Voraussetzungen von erlasskonformen Teilamortisationsverträgen siehe oben: Seite 14f.

177 Siehe hierzu ausführlich MüKo/*Koch*, Leasing, Rn. 126ff.

178 Vgl. hierzu ausführlich v. Westphalen/*Heyd*, Kap. A, Rn. 8.

ein Teilamortisationsvertrag trotz seines Namens immer die volle Amortisation des Leasinggebers gewährleisten muss. Der Unterschied liegt lediglich in der Art und Weise, wie diese herbeigeführt wird.

c) Leasingverträge mit Andienungs- und Optionsrechten

Bei Leasingverträgen mit Andienungs- oder Optionsrechten gibt es in Bezug auf die Anwendbarkeit der Verbrauchsgüterkaufvorschriften einige Besonderheiten, die es zu beachten gilt. Erlasskonforme Leasingverträge dürfen eine Laufzeit nicht überschreiten, die 90 % der betriebsgewöhnlichen Nutzungsdauer des Leasingguts beträgt.[179] Am Ende eines Leasingvertrages ist daher das Leasinggut nicht wertlos, sondern kann als gebrauchter Gegenstand zu einem kalkulierbaren Preis weiterverwertet werden. Um das Erreichen der Vollamortisation des Leasinggebers zu erleichtern und/oder um dem Leasingnehmer das Leasinggut nach Ende des Leasinggeschäfts zu erhalten, wird häufig, wie schon oben ausgeführt, bereits mit Abschluss des Leasingvertrages ein Andienungs- oder Optionsrecht eingeräumt.[180] Wird von dem jeweiligen Recht Gebrauch gemacht, kommt ein Kaufvertrag zwischen Leasinggeber und Leasingnehmer über das ehemalige Leasinggut zustande. Handelt es sich bei dem Leasingnehmer dann um einen Verbraucher, stellt sich auch hier die Frage nach der Anwendbarkeit der Verbrauchsgüterkaufvorschriften, worauf im Hauptteil noch näher einzugehen sein wird.[181]

(1) Optionsrecht

Der Leasinggeber kann dem Leasingnehmer schon bei Abschluss des Leasingvertrages das Recht einräumen, nach Ablauf der Grundmietzeit die Leasingsache zu erwerben. Dabei handelt es sich um einen aufschiebend bedingten Kaufvertrag, den der Leasingnehmer durch seine Willenserklärung endgültig wirksam

179 Siehe oben: Seite 10ff.

180 Siehe hierzu schon Ebenroth, JuS 1978, 588, 589; nunmehr z.B. Martinek/Stoffels/Wimmer-Leonhardt/*Beckmann*, § 7; MüKo/*Koch*, Leasing, Rn. 126; Staudinger/*Stoffels*, Leasing, Rn. 297.

181 Siehe untern: Seite 181ff; Hierbei gilt es zu beachten, dass es sich dabei um eine weitere, zeitlich spätere Anwendung der Verbrauchsgüterkaufvorschriften handelt. Ein Zusammenhang mit der dieser Arbeit eigentlich zugrunde liegenden Frage nach der Anwendung der Verbrauchsgüterkaufvorschriften im Verhältnis Lieferant zu Leasingnehmer spielt dabei keine Rolle. Vielmehr geht es hier um einen – bedingten – Kaufvertrag, der nach Abschluss des Leasinggeschäfts zwischen Leasinggeber und Leasingnehmer zur Entstehung gelangt.

werden lässt.[182] Die Vertragsbedingungen des Kaufvertrages, insbesondere der Kaufpreis, werden bereits mit Abschluss des Leasingvertrages festgelegt. Der Leasinggeber hat dann keine rechtliche Einflussmöglichkeit mehr in Bezug auf diesen Kaufvertrag, sodass es allein am Leasingnehmer liegt, den Kaufvertrag zustande zu bringen. Die steuerrechtliche Zurechnung zum Leasinggeber bleibt gewahrt, wenn der Kaufpreis mindestens dem Buchwert bei linearer AfA nach der amtlichen Tabelle oder dem niedrigeren gemeinen Wert im Zeitpunkt der Veräußerung entspricht.[183] Solche Optionsrechte kommen in der Praxis, vor allem im Kfz-Bereich, häufig vor und sind gängiger Bestandteil der entsprechenden Leasingverträge.[184] Der Leasingnehmer kann so das ihm schon bekannte und in seinem Besitz befindliche ehemalige Leasinggut zum Eigentum erwerben. Darüber hinaus kann er eine Neuanschaffung zeitlich nach hinten verlagern.

(2) Andienungsrecht

Bei einem Andienungsrecht behält sich der Leasinggeber bereits bei Abschluss des Leasingvertrages das Recht vor, dem Leasingnehmer nach Ablauf der Grundmietzeit das Leasinggut anzudienen. Der Leasingnehmer ist dann verpflichtet, es zu dem im Leasingvertrag festgelegten Kaufpreis zu erwerben.[185] Demnach besteht ein Recht, nicht aber eine Pflicht des Leasinggebers, das Leasinggut dem Leasingnehmer anzudienen. Ebenso wenig hat der Leasingnehmer ein Recht darauf, dass ihm die Sache vom Leasinggeber angedient wird. Es steht dem Leasinggeber frei, eine bessere Verwertungsmöglichkeit für das Leasinggut wahrzunehmen. Steuerrechtlich bestehen hinsichtlich des Andienungsrechts keine Bedenken. Der Leasinggeber hat die Chance der Wertsteigerung und der Leasingnehmer trägt das Risiko der Wertminderung.[186] Im Ergebnis sichert das Andienungsrecht die Vollamortisation des Leasinggebers ab, dem dadurch die anderweitige Verwertung des Leasingguts erspart bleibt.

Eine Kombination aus Andienungs- und Optionsrecht ist zwar zivilrechtlich ohne weiteres möglich. Allerdings liegen dann sowohl das Risiko der Wertminderung als auch die Chance auf Wertsteigerung beim Leasingnehmer.

---

182 Martinek/Stoffels/Wimmer-Leonhardt/*Beckmann*, § 7, Rn. 2f; MüKo/*Koch*, Leasing, Rn. 126.

183 Siehe zum entsprechenden Leasingerlass schon oben: Seite 12f. bzw. 14f.

184 Siehe dazu die Nachweise bei Martinek/Stoffels/Wimmer-Leonhardt/*Beckmann*, § 7 Rn. 2f.

185 OLG Düsseldorf ZMR 2006, 281f; Staudinger/*Stoffels*, Leasing, Rn. 297.

186 Martinek/Stoffels/Wimmer-Leonhardt/*Beckmann*, § 7, Rn. 14.

Der Leasinggegenstand wäre daher steuerrechtlich dem Leasingnehmer zuzurechnen, was von den Vertragsparteien regelmäßig nicht gewollt sein wird.[187]

3. Arten der Vertragsanbahnung

Einen weiteren Ansatzpunkt, um einen Finanzierungsleasingvertrag zu gestalten, findet sich in der Frage der Vertragsanbahnung des Leasinggeschäfts. An dieser Stelle steht das Zustandekommen des Leasinggeschäfts im Vordergrund. Selbstverständlich sind den Arten der Vertragsanbahnung für ein Finanzierungsleasinggeschäft keine Grenzen gesetzt. Die Parteien eines Leasingvertrages können so zueinanderfinden, wie Sie es für richtig halten. Gleichwohl haben sich in der Praxis drei Modelle herausgebildet, die als charakteristische Vorgehensweisen der Vertragsparteien im Vorfeld des Vertragsschlusses angesehen werden. Die Eigenarten dieser Modelle haben sich derart konkretisiert, dass ihnen nunmehr wohl eine eigenständige rechtliche Bedeutung – auch in Bezug auf den späteren Vertragsinhalt bzw. auf dessen Auslegung und Anwendung – zukommt.

a) Vorverhandlungsmodell

Die wohl häufigste Variante der zum Liefervertrag führenden Vertragsanbahnung ist das sogenannte Vorverhandlungsmodell.[188] Danach tritt der Leasingnehmer derart in Aktion, dass er bei dem Lieferanten sein zukünftiges Leasinggut aussucht und die Vertragsbedingungen bis zur Unterschriftsreife aushandelt, ohne jedoch den Vertrag abzuschließen.[189] Anschießend wird ein Leasinggeber einbezogen. In der Regel arbeitet der Lieferant mit einem Leasinggeber zusammen und hält entsprechende Formulare bereit, die der Leasingnehmer dann unter Mithilfe des Lieferanten ausfüllt.[190] Seltener ergreift der Leasingnehmer in diesem Stadium der Vertragsanbahnung die Initiative und zieht von sich aus einen Leasinggeber hinzu.[191] Sodann werden der unterschriftsreife Liefervertrag und das vom späteren Leasingnehmer ausgefüllte Leasingantragsformular als Angebote im Sinne des § 145 BGB an den Leasinggeber übersandt. In der Regel sind

---

187 Haufe HGB-Bilanz-Kommentar/*Noodt*, § 246, Rn. 43.

188 Martinek/Stoffels/Wimmer-Leonhardt/*Beckmann*, § 5, Rn. 7; *ders.* in: Beckmann, § 1, Rn. 65.

189 Martinek/Stoffels/Wimmer-Leonhardt/*Beckmann*, § 5, Rn. 7; *ders.* in: Beckmann, § 1, Rn. 65; MüKo/*Koch*, Leasing, Rn. 39; Staudinger/*Stoffels*, Leasing, Rn. 98ff.

190 Staudinger/*Stoffels*, Leasing, Rn. 98ff.

191 Beckmann, § 1, Rn. 67; zu dieser Form der Vertragsanbahnung als eigenes Modell vergleiche Seite 44.

Lieferant und Leasingnehmer eine bestimmte Zeit an ihr Angebot gebunden, wobei eine Bindungsfrist von einem Monat nach den §§ 307, 308 Nr. 1 BGB nicht zu beanstanden ist.[192] Der Leasinggeber prüft beide Verträge und die Bonität der Vertragspartner, vor allem natürlich die des potentiellen Leasingnehmers, und nimmt die Angebote an. Sind die Annahmen dann bei dem jeweiligen Vertragspartner zugegangen oder wurde gemäß § 151 S. 1 BGB auf den Zugang der Annahme verzichtet,[193] entsteht das typische Leasingdreieck. Zwischen Lieferant und Leasinggeber kommt ein Liefervertrag zustande, welcher in der Regel ein Kaufvertrag ist, aber auch ein Werk- oder Werklieferungsvertrag sein kann.[194] Zwischen Leasingnehmer und Leasinggeber wird ein Leasingvertrag geschlossen. Die Vertragslaufzeit beginnt üblicherweise mit der Übergabe des Leasingguts an den Leasingnehmer.[195] Die Übergabe erfolgt auf Geheiß des Leasinggebers direkt vom Lieferanten an den Leasingnehmer.[196] Kommt der Leasinggeber hingegen zu dem Schluss, dass er das Leasinggeschäft nicht durchführen will, muss sich der abgelehnte Leasingnehmer nach einer anderen Finanzierungsmöglichkeit oder zumindest nach einem anderen Leasinggeber umschauen.

b) Eintrittsmodell

Wird im Vorverhandlungsmodell zwischen Leasingnehmer und Lieferant lediglich der konkrete Liefervertrag ausgehandelt, schließen sie diesen bei einem Vorgehen nach dem Eintrittsmodell tatsächlich ab.[197] Dabei können zwei Varianten unterschieden werden:

Entweder der Liefervertrag wurde unter der auflösenden Bedingung geschlossen, dass dem Leasingnehmer die Finanzierung durch einen Leasinggeber gelingt. Der Leasinggeber tritt dann im Wege einer im Gesetz nicht geregelten, von Rechtsprechung und Lehre aber anerkannt Vertragsübernahme in den Liefervertrag ein.[198] Die Vertragsübernahme besteht dabei aus Elementen der Forderungsabtretung und der Schuldübernahme, lässt sich aber nicht als solche

---

192 Martinek/Stoffels/Wimmer-Leonhardt/*Beckmann*, § 5, Rn. 13; MüKo/*Koch*, Leasing, Rn. 40; Staudinger/*Stoffels*, Leasing, Rn. 100 mwN.

193 BGH NJW 2004, 287, 288.

194 Martinek/Stoffels/Wimmer-Leonhardt/*Wimmer-Leonhardt*, § 10, Rn. 55; MüKo/*Koch*, Leasing, Rn. 39; Staudinger/Stoffels, Leasing, Rn. 102.

195 Martinek/Stoffels/Wimmer-Leonhardt/*Beckmann*, § 5, Rn. 12.

196 Beckmann, § 1, Rn. 74.

197 Siehe hierzu v. Westphalen/*v. Westphalen*, Kap. C, Rn. 122ff; Beckmann, § 1, Rn. 75.

198 BGH NJW-RR 1990, 1009; 1993, 307; Beckmann, § 1, Rn. 79; ders. in Martinek/Stoffels/Wimmer-Leonhardt/*Beckmann*, § 5, Rn. 30.

aufgliedern, sondern bildet ein einheitliches Rechtsgeschäft.[199] Hier tritt dann der Leasinggeber an die Stelle des Leasingnehmers, wobei der Vertragsinhalt so übernommen wird, wie er zwischen Lieferant und Leasingnehmer abgeschlossen wurde. Würde der Abschluss eines Leasingvertrages zwischen Leasingnehmer und Leasinggeber sowie das Eintreten des Leasinggebers in den Liefervertrag nicht zustande kommen, wäre der Liefervertrag nach § 158 II BGB wirkungslos.

Oder der Lieferant lässt sich nach Abschluss des voll wirksamen Vertrages mit dem (zukünftigen) Leasingnehmer auf eine Vertragsübernahme durch einen Leasinggeber ein. Auch hier kommt es dann zu einer Vertragsübernahme des Leasinggebers, jedoch ohne dass der Liefervertrag zwischen Lieferant und potentiellem Leasingnehmer in irgendeiner Weise bedingt wäre.[200] Tritt der Leasinggeber nicht ein, oder verweigert sich der Lieferant, bleibt die Finanzierung am Leasingnehmer hängen. Allerdings entspricht es regelmäßig der interessengerechten Auslegung des Liefervertrags zwischen Leasingnehmer und Lieferanten, dass das Zustandekommen eines in Aussicht gestellten Leasingvertrags Geschäftsgrundlage des Beschaffungsvertrags sein soll. Dies soll nur dann nicht gelten, wenn der (zukünftige) Leasingnehmer deutlich macht, auch ohne Leasingvertrag am Liefergeschäft festhalten zu wollen.[201]

Für den Inhalt des Liefervertrages spielt es keine Rolle, welche der beiden Varianten gewählt wurde, in jedem Fall wird der Vertrag so übernommen, wie er im Zeitpunkt der Übernahme bestand.[202] Der Leasinggeber kann zudem die Wirksamkeit der Übernahme des Liefervertrages von der Bedingung abhängig machen, dass der Leasingvertrag mit dem Leasingnehmer zustande kommt. Ist der Leasingnehmer bereits Eigentümer des Leasingguts geworden, muss er dies in Erfüllung der Vereinbarung mit Leasinggeber und Lieferant an den Leasinggeber übertragen. Ist er hingegen noch nicht Eigentümer geworden, wird auch hier der Lieferant auf Geheiß des Leasinggebers das Leasinggut direkt an den Leasingnehmer liefern.[203] Der Leasinggeber wird in jedem Fall Eigentümer des Leasingguts und überlässt es dem Leasingnehmer zum Gebrauch.

---

199 BGHZ 96, 302ff; BGH BB 1957, 1199; Palandt/*Grünberg*, § 398, Rn. 41ff.

200 Martinek/Stoffels/Wimmer-Leonhardt/*Beckmann*, § 5, Rn. 29; v. Westphalen/*v. Westphalen*, Kap. C, Rn. 124.

201 BGH NJW 2014, 1519; OLG Düsseldorf, Urteil vom 27.06.2014 – 17 U 187/11.

202 Palandt/*Grünberg*, § 398, Rn. 41ff, § 414 Rn. 1; Siehe hierzu ausführlich unten: Seite 178ff.

203 Beckmann, § 1, Rn. 82.

c) *Eigenbeschaffung der Finanzierung durch den Leasingnehmer*

Sowohl beim Eintritts-, als auch beim Vorverhandlungsmodell, wendet sich der Leasingnehmer häufig zunächst an den Lieferanten und schließt erst nachträglich, geplant oder auf Initiative des Lieferanten, einen Leasingvertrag ab. Der Lieferant hält dafür oftmals vorgefertigte Leasingformulare bereit, um auf Anfrage oder selbstständig die Möglichkeit der Leasingfinanzierung vorzuschlagen.[204] Allerdings kann der potentielle Leasingnehmer sich auch aktiv an einen Leasinggeber wenden, um das Leasinggeschäft vollständig über diesen abzuwickeln.[205] Üblicherweise soll dies derart geschehen, dass er eine Bestellung an den Leasinggeber reicht, der diese innerhalb einer vertraglich vereinbarten Bindefrist prüft und dann ggf. annimmt.[206] Vorteilhaft an der Eigeninitiative des Leasingnehmers ist die Möglichkeit, Preise unterschiedlicher Leasinggeber vergleichen zu können.[207] Hier kann es auch vorkommen, dass zuerst der Leasingvertrag – unter der aufschiebenden Bedingung des wirksamen Zustandekommens des Liefervertrages – zustande kommt und dann der Leasinggeber das Leasinggut beschafft. Diese Variante wird häufig im Kfz-Bereich praktiziert.[208] Der für die Fragestellung dieser Arbeit wichtigste Unterschied zum Vorverhandlungsmodell ist die Tatsache, dass der Leasingnehmer nicht zwingend mit dem Lieferanten in Kontakt kommt.[209] Daher kann dieser z.B. über eine Verbrauchereigenschaft des Leasingnehmers im Unklaren sein oder ihm fehlt das Wissen über die Verwendung der Sache als Gegenstand eines Leasinggeschäfts. Im Gegensatz dazu hat der Lieferant beim Vorverhandlungsmodell direkt mit einem potentiellen Leasingnehmer zu tun und weiß oder muss jedenfalls wissen, ob dieser Verbraucher ist oder nicht.

---

204 Beckmann, § 1, Rn. 67.

205 BGH NJW 2006, 1066ff; Beckmann, § 1, Rn. 83; Martinek/Stoffels/Wimmer-Leonhardt/*Beckmann*, § 5, Rn. 32; Oxe, 29ff; v. Westphalen/*v. Westphalen*, Kap. C, Rn. 121; im Ergebnis auch die bei Müller-Sarnowski, DAR 2007, 72f. beschriebene Konstellation unter Bezugnahme auf das vorzitierte BGH-Urteil.

206 v. Westphalen/v. Westphalen, Kap. C, Rn. 121.

207 Tacke, DB 1988, Beilage 6, 3.

208 Martinek/Stoffels/Wimmer-Leonhardt/*Beckmann*, § 5, Rn. 32.

209 *Oxe*, 29ff, unterscheidet einen weiteren Beschaffungsvorgang („*Vertrieb durch Leasinggesellschaft selbst*"), der aber nach dem hier zugrunde gelegten Verständnis ebenfalls unter die Vertragsanbahnung durch Eigenbeschaffung fällt.

d) Zwischenergebnis

Für die Gestaltung eines Leasinggeschäfts stehen den Parteien mannigfaltige Möglichkeiten zur Verfügung. Vorstehend wurden die wesentlichen Arten des praktizierten Finanzierungsleasings aufgezeigt, die sich sowohl nach der Art des Leasings richten, als auch nach der Art, wie das Leasinggeschäft zustande kommt. Diesbezüglich ist zwischen den oben genannten Gestaltungsmöglichkeiten zu differenzieren. Die Art des Leasingvertrages hat keinen Einfluss auf die Art und Weise des Zustandekommens des Leasinggeschäfts. Vielmehr können beide Grundmodelle des Finanzierungsleasings, nämlich Voll- und Teilamortisationsverträge, mit jeder Art der Vertragsanbahnung kombiniert werden. Insbesondere die Art der Vertragsanbahnung hat erheblichen Einfluss auf die in dieser Arbeit untersuchten Fragestellung.[210]

II. Operating-Leasing

Vom Finanzierungsleasing zu unterscheiden ist das sogenannte Operating-Leasing. Dabei handelt es sich um eine regelmäßig kurzfristige Gebrauchs- und Nutzungsüberlassung, die im Gegensatz zum Finanzierungsleasing vom Leasingnehmer fristgemäß kündbar ist oder lediglich eine sehr kurze Mindestmietzeit hat.[211] Ein weiterer wichtiger Unterschied zum Finanzierungsleasing liegt darin, dass beim Operating-Leasing der einzelne Leasingnehmer nicht die Vollamortisation des Leasinggebers herbeiführen muss bzw. kann. Diese erreicht der Leasinggeber vielmehr durch eine Mehrfachvermietung an unterschiedliche Leasingnehmer.[212] Aus dem Fehlen einer unkündbaren Grundlaufzeit und der durch den einzelnen Leasingvertrag nicht herbeigeführten Vollamortisation ergibt sich denknotwendig, dass Operating-Leasing nicht unter die Leasingerlasse des Bundesfinanzministeriums fallen kann.[213] Gleichwohl fällt grundsätzlich auch hier das wirtschaftliche mit dem rechtlichen Eigentum im Sinne des § 39 AO in der Person des Leasinggebers zusammen.[214]

---

210 Siehe oben: Seite 139ff.

211 Martinek/Stoffels/Wimmer-Leonhardt/*Martinek*, § 3, Rn. 2; MüKo/*Koch*, Leasing, Rn. 4; Staudinger/*Stoffels*, Leasing, Rn. 16; v. Westphalen/*v. Westphalen*, S. 149f, Rn. 76.

212 MüKo/*Koch*, Leasing, Rn. 4; Staudinger/*Stoffels*, Leasing, Rn. 16; v. Westphalen/*v. Westphalen*, S. 149f, Rn. 76.

213 Martinek/Stoffels/Wimmer-Leonhardt/*Martinek*, § 3, Rn. 2.

214 Martinek/Stoffels/Wimmer-Leonhardt/*Martinek*, § 3, Rn. 2; v. Westphalen/*v. Westphalen*, S. 149f, Rn. 76.

Die Vertragsbeziehungen können hier sowohl im Zwei-, als auch im Dreipersonenverhältnis bestehen.

Abb. 2: 1. Variante, Operating-Leasing im Dreipersonenverhältnis

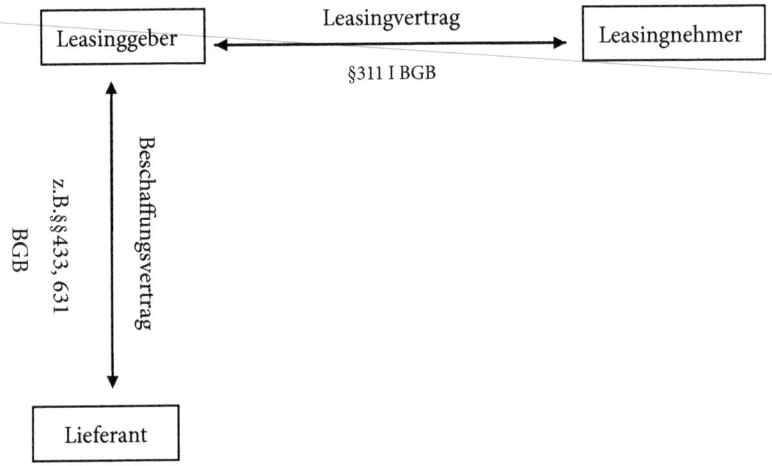

Abb. 3: 2. Variante, Operating-Leasing im Zweipersonenverhältnis

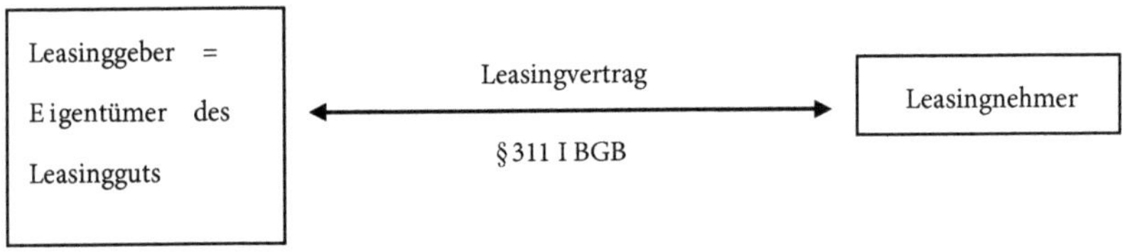

Auch beim Operating-Leasing kann der Leasingnehmer grundsätzlich ein Leasinggut auswählen, welches der Leasinggeber dann für ihn beschafft. Allerdings ist es wegen der Möglichkeit der Mehrfachvermietung der Leasingsache auch denkbar, dass der Leasinggeber bereits im Besitz der Leasingsache ist und diese dann ohne erneuten Beschaffungsvorgang verleast. Um eine Leasingsache in einem Zustand zu erhalten, der es erlaubt, die Sache mehrfach zu verleasen, übernimmt der Leasinggeber häufig auch Wartungsverpflichtungen gegenüber dem Leasingnehmer.[215] Dies korrespondiert auch mit der beim Operating-Leasing üblicherweise vom Leasinggeber übernommenen Sachgefahr. Eine

215 Martinek/Stoffels/Wimmer-Leonhardt/*Martinek*, § 3, Rn. 3; Staudinger/*Stoffels*, Leasing, Rn. 16.

Überbürdung der Instandhaltungs- und/oder Instandsetzungspflicht auf den Leasingnehmer gibt es beim Operating-Leasing nicht,[216] sie würde einer AGB-rechtlichen Überprüfung nach § 307 BGB auch nicht standhalten. Es fehlt beim Operating-Leasing an den leasingtypischen Besonderheiten gegenüber einem ‚normalen' Mietvertrag, die nach der Rechtsprechung für die Zulässigkeit der Abtretungskonstruktion erforderlich sind.[217] Der Grund für das Fehlen der leasingtypischen Besonderheiten liegt maßgeblich in der rechtlichen Einordnung des Operating-Leasings.

In einer für den Leasingbereich seltenen Einmütigkeit – aber nach dem oben Gesagten auch unschwer nachvollziehbar – kommen wohl alle Stimmen in der Literatur[218] und die Rechtsprechung[219] zu dem Ergebnis, dass es sich bei Operating-Leasing um eine besondere Ausprägung der Miete handelt. Die §§ 535ff. BGB finden uneingeschränkt Anwendung. Der Leasinggeber trägt auch nach Abschluss des Leasingvertrages die Sachgefahr. Er ist dem Leasingnehmer zur Instandhaltung und Instandsetzung verpflichtet und muss daher nicht nur wie beim Finanzierungsleasing die Nutzung einer Sache ermöglichen, sondern auch – und das ist der große Unterschied – den Gebrauch gewähren. Daher richtet sich eine Inhaltskontrolle der AGB-Klauseln eines Operating-Leasingvertrages gemäß § 307 II Nr. 1 BGB auch nach den Vorschriften des Mietrechts, ohne dass hier auf „*leasingtypische Besonderheiten*" eingegangen werden müsste.[220]

Betrachtet man das Operating-Leasing ohne durch die Brille des Leasingrechts zu schauen, handelt es sich dabei schlicht um einen Mietvertrag, der sich

216 Staudinger/*Stoffels*, Leasing, Rn. 18; v. Westphalen/*v. Westphalen*, Kap. B, Rn. 77.

217 v. Westphalen/*v. Westphalen*, Kap. B, Rn. 77.

218 Statt aller: Martinek/Stoffels/Wimmer-Leonhardt/*Martinek*, § 4, Rn. 4; MüKo/*Koch*, Leasing, Rn. 5; Staudinger/*Stoffels*, Leasing, Rn. 17; v. Westphalen/*v. Westphalen*, Kap. B, Rn. 76f.

219 BGH NJW 1998, 1637, 1639; BGH NJW 2003, 505; Eine augenscheinlich anders lautende Entscheidung des BGH (BGH NJW 1990, 1785), wonach das Operating-Leasing eher dem Finanzierungsleasing zuzuordnen ist, kann insoweit nicht als richtungsweisend angesehen werden, als der Entscheidung entgegen der Ansicht des BGH kein Operating-Leasing zugrunde gelegen hat, vgl.: v. Westphalen, ZIP 1991, 639, 640; Martinek/Stoffels/Wimmer-Leonhardt/*Martinek*, § 4, Fn. 10; MüKo/*Koch*, Leasing, Fn. 16; Staudinger/*Stoffels*, Leasing, Rn. 17.

220 Martinek/Stoffels/Wimmer-Leonhardt/*Martinek*, § 4, Rn. 6; MüKo/*Koch*, Leasing, Rn. 5; Staudinger/*Stoffels*, Leasing, Rn. 18; v. Westphalen/*v. Westphalen*, Kap. B, Rn. 76f.

ausnahmsweise auf Investitionsgüter bezieht. Die Bezeichnung als Operating-Leasing ist dann eigentlich überflüssig.[221]

Aus der unmodifizierten Anwendung des Mietrechts beim Operating-Leasing ergibt sich, dass es hinsichtlich einer Verbraucherbeteiligung keine besonderen Probleme gibt. Ein Gewährleistungsausschluss gegenüber einem Leasingnehmer, der Verbraucher ist, wäre nach den allgemeinen Regeln über den Gewährleistungsausschluss bei Mietverträgen unwirksam. Die Vorschriften über den Verbrauchsgüterkauf können daher keine Anwendung finden und das hier aufgeworfene Problem stellt sich nicht.

III. Hersteller- bzw. Händlerleasing

Eine weitere gebräuchliche und vor allem im Kfz-Bereich vorkommende Leasingvariante ist das Hersteller- bzw. Händlerleasing.[222] Dieser Leasingvariante eigen ist, dass der Leasinggeber gleichzeitig Hersteller oder Händler des Leasingguts oder zumindest ein mit dem Hersteller oder Händler verbundenes Unternehmen (z.B. eine Autobank) ist.[223] Anders als beim Finanzierungsleasing steht beim Händler- bzw. Herstellerleasing ein Absatzinteresse im Vordergrund.[224] Dies führt dazu, dass diese Art des Leasings näher bei den historischen Wurzeln des Vertragstypus Leasing liegt, als dies beim reinen Finanzierungsleasing der Fall ist. Denn die Absatzförderung stand bereits beim Leasing der ersten Generation, wie oben beschrieben, hinter der Idee der ‚Erfinder' des Leasings (Telefone, Nähmaschinen, etc.).[225]

Allerdings ist hier streng zu differenzieren. Je nachdem, ob es sich bei dem Leasinggeschäft um ein direktes oder ein indirektes Hersteller- bzw. Händlerleasing handelt, ist zu unterscheiden, ob es sich im Wesentlichen um an Operating-Leasing angelehntes oder doch eher um ein dem Wesen des Finanzierungsleasings entsprechendes Händler- oder Herstellerleasing handelt. Dazu vorweg: Die Terminologie *direktes* oder *indirektes* Leasing ist nicht einheitlich.[226]

---

221 So im Ergebnis auch *K. Müller*, 139, der in der Verwendung des Terminus Operating-Leasing lediglich „*marktpsychologische*" Gründe sieht.

222 Vgl. zum Ganzen: Berger, Typus und Rechtsnatur des Herstellerleasings, 1988.

223 Martinek/Stoffels/Wimmer-Leonhardt/*Martinek*, § 3, Rn. 10; v. Westphalen/*v. Westphalen*, Kap. B, Rn. 66.

224 Martinek/Stoffels/Wimmer-Leonhardt/*Martinek*, § 3, Rn. 10; v. Westphalen/*v. Westphalen*, Kap. B, Rn. 66.

225 Siehe oben: Seite 3f.

226 Näher dazu: Martinek/Stoffels/Wimmer-Leonhardt/*Martinek*, § 3, Rn. 11.

Hier soll folgendermaßen unterschieden werden: Das direkte Hersteller- oder Händlerleasing verzichtet auf das sonst leasingtypische Drei-Personen-Verhältnis. Beteiligt sind nur Hersteller oder Händler als Leasinggeber und Lieferant in Personalunion und der Leasingnehmer.

Abb. 4: Direktes Hersteller- bzw. Händlerleasing

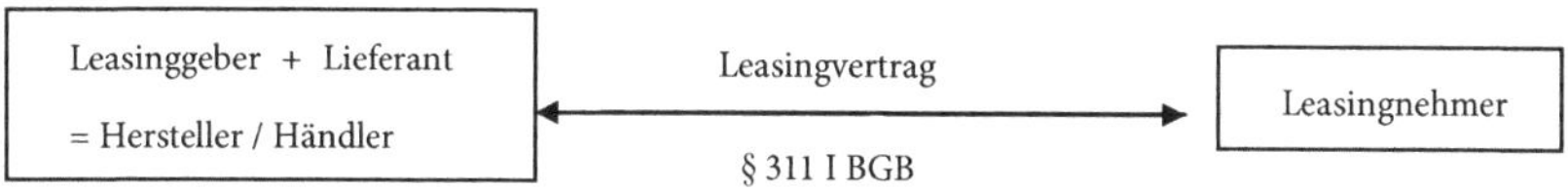

Das indirekte Hersteller- oder Händlerleasing meint vorliegend ein übliches Drei-Personen-Leasingverhältnis, wobei der Leasinggeber vielleicht konzernrechtlich, zumindest aber wirtschaftlich mehr oder weniger stark mit dem Lieferanten, also dem Hersteller oder Händler verbunden ist.

Abb. 5: Indirektes Hersteller- bzw. Händlerleasing

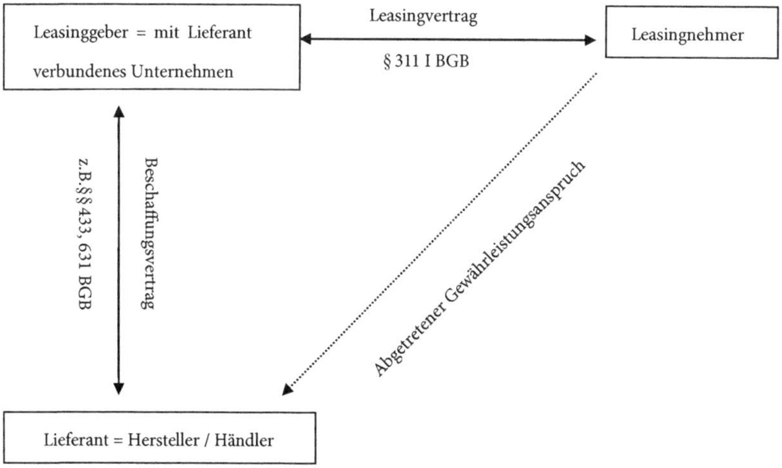

Deutlich wird dabei zunächst, dass bei Hersteller- bzw. Händlerleasing, gleich in welcher Form es vorliegt, das Absatzinteresse des Herstellers bzw. Händlers eine größere Rolle spielt, als dies bei den anderen Leasingarten der Fall ist.[227] Damit

227 MüKo/*Koch*, Leasing, Rn. 7; Staudinger/*Stoffels*, Leasing, Rn. 27; v. Westphalen/*v. Westphalen*, S. 145, Rn. 66.

stellt sich die Frage der rechtlichen Einordnung von direktem und indirektem Hersteller- bzw. Händlerleasing.

1. Rechtliche Einordnung des direkten Hersteller- bzw. Händlerleasing

Dem direkten Hersteller- bzw. Händlerleasing liegt ein Zwei-Personen-Verhältnis zugrunde. Wie oben gesehen, vereint sich die Person des Lieferanten mit der des Leasinggebers. Schnell hat sich daher in der Literatur die Ansicht durchgesetzt, dass es sich bei direktem Hersteller- bzw. Händlerleasing um einen Fall des Operating-Leasings handelt und folglich Mietrecht Anwendung findet.[228] Finanzierungsleasing scheide als Anhaltspunkt für eine rechtliche Einordnung aus, da es immer ein Drei-Personen-Verhältnis voraussetze.[229] Die (finanzierungs-) leasingtypische Abtretungskonstruktion kann aufgrund der Personenidentität von Leasinggeber und Lieferant demnach beim direkten Hersteller- bzw. Händlerleasing keine Anwendung finden. Außerdem stehe bei dieser Form des Leasings die Absatzförderungsfunktion über der Finanzierungsfunktion.[230]

Allerdings ist diese Art der Differenzierung nach einer neueren Sichtweise etwas kurz gegriffen.[231] Nicht die Tatsache, dass lediglich ein Zwei-Personen-Verhältnis oder ein überwiegendes Absatzinteresse[232] vorliege, müsse als Maßstab der rechtlichen Einordnung des direkten Hersteller- bzw. Händlerleasings angesetzt werden, sondern vielmehr die Frage, ob der Leasinggeber durch den Leasingvertrag, wie beim ‚herkömmlichen', dreiseitigen Finanzierungsleasing, eine Vollamortisation erstrebe oder nicht.[233] Sei es das Ziel des Leasinggebers, sich durch einmaliges Verleasen des Leasingguts voll zu amortisieren, beispielsweise

228 Berger, 47ff; Gitter, Gebrauchsüberlassungsverträge, 352; Martinek/Stoffels/Wimmer-Leonhardt/*Martinek*, § 3, Rn. 12f.

229 Vgl. Martinek/Stoffels/Wimmer-Leonhardt/*Martinek*, § 3, Rn. 13 mwN. der die Dreiecksbeziehung hier als „*unerlässliches Wesensmerkmal*" des Finanzierungsleasings bezeichnet.

230 Gitter, Gebrauchsüberlassungsverträge, 352f.

231 BGH NJW 1998, 1637, 1639; 2003, 505, 506; MüKo/*Koch*, Leasing, Rn. 8; Staudinger/*Stoffels*, Leasing, Rn. 27; v. Westphalen/*v. Westphalen*, S. 146, Rn. 68ff.

232 Dass das Überwiegen des Absatzinteresses gegenüber dem Finanzierungsinteresse kein taugliches Abgrenzungskriterium darstellt hat auch Berger, 49f. bereits festgestellt, obschon er zu dem Ergebnis gelangt, dass Hersteller- oder Händlerleasing nach Mietrecht zu beurteilen ist.

233 So u. a. Staudinger/*Stoffels*, Leasing, Rn. 27; v. Westphalen/*v. Westphalen*, S. 146, Rn. 68.

durch einen Teilamortisationsvertrag nach dem entsprechenden Leasingerlass, stehe der Anwendbarkeit der Grundsätze des Finanzierungsleasings auch bei einem Hersteller- oder Händlerleasingverträgen in einem Zwei-Personen-Verhältnis, nichts entgegen.[234] Ebenso schließe ein Absatzinteresse des Leasinggebers ein Finanzierungsinteresse des Leasingnehmers nicht aus. Auch bei indirektem Hersteller- oder Händlerleasing – wobei, wie anschließend zu sehen sein wird, ebenfalls die Grundsätze des Finanzierungsleasings Anwendung finden – bestehe ein solches Absatzinteresse. Beide Interessen könnten nebeneinander in unterschiedlicher Ausprägung bestehen. Zudem sei es widersinnig, direktes und indirektes Hersteller- bzw. Händlerleasing ungleich zu behandeln, da der Unterschied zumeist nur in einer formalen, nicht aber einer tatsächlichen Trennung von Lieferant und Leasinggeber bestehe.[235] Erstrebt der Hersteller oder Händler also bereits durch einmaliges Verleasen eine Vollamortisation, handelt es sich nach dieser Ansicht auch bei direktem Hersteller- bzw. Händlerleasing um Finanzierungsleasing; soll die Vollamortisation erst durch mehrfaches Verleasen erreicht werden, finde hingegen Mietrecht Anwendung.

Die Unterscheidung vorstehender Ansichten ist keineswegs lediglich theoretischer Natur. Zum einen ist sie relevant für die Frage, ob dem Hersteller bzw. Händler der für das Finanzierungsleasing typische Amortisationsanspruch gegenüber dem Leasingnehmer zugutekommt. Diese Frage geht mit der vorstehenden einher und liegt dem Streit wohl auch zugrunde. Wurde in der Vergangenheit überwiegend angenommen, ein Amortisationsanspruch bestehe wegen der mietrechtlichen Einordnung nicht,[236] wird dies in neuerer Literatur anders beurteilt.[237] Der BGH hat bereits früh angenommen, dass die Vollamortisation des Leasinggebers auch dann eintreten soll, wenn es sich um ein, dem Herstellerleasing angenähertes, markengebundenes Leasing handelt.[238] Der BGH argumentiert hier ebenso wie die Befürworter der Ansicht, dass die Grundsätze des Finanzierungsleasings anzuwenden seien. Ein Absatzinteresse schließe ein Finanzierungsinteresse nicht aus, weshalb das Mietrecht insoweit nicht anwendbar sei und der Leasinggeber einen Anspruch auf Vollamortisation habe. In der neueren Rechtsprechung des

234 BGH NJW 1998, 1637, 1639; 2003, 505, 506; MüKo/*Koch*, Leasing, Rn. 8 mwN; Staudinger/*Stoffels*, Leasing, Rn. 27; v. Westphalen/*v. Westphalen*, Kap. B, Rn. 68ff.

235 MüKo/*Koch*, Leasing, Rn. 8f.

236 Emmerich, JuS 1990, 1, 3; Berger, 114ff.

237 MüKo/*Habersack*, 4. Auflage, Leasing, Rn. 8; Staudinger/*Stoffels*, Leasing, Rn. 27f; v. Westphalen/*v. Westphal*, Kap B, Rn. 68.

238 BGHZ 97, 65ff.

BGH wurde dieser Ansatz zwar teilweise wieder aufgegeben,[239] soweit ersichtlich aber nicht in Bezug auf die Frage der Vollamortisation des Leasinggebers beim Herstellerleasing. Vielmehr darf wohl angenommen werden, dass der BGH auch mit seinen neueren Entscheidungen hieran festhalten will, da er diese überhaupt nicht mehr thematisiert.[240]

Zum anderen stellt sich – erneut – die Frage nach der steuerrechtlichen Einordnung. Diesbezüglich wird aber zu Recht darauf hingewiesen, dass die Leasingerlasse nicht danach unterscheiden, ob es sich um ein zwei- oder dreiseitiges Rechtsgeschäft handelt.[241] Darüber hinaus war und ist die Unterscheidung wegen der Einordnung als Verbraucherkreditgeschäft nicht unwichtig.[242] Denn das Finanzierungsleasinggeschäft fällt unter die Anwendbarkeit der Verbraucherkreditgeschäfte,[243] wohingegen das Operating-Leasing als Mietvertrag nicht darunter fällt.[244] Dies hat insbesondere Auswirkungen in Bezug auf das Widerrufsrecht des Verbrauchers nach § 495 BGB.

Schließlich, und dies ist für die hier bearbeitete Fragestellung von besonderer Relevanz, ist fraglich, ob die Anwendung der Grundsätze des Finanzierungsleasings soweit gehen soll, dass leasingtypisch auch die Sach- und Preisgefahr auf den Leasingnehmer übergeht. Bei der Einordnung als ‚reiner' Mietvertrag würde diese beim Leasinggeber verbleiben. Jedenfalls für den vorliegend angenommenen Sachverhalt, nämlich der Verbrauchereigenschaft des Leasingnehmers, muss eine derart weitreichende Anwendung der leasingtypischen Besonderheiten auch für das direkte Hersteller- bzw. Händlerleasing verneint werden. Bei einem gewöhnlichen Finanzierungsleasingvertrag im Drei-Personen-Verhältnis zeichnet sich der Leasinggeber durch die leasingtypische Abtretungskonstruktion von seinen Gewährleistungspflichten frei. Diese Konstellation ist im Leasingdreieck allerdings nur dann wirksam, wenn der Leasingnehmer im Gegenzug die Gewährleistungsrechte des Leasinggebers gegen den Lieferanten abgetreten bekommt. Andernfalls hält der Gewährleistungsausschluss des Leasinggebers

239 BGH NJW 2013, 1420ff; BGHZ 151, 188f.

240 BGHZ 151, 188, wobei aus der Entscheidung nicht zweifelsfrei ersichtlich ist, ob es sich um ein (direktes) Herstellerleasing handelt.

241 v. Westphalen/*v. Westphalen*, Kap. B, Rn. 69.

242 BGH NJW 1998, 1637, 1639.

243 PWW/*Frensch*, Anhang zu §§ 488–515 (Leasing), Rn. 73ff; explizit zur Rechtslage nach Umsetzung der Verbraucherkreditrichtlinie: OLG Düsseldorf NJW-RR 2013, 1069ff.

244 BGH NJW 1998, 1637, 1639; Hertel, WuB I E 2. § 7 VerbrKrG – 3.99.

der AGB-rechtlichen Inhaltskontrolle nicht stand.[245] Da es vorliegend mangels Lieferant keine abtretbaren Gewährleistungsrechte gibt, kann ein umfassender Gewährleistungsausschluss einer Inhaltskontrolle nicht standhalten und der Leasinggeber und Händler bzw. Hersteller haftet dem Leasingnehmer nach den mietrechtlichen Gewährleistungsrechten.[246] Ist der Leasingnehmer ein Verbraucher, ist bei der Inhaltskontrolle der im Vergleich zu einem Unternehmer grundsätzlich strengere Maßstab zu beachten, der sich aus § 310 BGB ergibt.[247] Für die in dieser Arbeit behandelte Problematik spielt das direkte Hersteller- bzw. Händlerleasing daher keine Rolle mehr. Dem Leasingnehmer stehen gegen den Hersteller oder Händler sämtliche mietrechtlichen Gewährleistungsrechte zu. Für die Anwendung der Verbrauchsgüterkaufvorschriften besteht weder ein Bedürfnis, noch wäre dies sachgerecht.

2. Rechtliche Einordnung des indirekten Hersteller- bzw. Händlerleasings

Vom direkten Hersteller- bzw. Händlerleasing zu unterscheiden ist das indirekte Hersteller- bzw. Händlerleasing. Das indirekte Hersteller- bzw. Händlerleasing zeichnet sich, im Gegensatz zum direkten, durch ein Drei-Personen-Verhältnis aus, wobei Lieferant und Leasinggeber ggf. konzernrechtlich, jedenfalls aber wirtschaftlich, miteinander verbunden sind. Rechtlich handelt es sich jedoch um zwei unterschiedliche Personen mit jeweils eigener Rechtspersönlichkeit.[248] So hat z. B. der Autohersteller *X* ein eigenes Kreditinstitut, die *X Autobank*. Der Händler bzw. Hersteller verweist dann beispielsweise den potentiellen Leasingnehmer vor Vertragsschluss auf das Leasingangebot des Kreditinstituts. Ggf. wirbt der Hersteller oder Händler auch mit besonders günstigen Leasingkonditionen, und aus diesem Grund entscheidet sich ein Leasingnehmer zum Abschluss des Leasinggeschäfts. Kommt ein Leasingvertrag zustande, liegt wieder das vom ‚normalen' Finanzierungsleasing bekannte typische Leasingdreieck vor. Rechtlich handelt es sich nach heute weit überwiegender Auffassung beim indirekten Hersteller- bzw. Händlerleasing um einen gewöhnlichen Fall

245 Siehe oben: Seite 23ff.

246 So auch v. Westphalen/*v. Westphalen*, Kap. B, Rn. 70; Zweifel an der Zulässigkeit dieser Klausel äußert auch der BGH, vgl. NJW 1998, 1637, 1639.

247 Zum Umfang der mietrechtlichen Haftung des Leasinggebers, z. B. beim direkten Herstellerleasing oder beim Scheitern der Abtretungskonstruktion, siehe Martinek/Stoffels/Wimmer-Leonhardt/*R. M. Beckmann*, § 21ff.

248 Martinek/Stoffels/Wimmer-Leonhardt/*Martinek*, § 3, Rn. 11; Staudinger/*Stoffels*, Leasing, Rn. 28.

des Finanzierungsleasings ohne jede Besonderheit.[249] Zwar steht auch hier eine Absatzförderung im Vordergrund, allerdings bleibt das Finanzierungsinteresse daneben bestehen, zumal, auch konzernintern, das Kreditinstitut durchaus eigene Interessen verfolgen kann bzw. muss, um auf die den Markt beherrschenden Kunden einzugehen.[250]

IV. Immobilienleasing

Immobilienleasing[251] gehört zu einem wesentlichen Bestandteil der Immobilienwirtschaft und hat vor der Immobilienkrise, wie bereits oben beschrieben,[252] einen beachtlichen Teil des Gesamtleasingaufkommens in Deutschland und Europa ausgemacht.[253] Der wirtschaftlichen Bedeutung des Immobilienleasings hat mit seinen zwei Immobilienleasingerlassen auch das Bundesfinanzministerium Rechnung getragen.[254] Die Erlasse legen nahe und die Praxis bestätigt, dass das Immobilienleasing zumeist als Fall des Finanzierungsleasings vorliegt.[255] Allerdings gibt es nicht selten Verträge, bei denen es z. B. an der Vollamortisation des Leasinggebers fehlt, mithin Finanzierungsleasing nicht als Grundstruktur infrage kommt.[256]

Grundsätzlich versteht man unter dem Begriff des Immobilienleasings Leasingverträge, die sich auf Grund und Boden, Gebäude oder selbstständige Wirtschaftsgüter darstellende Gebäudeteile oder komplette Betriebsanlagen, beziehen.[257] Immobilienleasing zeichnet sich durch hohe Investitionskosten, eine lange Vertragslaufzeit[258] und vor allem durch sehr individuell auf das jeweilige Leasingobjekt zugeschnittene Verträge aus. Im Vergleich mit den anderen Leasingarten sind daher bei Immobilienleasingverträgen die Vorschriften über allgemeine

---

249 BGHZ 97, 65; Martinek/Stoffels/Wimmer-Leonhardt/*Martinek*, § 3, Rn. 13; MüKo/*Koch*, Leasing, Rn. 7ff; Staudinger/*Stoffels*, Leasing, Rn. 28; v. Westphalen/*v. Westphalen*, Kap. B, Rn. 71ff.

250 Martinek/Stoffels/Wimmer-Leonhardt/*Martinek*, § 3, Rn. 16.

251 Vgl. zum ganzen: R. Koch, 12ff.

252 Siehe oben: Seite 7f.

253 Engel, NZM 1998, 785.

254 Siehe oben: Seite 16ff.

255 BGH NJW 1989, 1279, 1280; Gitter, Gebrauchsüberlassungsverträge, 360; Martinek/Stoffels/Wimmer-Leonhardt/*Martinek*, § 58, Rn. 3; Staudinger/*Stoffels*, Leasing, Rn. 25.

256 Martinek/Stoffels/Wimmer-Leonhardt/*Martinek*, § 58, Rn. 3.

257 Martinek/Stoffels/Wimmer-Leonhardt/*Martinek*, § 58, Rn. 1.

258 Engel, NZM 1998, 785, 786.

Geschäftsbedingungen nach § 305ff. BGB wesentlich seltener anwendbar.[259] Eine Besonderheit des Immobilienleasings gegenüber dem Mobilienleasing ist darüber hinaus, dass bei erlasskonformen Leasingverträgen eine Wertsteigerung des Leasingguts nicht dem Leasinggeber, sondern dem Leasingnehmer zugutekommt. Dies ergibt sich unmittelbar aus den Immobilienleasingerlassen.[260]

Die unkündbare Grundlaufzeit bei Immobilienleasingverträgen betrug früher in der Regel zwischen 10 und 22,5 Jahren. Dies ergab sich daraus, dass bei Gebäuden, deren Bauantrag nach dem 31.03.1985 gestellt wurde, gemäß § 7 IV und V EStG (a. F.) eine betriebsgewöhnliche Nutzungsdauer von 25 Jahren angesetzt wurde. Durch die in den Leasingerlassen vorgesehene Grundlaufzeit von 40–90 % der betriebsgewöhnlichen Nutzungsdauer musste die Vertragslaufzeit demnach zwischen 10 und 22,5 Jahren liegen, wollte man in den Genuss der steuerlichen Vorteile kommen. Bei Objekten, deren Antrag vor diesem Datum gestellt wurde, galt eine betriebsgewöhnliche Nutzungsdauer von 50 Jahren.[261] Aufgrund einer Änderung des EStG zum 01.01.2001 haben sich § 7 IV und V EStG bezüglich der Annahmen der betriebsgewöhnlichen Nutzungsdauer geändert. Bei linearer Abschreibung beträgt diese nun für neuere Gebäude in der Regel 33 Jahre. Das oben beschriebene Prinzip bleibt gleichwohl bestehen; allein die Zeiträume haben sich geändert.

Gegenstand von Immobilienleasingverträgen sind zumeist Gebäude, wobei sowohl Bestandsimmobilien als auch Neubauten als Leasingobjekt in Betracht kommen. Außerdem können Immobilienleasingverträge im sogenannten sale and lease back-Verfahren durchgeführt werden, worauf später noch näher einzugehen sein wird.[262] Allerdings kann schon hier festgehalten werden, dass das sale and lease back-Verfahren überwiegend im Zusammenhang mit Immobilien praktiziert wird.[263] In jüngerer Vergangenheit hat sich Immobilienleasing, auch und gerade in der Form des sale and lease back-Verfahrens, vor allem bei deutschen Kommunen großer Beliebtheit erfreut.[264]

Bzgl. der Nutzungsart der Gebäude ist anzumerken, dass nahezu alle Arten von Gewerbeimmobilien Leasinggut sein können. Häufig wird bei Immobilienleasingverträgen eine Servicekomponente mit vereinbart. Danach übernimmt der Leasinggeber neben der Finanzierung auch gewisse Dienstleistungen, wie

---

259 Büschgen/*Büschgen*, § 4, Rn. 7; Martinek/Stoffels/Wimmer-Leonhardt/*Martinek*, § 59, Rn. 1; Engel, NZM 1998, 785, 786.

260 Siehe oben: Seite 16ff.

261 Martinek/Stoffels/Wimmer-Leonhardt/*Martinek*, § 58, Rn. 4.

262 Siehe sogleich: Seite 56ff.

263 Martinek, 60.

264 v. Westphalen/*Hansen*, Kap. N, Rn. 9.

z. B. Verwaltung und Instandhaltung.[265] Daneben ist bei Kaufoption auf den Formzwang nach § 311b I BGB zu achten. Alle Verträge, die ein Andienungsrecht des Leasinggebers oder ein Ankaufsrecht des Leasingnehmers beinhalten, sind daher notariell zu beurkunden.[266]

Ein Verbrauchsgüterkauf kann bei Immobilienleasing nie vorliegen, da die Verbrauchsgüterkaufvorschriften gemäß § 474 I BGB nur bei beweglichen Sachen Anwendung finden.

V. Sale and lease back-Verfahren

Hinter dem Begriff „*sale and lease back*" verbirgt sich weniger ein eigener Vertragstyp als vielmehr ein Verfahren, welches angewendet wird, um Leasingverträge abzuschließen.[267] Sale and lease back (engl.: Verkaufen und zurückmieten/-leasen) stellt häufig ein Verfahren zur Liquiditätsbeschaffung und Bilanzbereinigung dar, kann aber auch zur Steueroptimierung genutzt werden.[268] Bei einem Leasingvertrag nach dem sale and lease back-Verfahren ist der Leasingnehmer zunächst, mindestens für eine logische Sekunde,[269] Eigentümer des Leasingguts, welches er dann an den Leasinggeber veräußert und von diesem als Leasingnehmer zurückleast. Der Leasingnehmer vereint demnach die Positionen des Leasingnehmers mit der des Lieferanten. Dies führt dazu, dass hier lediglich ein Zwei-, und nicht das sonst bei Finanzierungsleasingverträgen übliche Drei-Personen-Verhältnis vorliegt.

Abb. 6: Leasing nach dem sale and lease back-Verfahren

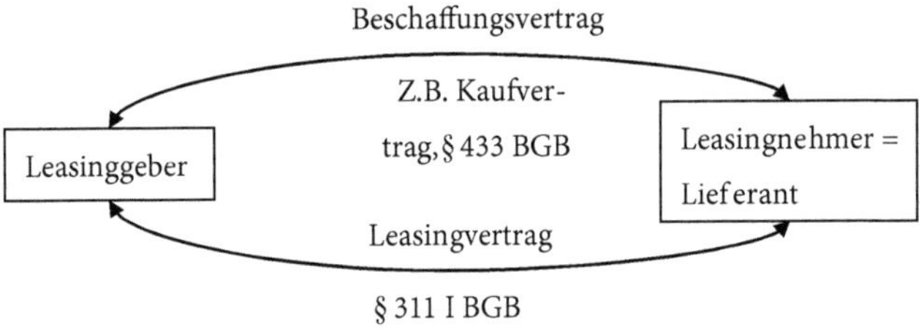

265 v. Westphalen/*Hansen*, Kap. N, Rn. 11ff.

266 OLG Koblenz ZfIR 2003, 285; LG Düsseldorf WM 1989, 1126, 1127; MüKo/*Koch*, Leasing, Rn. 12; Staudinger/*Stoffels*, Leasing, Rn. 22; vgl. hierzu ausführlich v. Westphalen, MittBayNot 2004, 13ff.

267 v. Westphalen/*Hansen*, Kap. N, Rn. 1.

268 Martinek/Stoffels/Wimmer-Leonhardt/*Berninghaus*, § 64, Rn. 4.

269 Martinek, 60.

Zwar kann im Wege dieses Verfahrens vor allem das übliche Finanzierungsleasing in den Formen der Voll- und Teilamortisationsverträge durchgeführt werden, aber es ist grundsätzlich auch möglich, einen Operating-Leasingvertrag mit Hilfe dieses Verfahrens zu vereinbaren.[270] Häufig wird in der Literatur das sale and lease back-Verfahren als eigenständiger Vertragstyp betrachtet.[271] Rechtsprechung und wohl herrschende Meinung in der Literatur sehen es aber entweder als Finanzierungsleasing[272] oder als ein Verfahren, das zumindest auch beim Finanzierungsleasing angewendet werden kann.[273]

Wie schon beschrieben ist Hauptanwendungsfall des sale and lease back-Verfahrens das Immobilienleasing.[274] Dies rührt daher, dass Immobilien oder Gebäude häufig große Vermögenswerte darstellen und durch den Verkauf diese Vermögenswerte realisiert werden können. Hierdurch werden Mittel frei, um neue Investitionen zu tätigen oder bestehende Verbindlichkeiten zu bedienen.[275] Jedoch ist Leasing nach dem sale and lease back-Verfahren grundsätzlich bei allen Leasinggütern möglich.

---

270 v. Westphalen/*Hansen*, 770, Rn. 2.

271 Papapostolou, 31; Martinek/Stoffels/Wimmer-Leonhardt/*Martinek*, § 3, Rn. 21.

272 BGH NJW 1990, 829, 831; Martinek/Stoffels/Wimmer-Leonhardt/*Berninghaus*, § 64, Rn. 5; MüKo/*Koch*, Leasing, Rn. 12.

273 v. Westphalen/*Hansen*, 770, Rn. 1f.

274 Siehe oben: Seite 7f. und 55f.

275 Zur Möglichkeit des sale and lease back, eine drohende Insolvenz abzuwenden siehe Martinek/Stoffels/Wimmer-Leonhardt/*Berninghaus*, § 64, Rn. 4.

D. Hintergründe zum Verbrauchsgüterkauf

I. Historische Entwicklung des Verbrauchsgüterkaufs

Der Gedanke des Verbraucherschutzes ist weitaus neuer als der des Leasings. Nachdem die Industrienationen die Auswirkungen des 2. Weltkriegs zumindest wirtschaftlich einigermaßen überwunden hatten, wandelte sich die Gesellschaft durch die neuen technologischen und finanziellen Möglichkeiten zu einer Konsumgesellschaft, die den privaten Gebrauch und Verbrauch von Waren und Dienstleistungen in zunehmendem Maße gestattete und förderte.[276] Aus der bald erkannten strukturellen Unterlegenheit der Verbraucher – auf die sogleich noch näher einzugehen sein wird – gegenüber Unternehmern resultierte daher schnell der Gedanke, den Verbraucher durch Legislativ- und Exekutivakte zu schützen. Vorreiter in dieser Hinsicht war Großbritannien. Dort wurde bereits 1959 eine Kommission eingerichtet, die prüfen sollte, ob und ggf. welche Maßnahmen für einen besseren Schutz der Verbraucher ergriffen werden können.[277] Der abschließende Bericht dieser Kommission wurde 1962 veröffentlicht[278] und führte Anfang der 1970er Jahre zu ersten konkreten Ergebnissen, die den Schutz des Verbrauchers zum Gegenstand hatten.[279] Es folgten die Vereinigten Staaten von Amerika unter Präsident *John F. Kennedy*, der 1962 eine „*Verbraucherbotschaft*" proklamierte, und Japan, das 1968 ein „*Grundgesetz über Verbraucherschutz*" erließ.[280] Auch Schweden machte sich Ende der 1960er, Anfang der 1970er Jahre mit einer ganzen Reihe von Maßnahmen daran, den Verbraucherschutz massiv voranzutreiben.[281]

In Deutschland wurde 1971 ein erster „*Bericht zur Verbraucherpolitik*" durch die Bundesregierung vorgelegt,[282] welchem schnell verschiedene Gesetze zum

276 Vgl. ausführlich zur historischen Entwicklung des Verbraucherschutzes: v. Hippel, S. 1ff; zur historischen Entwicklung des europäischen Verbraucherschutzes: Tamm, 180ff; zur Entwicklung des Verbrauchsgüterkaufs: Tamm, 573f.

277 Vgl. v. Hippel, 5.

278 Final Report of the Committee on Consumer Protection, 1962 („*Molony Report*").

279 Näheres siehe v. Hippel, 5f.

280 Vgl. v. Hippel, 6ff.

281 v. Hippel, 8f.

282 Vgl. „*Bericht zur Verbraucherpolitik*" vom 18.10.1971, BT-Drucks. 6/2724.

Verbraucherschutz[283] und ein weiterer „*Bericht zur Verbraucherpolitik*" folgten.[284] Seit dieser Zeit ist der Verbraucherschutz in der Bundesrepublik sowohl durch die Legislative als auch durch die Judikative einem expansiven Wandel unterworfen.[285] Zusätzlich wird die Gesetzgebung in Europa durch eine große Aktivität der EU auf dem Gebiet des Verbraucherschutzes beeinflusst und gelenkt. Sie kann heutzutage ohne Übertreibung als die „*Triebkraft*" des Verbraucherschutzes in den Mitgliedsstaaten bezeichnet werden.[286] Diese Aktivität führte auch zu der Richtlinie 1999/44/EG, welche den Verbrauchsgüterkauf regelte, der im Rahmen der Schuldrechtreform in den §§ 474ff. BGB umgesetzt wurde.

II. Entwicklung und Umsetzung der Regelungen über den Verbrauchsgüterkauf in Deutschland

Die Regelungen über den Verbrauchsgüterkauf im BGB haben ihren Ursprung in der Notwendigkeit, die *Richtlinie 1999/44/EG des Europäischen Parlaments und des Rates vom 25.05.1999 zu bestimmten Aspekten des Verbrauchsgüterkaufs und der Garantie für Verbrauchsgüter*[287] in das deutsche Recht umzusetzen. Der Verabschiedung der Richtlinie am 25.05.1999 ging eine „*bewegte Entstehungsgeschichte*"[288] voran, die ihren Ursprung bereits im Jahr 1993 hat.[289] Nach langem Streit zwischen der Europäischen Kommission und dem Europäischen Parlament kam es im Jahr 1998 auf Vorschlag der Kommission zu einer abgeänderten Annahme durch das Europäische Parlament, was nach einem Durchlauf durch den Vermittlungsausschuss zu der Verabschiedung im Mai 1999

283 Vgl. v. Hippel, 10: z. B. Maklergesetz (1972), Verordnung über Preisangaben (1973), 2. Novelle zum Abzahlungsgesetz (1974), Gesetz zur Gesamtreform des Lebensmittelrechts (1974), Gesetz zur Regelung des Rechts der Allgemeinen Geschäftsbedingungen (1976), Reisevertragsgesetz (1979) und das Gesetz über den Widerruf von Haustürgeschäften und ähnlichen Geschäften (1986).

284 Vgl. „*Zweiter Bericht der Bundesregierung zur Verbraucherpolitik*" vom 20.10.1975, BT-Drucks. 7/4181

285 Vgl. die Ausführungen zum status quo (2011) bei Tamm, 317ff.

286 So Tamm, 189; vgl. zur Entwicklung und zum Arbeitseifer der EU in Bezug auf den Verbraucherschutz darüber hinaus die gute Übersicht in: Tamm, 189ff; Wegen des Bezugs von Verbraucherschutz zum Finanzierungsleasing siehe die umfassenden Darstellung von Oberfeuchtner, 55ff.

287 ABl. EG Nr. L 171 S.12.

288 MüKo/*Lorenz*, vor § 474, Rn. 1.

289 Ausgangspunkt für die Verbrauchsgüterkaufrichtlinie war das Grünbuch der Europäischen Kommission vom 15.11.1993, Grünbuch KOM (93) 509.

führte.[290] Ob der (damalige) EG-Gesetzgeber die nötige Kompetenz innehatte, diese Richtlinie zu erlassen, wird bestritten,[291] spielt aber nach der Umsetzung durch den deutschen Gesetzgeber im Rahmen der Schuldrechtsmodernisierung keine Rolle mehr. Die Wirksamkeit des deutschen Gesetzes, welches aufgrund dieser Richtlinie erlassen wurde, wird durch eine mangelnde Kompetenz des Richtliniengesetzgebers nicht beeinflusst.[292]

So kam es am 01.01.2002 mit dem *Gesetz zur Modernisierung des Schuldrechts* zur Einführung der Regelungen über den Verbrauchsgüterkauf in das deutsche Recht.[293] Dabei wurde zwar die EG-Verbrauchsgüterkaufrichtlinie in deutsches Recht umgesetzt, aber diese Richtlinie war nicht der Auslöser der Schuldrechtsmodernisierung. Diese hatte ihren Ursprung bereits Ende der 70er, Anfang der 80er Jahre des letzten Jahrhunderts.[294] Zu dieser Zeit wurden auf Anfrage des Bundesjustizministeriums erste Gutachten über Vorschläge zur Überarbeitung des Schuldrechts erstellt. Diese führten zu einer vom Ministerium eingesetzten Kommission für die Überarbeitung des Schuldrechts, die sich 1984 konstituierte und 1991 ihren Abschlussbericht vorlegte.[295] Allerdings scheiterte eine baldige Umsetzung an der absehbaren Richtlinieninitiative, die auch Einfluss auf das Reformvorhaben bezüglich des Schuldrechts haben könnte. Die Richtlinie 1999/44/EG wurde dann zur Vermeidung einer nochmaligen umfassenden Gesetzesanpassung bereits entsprechend im Schuldrechtsmodernisierungsgesetz berücksichtigt.[296] Durch die schon vorher geplante Überarbeitung des gesamten Allgemeinen Teils des Schuldrechts und eines großen Stückes des Besonderen Teils, insb. des Kauf- und Werkvertragsrechts, konnten viele Regelungsvorgaben der Richtlinie so umgesetzt werden, dass sie in diese Teile des Schuldrechts integriert werden konnte. Nur die spezifischen, den Verbrauchsgüterkauf betreffenden und wegen ihrer Spezialität als nicht allgemein für das Kaufrecht anwendbar angesehenen Vorgaben wurden unter einer eigenen, ausschließlich den Verbrauchsgüterkauf betreffenden Überschrift im BGB

290 Ein guter Überblick zur Entstehung der Verbrauchsgüterkaufrichtlinie findet sich bei: Tamm, 572ff. und Doehner, 25ff.

291 MüKo/*Lorenz*, vor § 474, Rn. 1; Roth, JZ 2001, 475, 478; Ehmann/Rust, JZ 1999, 853f; **a. A.** aber Reich, NJW 1999, 2397f.

292 BGH NJW 2006, 2250, 2251f; MüKo/*Lorenz*, vor § 474, Rn. 1.

293 BGBl. I 2001, 3138.

294 Canaris, Schuldrechtsmodernisierung 2002, Einführung, Seite IX.

295 Canaris, Schuldrechtsmodernisierung 2002, Einführung, Seite IX.

296 Canaris, Schuldrechtsmodernisierung 2002, Einführung, Seite IX.

geregelt.[297] Dadurch konnten die an und für sich sehr weit reichenden Vorgaben der Richtlinie etwas abgefedert werden, sodass im Vergleich zum allgemeinen Kaufrecht nur wenige Spezialregelungen notwendig waren.[298] Diese ursprüngliche Intention hat infolge des Regelungsdrangs des verbraucherschützenden EU-Gesetzgebers inzwischen aber wohl ihre Gültigkeit verloren. Zu bedauern ist insbesondere die seit einigen Jahren zu beobachtende unnötige Verkomplizierung des BGB durch immer konkreter werdende und technisch schlecht umgesetzte Gesetze. Dieser Missstand hat seinen – vorläufigen – Höhepunkt mit Umsetzung der Verbraucherrechterichtlinie am 13.06.2014 erreicht.

1. Anwendungsbereich der Verbrauchsgüterkaufvorschriften

Die Verbrauchsgüterkaufvorschriften der §§ 474 – 479 BGB finden lediglich auf einen Teil der in Deutschland getätigten Kaufverträge Anwendung. Wann die Voraussetzungen für eine Anwendbarkeit dieser Vorschriften gegeben sind, folgt aus § 474 I BGB. Ein Verbrauchsgüterkauf liegt demnach vor, wenn ein Verbraucher von einem Unternehmer eine bewegliche Sache kauft. Diese Legaldefinition unterscheidet somit zwischen dem persönlichen und dem sachlichen Anwendungsbereich, wobei die Voraussetzungen kumulativ vorliegen müssen. Gleichzeitig stellt sie fest, dass das Kaufrecht im Übrigen anwendbar bleibt.

a) Persönlicher Anwendungsbereich der Verbrauchsgüterkaufvorschriften

Obwohl der Name es vermuten ließe, knüpfen die Verbrauchsgüterkaufvorschriften nicht primär an den Kaufgegenstand an, sondern vielmehr an die Personen, welche Parteien des Kaufvertrages sind.[299] Voraussetzung ist zunächst, dass der Käufer Verbraucher ist; dessen Schutz ist Regelungszweck des Gesetzes. Wer Verbraucher ist, ist in den §§ 474ff. BGB nicht ausdrücklich geregelt, sodass auf die allgemeinen Vorschriften zurückgegriffen werden kann bzw. muss. Nach § 13 BGB ist ein Verbraucher jede natürliche Person, die ein Rechtsgeschäft tätigt, welches nicht deren gewerblichen oder selbstständigen beruflichen Tätigkeiten zugerechnet werden kann. Demnach fällt als Käufer eines Verbrauchsgüterkaufs jede juristische Person aus.[300] Gleichzeitig steht fest, dass eine natürliche Person

297 Haas/Medicus/Rolland/Schäfer/Wendtland/*Haas*, Kap. 5, Rn. 423f.

298 Zur konkreten Umsetzung der Richtlinie im deutschen Recht vgl: Doehner, Die Schuldrechtsreform vor dem Hintergrund der Verbrauchsgüterkauf-Richtlinie, 2004.

299 Reinicke/Tiedtke, Rn. 722; Staudinger/*Matusche-Beckmann*, § 474, Rn. 1.

300 Allerdings können Personengemeinschaften, wie z.B. GbR, Wohnungseigentümergemeinschaft, eheliche Gütergemeinschaft oder Erbengemeinschaft, trotzdem unter

über die Anforderungen des § 13 BGB hinaus keine weiteren Voraussetzungen erfüllen muss (z. B. intellektuelle oder ökonomische Unterlegenheit etc.), um unter den Verbraucherbegriff zu fallen.[301]

Für die Anwendung der Verbrauchsgüterkaufvorschriften ist weiterhin erforderlich, dass auf Verkäuferseite ein Unternehmer im Sinne des § 14 BGB steht. Unternehmer ist jede natürliche oder juristische Person oder eine rechtsfähige Personengesellschaft, die bei Abschluss eines Rechtsgeschäfts in Ausübung ihrer gewerblichen oder selbständigen beruflichen Tätigkeit handelt. Daraus folgt, dass sowohl ein Geschäft zwischen Verbrauchern, als auch ein Geschäft zwischen Unternehmern niemals Gegenstand eines Verbrauchsgüterkaufs sein kann. Ebenso wenig liegt ein solcher vor, wenn der Verbraucher als Verkäufer und der Unternehmer als Käufer auftritt.

Für die hier zu untersuchende Fragestellung muss folglich zumindest der Lieferant Unternehmer sein. Bei der Anwendung der Verbrauschgüterkaufvorschriften muss der dem Verbraucher tatsächlich Haftende, wie vorstehend ausgeführt, die Unternehmereigenschaften aufweisen. Wie nachfolgend noch näher ausgeführt wird, kommt bei einer Anwendung der Verbrauchsgüterkaufvorschriften auf Leasinggeschäfte allein der Lieferant und nicht etwa der Leasinggeber als Haftungsinstanz gegenüber dem Verbraucher in Frage.[302] An der Unternehmereigenschaft des Lieferanten dürfte in der Praxis – ebenso wie bei dem Leasinggeber – nahezu nie ein Problem zu sehen sein. Wichtiger ist, dass der Leasingnehmer stets Verbrauchereigenschaften aufzuweisen hat. In der Praxis kommt der Fall des Leasings unter Unternehmern zwar öfter vor, allerdings ist auch das Verbraucherleasing, vor allem im Kfz-Bereich, ein gängiges Geschäftsmodell.[303] Im Folgenden werden nur solche Fälle untersucht, in denen der persönliche Anwendungsbereich der Verbrauchsgüterkaufvorschriften eröffnet ist.

b) Sachlicher Anwendungsbereich der Verbrauchsgüterkaufvorschriften

Der sachliche Anwendungsbereich der Verbrauchsgüterkaufvorschriften ist dann eröffnet, wenn ein Kaufvertrag über bewegliche Sachen vorliegt, und diese,

---

§ 13 BGB fallen, wenn die Mitglieder der Gemeinschaft allesamt die Verbrauchereigenschaften erfüllen; vgl.: Eckert/Maifeld/Matthiessen, Rn. 98; Staudinger/*Matusche-Beckmann*, § 474, Rn. 10.

301 Eckert/Maifeld/Matthiessen, Rn. 98; zum Verbraucherbegriff allgemein siehe auch die Ausführungen bei Oxe, 48ff. mwN; Schulz, 61ff. mwN.

302 Siehe unten: Seite 95ff.

303 Siehe oben: Seite 21f.

wie § 474 II 2 BGB klarstellt, nicht in einer öffentlich zugänglichen Versteigerung verkauft werden, an der der Verbraucher persönlich teilnehmen kann. Zudem weist nun § 474 I 2 BGB darauf hin, dass ein Verkaufsgüterkauf auch dann vorliegen kann, wenn neben dem Kauf der Sache eine Dienstleistung durch einen Unternehmer Vertragsgegenstand ist.

Um einen Kaufvertrag handelt es sich, wenn er auf die dauerhafte Überlassung einer Sache gegen Geld gerichtet ist. Für die Anwendung der §§ 474ff. BGB gilt dies ebenso und zwar unabhängig von der Frage nach der Angemessenheit des Preises.[304] Darunter fällt z.B. auch ein Werklieferungsvertrag nach § 651 BGB. Unter einer Sache versteht man gemäß § 90 BGB sämtliche körperlichen Gegenstände. Nach § 90a BGB werden auch Tiere als solche behandelt und fallen daher als Kaufgegenstand unter die Verbrauchsgüterkaufvorschriften. Beweglich ist eine Sache dann, wenn sie tatsächlich fortbewegt werden kann. Daher fallen Grundstücke nicht unter die Vorschriften der §§ 474ff. BGB.[305] Für die Anwendbarkeit der Verbrauchsgüterkaufvorschriften ist es, abgesehen von der Ausnahme in § 474 II 2 BGB und der Erleichterung in § 475 II 2. HS BGB, ohne Bedeutung, ob es sich um neue oder gebrauchte Sachen handelt.[306]

2. Die wichtigsten Folgen aus der Anwendung der Verbrauchsgüterkaufvorschriften

Im Folgenden sollen nun die wichtigsten Unterschiede bei einem Kauf unter Anwendung der Verbrauchsgüterkaufvorschriften gegenüber einem Kauf ohne deren Anwendung dargestellt werden.[307]

Zunächst verzögert die Anwendung des Verbrauchsgüterkaufs die Fälligkeit der Primärleistungen zugunsten des jeweiligen Schuldners, vgl. § 474 III 1 BGB. Danach ist bei fehlender anderweitiger Vereinbarung abweichend von § 271 I BGB nicht mehr sofort, sondern nur noch unverzüglich die Leistung zu erbringen. Sodann wird die Sonderregel über die Gefahrtragung beim Versendungskauf nach § 447 BGB von § 474 IV, V 2 BGB eingeschränkt. § 447 BGB stellt eine Ausnahmevorschrift zu § 446 BGB dar. Regelungsinhalt des § 446 BGB ist der Gefahrübergang beim Kauf. Danach geht die Gefahr des zufälligen Untergangs oder der Verschlechterung der Kaufsache bei Übergabe derselben auf den

304 MüKo/*Lorenz*, § 474, Rn. 1; Staudinger/*Matusche-Beckmann*, § 474, Rn. 31.
305 Staudinger/*Matusche-Beckmann*, § 474, Rn. 32.
306 Schindler, JA 2004, 835.
307 Vgl. umfangreich zu den verbraucherschützenden Sonderregelungen der §§ 474 II bis 477 BGB: Schindler, JA 2004, 835ff.

Käufer über. § 447 BGB enthält davon für den Fall des Versendungskaufs eine Ausnahme, sodass bereits mit Übergabe der Sache an den Überbringer die Gefahr auf den Käufer übergeht. Diese Vorverlagerung des Gefahrübergangs wird von § 474 IV, V 2 BGB eingeschränkt. Sie findet nur noch dann Anwendung, wenn der Verbraucher selbst einen Beförderer beauftragt. Der Vorteil für den Verbraucher liegt darin, dass er, wenn er den Beförderer nicht selbst beauftragt hat, die Gefahren des zufälligen Untergangs und der Verschlechterung der Kaufsache erst dann tragen muss, wenn er den Besitz über die Sache erlangt hat oder er sich im Annahmeverzug befindet, vgl. § 446 S. 1, 3 BGB. Dies gilt selbst dann, wenn er die Versendung der Kaufsache an einen anderen Ort als den Erfüllungsort vom Verkäufer verlangt hat.[308]

Erst nachträglich, nämlich seit der Gesetzesänderung mit Wirkung zum 16.12.2008, finden darüber hinaus gemäß § 474 V 1 BGB die Vorschriften über die Herausgabe der Nutzungen bzw. von Wertersatz im Fall der Nachlieferung bei Sachmängelgewährleistung nach § 439 IV BGB keine Anwendung mehr. Dem Verbraucher kommt dabei zugute, dass er durch die Wahl der Nachlieferung nicht damit belastet wird, Nutzungen bzw. deren Wertersatz herausgeben zu müssen. Die Änderung geht zurück auf ein Urteil des EuGH, wonach die Herausgabe der Nutzungen beim Verbrauchsgüterkauf nicht richtlinienkonform ist.[309] Die Umsetzung durch den deutschen Gesetzgeber dürfte aber über die Vorgaben des EuGH hinausgehen.[310]

Weiterhin kann sich der Verkäufer gemäß § 475 I 1 BGB nicht auf eine zulasten des Käufers getroffenen, von den allgemeinen Kaufrechtsvorschriften über Mängel oder den Verbrauchsgüterkaufvorschriften selbst abweichende Vereinbarung berufen. Dies führt de lege lata insbesondere dahingehend zu einer Einschränkung der Privatautonomie, dass die an sich dispositiven Regeln über die Mängelgewährleistung zu zwingendem Recht werden. § 475 I 1 BGB hat daher die

> „Unwirksamkeit einer der Vorschrift widersprechenden Vereinbarung unter Aufrechterhaltung des Kaufvertrags im Übrigen“[311]

zur Folge. Begleitet und bekräftigt wird diese Unabdingbarkeit der Vorschriften von einem in § 475 I 2 BGB normierten Umgehungsverbot.

Die von dem Verbot der abweichenden Vereinbarung aus § 475 I 1 BGB nicht betroffene Verjährung, welche im allgemeinen Kaufrecht in § 438 BGB geregelt

308 Staudinger/*Matusche-Beckmann*, § 474, Rn. 69f.

309 EuGH NJW 2008, 1433.

310 PWW/*D. Schmidt*, § 439, Rn. 35.

311 Staudinger/*Matusche-Beckmann*, § 475, Rn. 5.

ist, wird in § 475 II BGB gesondert modifiziert. Danach kann sich der Verkäufer weder auf eine Vereinbarung berufen, die die Verjährungsfrist von zwei Jahren bei neuen und einem Jahr bei gebrauchten Sachen verkürzt, noch auf eine solche, die den Verjährungsbeginn zuungunsten des Käufers gegenüber § 438 II BGB vorverlegt.[312] Die Verjährungsfrist beginnt nach § 438 II BGB mit der Ablieferung der Kaufsache beim Käufer. Im Gegensatz zu § 475 I 1 BGB führt § 475 II BGB nicht zu einer Unabdingbarkeit der – im Rahmen der §§ 202, 444 BGB ansonsten dispositiven – kaufrechtlichen Verjährungsvorschriften, sondern erlaubt in den genannten Grenzen eine gewisse Gestaltungsfreiheit. So ist es bei einem Verbrauchsgüterkauf trotz § 475 II BGB möglich, z.B. die 30-jährige Verjährungsfrist des § 438 I 1 a BGB oder die 5-jährige Verjährungsfrist in § 438 I 2 b BGB auf bis zu zwei Jahre zu verkürzen. Der Vorteil für den Verbraucher liegt auf der Hand. Eine Verkürzung der Verjährungsfrist unter die genannten Grenzen ist nicht möglich und er behält dadurch über diese Zeiträume die Möglichkeit, seine Gewährleistungsrechte geltend zu machen. Gemäß § 475 III BGB können im Kaufvertrag allerdings die Rechte des Verbrauchsgüterkäufers im Hinblick auf Schadensersatz, in den AGB-rechtlichen Grenzen der §§ 307ff BGB, eingeschränkt werden.

§ 476 BGB modifiziert die Beweislastverteilung bei der Geltendmachung gewährleistungsrechtlicher Rechtsbehelfe zugunsten des Verbrauchers.[313] Danach wird widerlegbar vermutet, dass der bestehende Mangel bereits bei Gefahrübergang vorgelegen hat. Diese Vermutung gilt allerdings nicht, wenn sie nicht mit der Art der Sache oder des Mangels vereinbar ist. Hierbei ist jedoch Vorsicht geboten. Denn nach der Rechtsprechung des BGH wird nicht das Vorliegen eines Mangels vermutet, sondern lediglich, dass ein schon bestehender Mangel bereits bei Gefahrübergang vorgelegen hat. Dass ein Mangel vorliegt, hat nach wie vor der Käufer zu beweisen.[314] Allerdings hat der EuGH diese Sichtweise des BGH revidiert und die Vermutungswirkung von Art. 5 III Verbrauchsgüterkauf-RL, auf den § 476 BGB zurückzuführen ist, auch darauf erstreckt, dass ein nach Lieferung aufgetretener Defekt auf eine bereits bei Lieferung vorliegende

312 Vgl. Staudinger/*Matusche-Beckmann*, § 475, Rn. 105 mwN.

313 Schindler, JA 2004, 835, 836.

314 Erstmals BGHZ 159, 215ff, seit dem ständige Rechtsprechung, vgl. nur: BGH NJW 2006, 1195, 1196; 434, 436; 2005, 3490, 3491; auch in der Literatur wird überwiegend eine solche Sichtweise befürwortet, vgl. nur: Eckert/Maifeld/Matthiessen, Rn. 409f; Staudinger/*Matusche-Beckmann*, § 476, Rn. 3, 11; Wertenbruch, LMK 2004, 156; **a. A.** aber: MüKo/*Lorenz*, § 476, Rn. 4; Roth, ZIP 2004, 2025ff; Gsell, JuS 2005, 967, 970ff.

Vertragswidrigkeit zurückgeht.[315] Es steht daher zu erwarten, dass der BGH seine diesbezügliche Rechtsprechung entsprechend anpassen wird. Zu beachten ist auch, dass diese Sonderregel nur für Sachmängel, also nicht für Rechtsmängel gilt. Der Vorteil für den Verbraucher ist zwar durch diese relativ enge Auslegung geschmälert, wenn aber der Mangel innerhalb eines halben Jahres festgestellt wurde, muss er nicht beweisen, dass dieser bereits bei Gefahrübergang vorgelegen hat. Da es für den Verkäufer aus rein tatsächlichen Gründen in der Regel extrem schwierig sein wird, den Gegenbeweis anzutreten, stellt dies eine sehr wichtige Regelung zugunsten des Verbrauchers dar. Sie kommt de facto der Wirkung einer halbjährigen Garantie sehr nahe.

Die Neuregelungen der Verbrauchsgüterkaufvorschriften nach der Umsetzung der Verbraucherrechterichtlinie der EU im Jahr 2014 sind inhaltlich überschaubar und wurden oben bereits berücksichtigt.

Die hier aufgeführten Vorteile, die sich für einen Käufer beim Kauf unter Anwendung der Verbrauchsgüterkaufvorschriften ergeben, verdeutlichen eindrücklich, warum es für einen Leasingnehmer von entscheidender Bedeutung sein kann, ob er in den Genuss der Regelungen kommt oder nicht. Erst die Kenntnis um die weitreichenden Rechtsfolgen erklärt die kontroverse Diskussion um die Anwendung der Verbrauchsgüterkaufvorschriften auf Leasinggeschäfte. Diese zwingenden Rechtsfolgen, die dem Leasingrecht teilweise grundlegend fremd sind, ist für viele Autoren wohl der Beweggrund, die Anwendung der Verbrauchsgüterkaufvorschriften abzulehnen.[316]

315 EuGH NJW 2015, 2237ff.

316 Siehe z. B. unten: Seite 78f, 81ff, 84f. und 135ff.

Hauptteil – Auswirkungen der Verbrauchsgüterkaufvorschriften auf Finanzierungsleasingverträge

A. Rechtsprechung und Literatur zum Thema

Zunächst ist es angezeigt, die zu diesem Thema bereits vorhandene Rechtsprechung und die sich dazu äußernden Stimmen aus der Literatur darzustellen. Der *BGH* hat in diesem Zusammenhang am 21.12.2005 (Az.: VIII ZR 85/05) ein richtungsweisendes Urteil gefällt,[317] welches in der Literatur zu einigen Erwiderungen und kontroverser Diskussion geführt hat.[318]

I. Das Urteil des BGH vom 21.12.2005 (Az.: VIII ZR 85/05)

Dem Rechtsstreit lag folgender Sachverhalt zugrunde: Der Kläger (Verbraucher) und spätere Leasingnehmer war an einem Gebrauchtwagen interessiert, der von der Beklagten und späteren Lieferantin, einer gewerblichen Kraftfahrzeughändlerin, zum Verkauf angeboten wurde. Der Leasingnehmer konnte sich den Erwerb des Fahrzeugs nicht leisten und schloss daher aus eigenem Antrieb mit einer Leasinggeberin einen Leasingvertrag über das besagte Fahrzeug ab. Die Leasinggeberin erwarb daraufhin das Fahrzeug bei der Lieferantin und überließ es dem Kläger. Im Leasingvertrag zwischen Leasinggeberin und Leasingnehmer war auch die leasingtypische Abtretungskonstruktion vereinbart, wonach die Haftung der Leasinggeberin für Gewährleistung vollständig ausgeschlossen und dem Leasingnehmer dafür die Gewährleistungsansprüche der Leasinggeberin gegen die Lieferantin abgetreten wurden. Im Liefervertrag zwischen Leasinggeberin und Lieferantin, in den auch die AGB der Lieferantin einbezogen waren, war allerdings ebenfalls die Gewährleistung der Lieferantin vollständig ausgeschlossen. Nachdem das Fahrzeug übergeben und der Kaufpreis gezahlt war, trat nach einiger Zeit ein Mangel auf. Die Lieferantin weigerte sich nach Inanspruchnahme durch den Leasingnehmer unter Verweis auf die fehlenden Vertragsbeziehungen und den Gewährleistungsausschluss im Liefervertrag, Nacherfüllung zu leisten. Hierauf trat der Leasingnehmer gegenüber der Lieferantin vom Kaufvertrag zurück und machte klageweise die Herausgabe des Kaufpreises an die Leasinggeberin geltend.[319]

317 Abgedruckt unter anderem in: BB 2006, 348–350; WM 2006, 495–498; DAR 2006, 138–141; ZGS 2006, 107–110; NZV 2006, 140–142; NJW 2006, 1066–1068.

318 Siehe hierzu unten: Seite 74ff.

319 Es wird vielfach darauf verwiesen, dass der mitgeteilte Sachverhalt sehr spärlich sei, was in der Tat zutrifft.

Das Landgericht Halle[320] hat die Klage abgewiesen. Das Oberlandesgericht Naumburg[321] hat die daraufhin eingelegte Berufung des Leasingnehmers zurückgewiesen, aber die Revision zugelassen. In seinem Urteil vom 21.12.2005 hat der Bundesgerichtshof die Revision des Leasingnehmers zurückgewiesen und ist im Wesentlichen der Entscheidung des Berufungsgerichts gefolgt.

Der BGH hat seine Entscheidung wie folgt begründet: Der Leasingnehmer hatte gegen die Lieferantin einen Anspruch nach §§ 437 Nr. 2, 323 I, 346 I BGB auf Rückgewähr des Kaufpreises an die Leasinggeberin wegen Rücktritt vom Kaufvertrag geltend gemacht. Dieser Anspruch wird mit der Begründung verneint, dass die in den AGB der Leasinggeberin enthaltene leasingtypische Abtretungskonstruktion im vorliegenden Fall ins Leere ging. Im Kaufvertrag zwischen Lieferantin und Leasinggeberin wurde nämlich formularvertraglich ein Gewährleistungsausschluss vereinbart. Hierdurch wurde die Leasinggeberin erst gar nicht Inhaberin von Gewährleistungsrechten gegen die Lieferantin, die sie an den Leasingnehmer hätte abtreten können.

Der BGH hatte sich in dieser Entscheidung mit der Frage zu befassen, ob sich die Lieferantin auf den Haftungsausschluss berufen darf. Nachdem er zunächst feststellt, dass der persönliche Anwendungsbereich der Verbrauchsgüterkaufvorschriften eröffnet ist, geht er auf § 475 I BGB ein. Hierzu führt der BGH aus, dass jedenfalls § 475 I 1 BGB nicht anwendbar sei. Der Kaufvertrag kam unbestritten ohne Umwege zwischen Lieferantin und Leasinggeberin zustande. Ein auch nur vorübergehender Kaufvertrag zwischen Leasingnehmer und Lieferantin lag zu keiner Zeit vor.[322] Allerdings befasst sich der BGH mit der Möglichkeit, dass es sich in vorliegendem Fall um ein Umgehungsgeschäft im Sinne des § 475 I 2 BGB handeln könnte. Jedoch wird dies mit dem Argument verneint,

---

320 LG Halle (Saale), Urteil vom 21.10.2004, Az: 8 O 28/04 (nicht veröffentlicht).

321 OLG Naumburg ZGS 2005, 238f.

322 Hieraus ergibt sich die Nähe zu dem Leasingmodell der Eigenbeschaffung durch den Leasingnehmer. Der Kaufvertrag zwischen Leasinggeberin und Lieferant fiel in zeitlicher Hinsicht zwischen Angebot und Annahme des Leasingvertrages. Es ist der Veröffentlichung des Urteils und den instanzgerichtlichen Entscheidungen leider nicht zu entnehmen, wie es zu den jeweiligen Vertragsabschlüssen kam. Ob der Leasingnehmer mit dem Lieferanten bereits in Kontakt getreten ist oder ob er lediglich mit der Leasinggeberin direkt verhandelt hat, ist daher nicht bekannt. Allerdings wird im Sachverhalt ausgeführt, dass der Leasingvertrag auf eigenen Entschluss des Leasingnehmers zustande gekommen ist. Dies lässt darauf schließen, dass nicht der Umweg über den Lieferanten als Vermittler des Leasingvertrages genommen wurde.

dass eine solche Gesetzesumgehung in Anlehnung an seine Rechtsprechung zum Agenturgeschäft im Gebrauchtwagenhandel, nur dann vorliegt,

> „wenn die Gestaltung eines Rechtsgeschäfts objektiv den Zweck hat, den Eintritt einer Rechtsfolge zu verhindern, die das Gesetz für derartige Geschäfte vorsieht".

Dies liege hier nicht vor, denn der Leasingvertrag habe nicht den Zweck, der Lieferantin durch den Kaufvertrag mit der Leasinggeberin zulasten des Leasingnehmers den Ausschluss der Gewährleistung zu ermöglichen. Vielmehr beruhe der Abschluss des Leasingvertrages auf dem Interesse des Leasingnehmers eine Finanzierungshilfe im Sinne der §§ 499, 500 BGB (a. F.) in Anspruch zu nehmen. Darüber hinaus käme die Leasinggeberin zu ihrem angestrebten Gewinn und die Lieferantin zu einem Umsatzgeschäft, zu dem sie ohne die Finanzierungshilfe nicht gekommen wäre. Dabei werde die Abtretung der Gewährleistungsansprüche nicht getätigt, um dem Leasingnehmer eine Käuferposition zu verschaffen, sondern um den Gewährleistungsausschluss im Verhältnis mit der Leasinggeberin rechtlich zu ermöglichen.

Im Folgenden prüft der BGH im Rahmen einer inzidenten Inhaltskontrolle, ob durch diese Vorgänge der Leasingnehmer erhebliche Nachteile erleidet. Dabei stellt er fest, dass im Rahmen der Abtretungskonstruktion der Gewährleistungsausschluss im Leasingvertrag grundsätzlich wirksam ist. Hierzu führt der BGH allerdings an, dass der Leasingnehmer sich gegenüber der Leasinggeberin schadlos halten könne, wenn, wie hier, die Abtretungskonstruktion ins Leere läuft. Der Gewährleistungsausschluss sei dann wegen § 307 I 1 BGB unwirksam. Dem Leasingnehmer stünden wegen § 306 II BGB zum Ausgleich die mietrechtlichen Gewährleistungsansprüche gegen die Leasinggeberin zur Verfügung. Diese würden dem Leasingnehmer

> „generell nicht weniger Rechte als die kaufrechtlichen Gewährleistungsansprüche aus § 437 BGB"

bieten. Der Leasingnehmer könne aus § 535 I 2 BGB von der Leasinggeberin die Beseitigung des Mangels verlangen, nach § 536 BGB die Leasingraten mindern, Schadens- und Aufwendungsersatz gemäß § 536 a BGB fordern oder den Leasingvertrag nach § 543 I, II 1 Nr. 1 BGB kündigen. Der BGH weist explizit darauf hin, dass ein Leasingnehmer in einem wesentlichen Punkt sogar besser steht als ein Käufer. Während bei einem Kauf ein Mangel gemäß § 446 1 BGB bei Gefahrübergang schon vorgelegen haben müsse, könne ein Leasingnehmer nach § 535 I BGB auch solche Mängel geltend machen, die erst während der Laufzeit des Leasingvertrages aufträten. Dies würde sogar über die Beweislasterleichterung des § 476 BGB hinausgehen.

Das LG Halle hat darüber hinaus noch einen Anspruch aus c.i.c. gemäß §§ 280 I, 311 II, III, 241 II BGB geprüft. Nachdem das LG Halle diesen abgelehnt hat, hatte sich das Berufungsgericht nicht mehr damit befasst, was durch die Revision gerügt wurde. Der BGH hat die Rüge mit der Begründung zurückgewiesen, der Leasingnehmer habe den Leasingvertrag aus eigenem Entschluss abgeschlossen und der Lieferant habe daher keine Pflicht zur ungefragten Aufklärung, weshalb es keiner Entscheidung über diese Rüge bedürfe.

Der BGH hat mit dieser sehr formalen Entscheidung das Leasingrecht wieder näher an das Mietrecht gerückt und wesentliche Aspekte der leasingtypischen Besonderheiten außer Acht gelassen. Gleichzeitig hat er die bereits vorhandene problemspezifische Literatur zu diesem Themenkomplex nahezu ignoriert. Ausführungen zu einer Interessenabwägung sind ebenfalls nicht aufzufinden. So gibt das Urteil Anlass zu mannigfaltiger und umfangreicher Diskussion.[323]

II. Literaturansichten

In der Literatur wurde und wird das in Rede stehende Problem rege diskutiert.[324] Viele Meinungen haben sich erst nach dem Urteil des BGH gebildet,[325]

---

323 Siehe nur beispielhaft die umfassende Analyse bei Oberfeuchtner, 150ff.

324 Aufsätze und Anmerkungen: Arnold, DStR 2002, 1049ff; H. Beckmann, WuB I J 2. – 1.06; Cholstinina, NJ 2006, 318; Eckert, EWiR, § 475 1/05, 717f; Gebler/Müller, ZBB 2002, 107ff; Godefroid, BB 2003, Beilage 5, 2ff; Habersack, BB 2003, Beilage 6, 2ff; Höpfner, ZBB 2006, 200ff; Jaggy, BB 2003, Beilage 5, 14ff; Lorenz, NJW 2007, 1ff; Moseschus, EWiR § 535, 1/06, 299f; Müller-Sarnowski, DAR 2002, 485ff; Müller-Sarnowski, DAR 2007, 72ff; Omlor, ZGS 2008, 220ff; Otting, SVR 2006, 175; Stoffels, LMK 2006, 170499ff; Tiedtke/Möllmann, DB 2004, 583ff; Tiedtke/Peterek, DB 2008, 335ff; v. Westphalen, ZIP 2006, 1653ff; v. Westphalen, DAR 2006, 620ff; v. Westphalen, BB 2008, 2ff; Woitkewitsch, VuR 2006, 440ff; Zahn, DB 2002, 985ff. Bücher und Kommentare: AnwK-BGB/*Reinking*, Anh. zu §§ 535–580a: Leasing, Rn. 64ff; Erhardt, 94ff; Martinek/Stoffels/Wimmer-Leonhardt/*Matusche-Beckmann*, § 52, Rn. 88ff; MüKo/Habersack, 4. Auflage, Leasing, Rn. 35ff; MüKo/*J. Koch*, Leasing, Rn. 68ff; MüKo/*Lorenz*, § 475, Rn. 30a; Oberfeuchtner, 143ff; Oechsler, SchuldR-BT, Rn. 482; Oxe, 97ff; Reinicke/Tiedtke, Rn. 1699; Reinking/Eggert, Leasing, Rn. L165ff; Reinking/Kessler/Sprenger, § 3, Rn. 83ff. und § 4, Rn. 11ff; Schulz, 130ff; Soyka, 125ff; Staudinger/*R. M. Beckmann*, vor § 433, Stand 2014, Rn. 152ff; Ulmer/Brandner/Hensen/*H. Schmidt*, 1423f; v. Westphalen, Klauselwerke, Leasing, Rn. 97; v. Westphalen/*Woitkewitsch*, Kap L, Rn. 39ff; Wolf/Eckert/Ball, Rn. 1874ff.

325 Aufsätze und Anmerkungen: H. Beckmann, WuB I J 2. – 1.06; Cholstinina, NJ 2006, 318; Eckert, EWiR, § 475 1/05, 717f; Höpfner, ZBB 2006, 200ff; Lorenz, NJW 2007, 1ff; Moseschus, EWiR § 535, 1/06, 299f; Müller-Sarnowski, DAR 2007, 72ff;

doch es gab bereits vorher einige Autoren, die sich mit der Frage nach den Verbrauchsgüterkaufvorschriften im Zusammenhang mit Leasing beschäftigt haben.[326] Leider hat es der BGH in seinem Urteil unterlassen, auf diese Lösungsansätze einzugehen,[327] zumal einige dieser Autoren in geradezu hellseherischer Art die konkreten Probleme des Falls behandelt haben.[328] Es lässt sich wohl keine dieser Auffassungen als die herrschende Meinung ansehen. Es werden zahlreiche Lösungsansätze vertreten, wobei einige dem BGH zustimmen und einige nicht. Allerdings würde man der Komplexität der vorgebrachten Ansichten nicht gerecht, wenn man sie lediglich in zwei Kategorien – pro und contra BGH – einteilen würde. Vielmehr sind derart unterschiedliche Wege zur Lösung des Problems beschrieben worden, dass es schwerfällt, eine Einordnung vorzunehmen.[329] Diese soll daher auf argumentativer Basis vorgenommen werden.

Omlor, ZGS 2008, 220ff; Otting, SVR 2006, 175; Stoffels, LMK 2006, 170499ff; Tiedtke/Peterek, DB 2008, 335ff; v. Westphalen, ZIP 2006, 1653ff; v. Westphalen, DAR 2006, 620ff; v. Westphalen, BB 2008, 2ff; Woitkewitsch, VuR 2006, 440ff. Bücher und Kommentare: AnwK-BGB/*Reinking*, Anh. zu §§ 535–580a: Leasing, Rn. 64ff; Erhardt, 94ff; Martinek/Stoffels/Wimmer-Leonhardt/*Matusche-Beckmann*, § 52, Rn. 88ff; MüKo/*J. Koch*, Leasing, Rn. 68ff; MüKo/*Lorenz*, § 475, Rn. 30a; Oberfeuchtner, 143ff; Oxe, 97ff; Reinking/Kessler/Sprenger, § 3, Rn. 83 und § 4, Rn. 11ff; Schulz, 130ff; Soyka, 125ff; Staudinger/*R. M. Beckmann*, vor § 433, Rn. 152ff; Ulmer/Brandner/Hensen/*H. Schmidt*, Anh. § 310 BGB, Rn. 1423f; v. Westphalen/*Woitkewitsch*, Kap L, Rn. 39ff.

326 Aufsätze und Anmerkungen: Arnold, DStR 2002, 1049ff; Gebler/Müller, ZBB 2002, 107ff; Godefroid, BB 2003, Beilage 5, 2ff; Habersack, BB 2003, Beilage 6, 2ff; Jaggy, BB 2003, Beilage 5, 14ff; Müller-Sarnowski, DAR 2002, 485ff; Reinking, ZGS 2002, 229ff; ders. DAR 2002, 145, 146; Tiedtke/Möllmann, DB 2004, 583ff; Zahn, DB 2002, 985ff. Bücher und Kommentare: MüKo/Habersack, 4. Auflage, Leasing, Rn. 35ff; Oechsler, SchuldR-BT, Rn. 482; Reinicke/Tiedtke, Rn. 1736; Reinking/Eggert, Leasing, 9. Auflage 2005; Rn. 871ff; v. Westphalen, Klauselwerke, Leasing, Rn. 97; Wolf/Eckert/Ball, 9. Auflage 2004, Rn. 1813ff.

327 So auch H. Beckmann, WuB I J 2. – 1.06, 373, 374, der den vom BGH übersehenen oder ignorierten Streitstand im Schrifttum anschaulich aufführt; ebenso mit eingehender Analyse der Versäumnisse des BGH: Oberfeuchtner, 150ff.

328 vor allen: Reinking, ZGS 2002, 229ff. und Wolf/Eckert/Ball, 9. Auflage 2004, Rn. 1817f; allerdings auch schon von Müller-Sarnowski, DAR 2002, 485, 487 und Gebler/Müller, ZBB 2002, 107, 111 im Ansatz gesehen.

329 Einen guten Überblick über den Streitstand mit zahlreichen Einzelaspekten bietet nunmehr Staudinger/*R. M. Beckmann*, vor § 433, Rn. 152ff; Ausführlich zu den vorgebrachten Argumenten siehe Oberfeuchtner, 143ff.

1. Argument: Kenntnis des Lieferanten

Den meisten der BGH-Entscheidung widersprechenden Ansichten ist gemein, dass sie entweder den Ausschluss der Gewährleistung zwischen Lieferant und Leasinggeber als Umgehungsgeschäft gemäß § 475 I 2 BGB ansehen oder die leasingtypische Abtretungskonstruktion zwischen Leasinggeber und Leasingnehmer.[330] Nach ersterer Variante soll dies insbesondere dann der Fall sein, wenn der Lieferant wusste, dass es sich bei dem Leasingnehmer um einen Verbraucher handelt.[331] Hier wird also die Kenntnis des Lieferanten über die Verbrauchereigenschaft des Leasingnehmers zur Begründung eines Umgehungsgeschäfts herangezogen. Dies wird unter anderem damit begründet, dass *„‚eigentlich' der Leasingnehmer der Käufer“*[332] der Sache sei, zumindest bei wirtschaftlicher Betrachtungsweise.[333] Weiterhin wird auf die praxisnahe Anschaffungssituation abgestellt, welche insbesondere im Kfz-Bereich häufig vorkomme. Habe nämlich der Anschaffungsinteressent zunächst vor, ein Kfz zu kaufen, kann es aber aufgrund fehlender Liquidität nicht,[334] und bekomme er dann vonseiten des Lieferanten auf dessen Initiative hin ein Leasingangebot unterbreitet, läge der Tatbestand einer Umgehung vor.[335] Der Lieferant wisse spätestens bei Vorlage der zutreffenden Leasingunterlagen, ob es sich um einen Verbraucher oder einen Unternehmer handele; wenn er dies nicht schon bei dem vorangehenden Verkaufsgespräch erfahren hätte. So würden dem Lieferanten neben dem erzielten Absatz auch noch die Vorteile, wie z.B. eine Provision, aus dem Geschäft mit einem Unternehmer, nämlich dem Leasinggeber, zugute kommen.[336] Zumindest dieses absatzfördernde Leasing sei wegen der Kenntnis des Lieferanten von der

330 Ebenso MüKo/*J. Koch*, Leasing, Rn. 68f, der selbst allerdings eine andere Auffassung vertritt; v. Westphalen/*Woitkewitsch*, Kap. L, Rn. 67ff. mwN.

331 H. Beckmann, WuB I J 2. – 1.06, 374f; Höpfner, ZBB 2006, 200, 203; Müller-Sarnowski, DAR 2007, 72, 73f; Woitkewitsch, VuR 2006, 440; Martinek/Stoffels/Wimmer-Leonhardt/*Matusche-Beckmann*, § 52, Rn. 93; Oberfeuchtner, 168ff; Schulz, 142ff; Staudinger/*R. M. Beckmann*, vor § 433, Rn. 162; v. Westphalen/*Woitkewitsch*, Kap L, Rn. 39ff; Wolf/Eckert/Ball, Rn. 1879f; wohl auch: v. Westphalen, ZIP 2006, 1653, 1655.

332 Müller-Sarnowski, DAR 2007, 72, 74; Wolf/Eckert/Ball, Rn. 1879f.

333 Auf die vermeintliche Stellung des Leasingnehmers als ‚*Quasikäufer*' wird unten auf Seite 82f. noch vertieft eingegangen.

334 Oder hat der Verkäufer(assistent) den Interessenten gar durch geschickte Anpreisung ein höherwertiges Kfz schmackhaft gemacht, als dieser eigentlich zu kaufen bereit war.

335 Müller-Sarnowski, DAR 2007, 72, 74; Woitkewitsch, VuR 2006, 440f.

336 Woitkewitsch, VuR 2006, 440f; ebenso H. Beckmann, WuB I J 2. – 1.06, 373, 376.

Verbrauchereigenschaft des Leasingnehmers und dem Anstoß zum Abschluss des Leasingvertrages vonseiten des Lieferanten daher als Umgehungstatbestand einzuordnen.[337] Dies sei auch mit der BGH-Entscheidung vereinbar, da bei diesem Sachverhalt der Leasingnehmer aus eigenem Entschluss auf den Leasinggeber zugegangen sei und der Lieferant gerade nicht auf ihn eingewirkt habe.[338]

Diesem Abstellen auf die Kenntnis des Lieferanten wird jedoch der Vorwurf der Systemwidrigkeit entgegengehalten.[339] Die Schutzwürdigkeit des Verbrauchers hänge nicht vom Kennen oder Kennenmüssen des Lieferanten ab, sondern sei vielmehr objektiv zu bestimmen. Auch der Verbrauchsgüterkaufrichtlinie sei nichts anderes zu entnehmen. Allerdings entschärft sich dieser Einwand selbst, indem er dem Lieferanten, bei unterstellter Kenntnis über die Verwendung der Sache als Leasinggut, eine Pflicht zur Erkundigung (beim Leasinggeber) über die Eigenschaft des Leasingnehmers als Verbraucher aufbürdet. Dann sei ein subjektives Element beim Lieferanten nicht erforderlich.[340]

2. Argument: Leasingnehmer als Subjekt des Anwendungsbereichs der Verbrauchsgüterkaufvorschriften

Mit einem „*subjektiven Element*" versucht auch eine andere Ansicht dem Urteil des BGH zu begegnen.[341] Dabei wird allerdings nicht auf die Kenntnis des Lieferanten abgestellt, sondern darauf, auf wen bei der Beurteilung der individuellen Voraussetzungen im Leasingdreieck Bezug genommen werden muss. In einem Sachverhalt, wie ihn der BGH zu entscheiden hatte, sei der Leasingnehmer Verhandlungsgehilfe des Leasinggebers. Er handle alle wesentlichen Punkte über die vom Lieferanten zu erbringende Leistung mit diesem aus, um sie anschließend dem Leasinggeber in Form eines unterschriftsreifen Liefervertrages vorzulegen. Art und Umfang der vom Lieferanten zu erbringenden Leistung ergäben sich

---

337 Höpfner, ZBB 2006, 200, 203; Woitkewitsch, VuR 2006, 440f; ohne den Bezug auf die Absatzförderung auch: Müller-Sarnowski, DAR 2007, 72, 74.

338 Woitkewitsch, VuR 2006, 440, 441. Jedoch ist Woitkewitsch für eine differenzierte Betrachtung. Liegt der Fall so wie in der BGH-Entscheidung, nämlich dass der Leasingnehmer sich direkt an den Leasinggeber wendet, ist auch Woitkewitsch gegen die Annahme eines Umgehungsgeschäfts. Der Lieferant könne dann nicht wissen, ob der Leasinggeber die Sache für einen Verbraucher oder einen Unternehmer beschafft. Ein Umgehungsgeschäft sei dann fern liegend.

339 Omlor, ZGS 2008, 220, 225f.

340 Omlor, ZGS 2008, 220, 226.

341 H. Beckmann, WuB I J 2. – 1.06; Martinek/Stoffels/Wimmer-Leonhardt/*Matusche-Beckmann*, § 52, Rn. 93; ähnlich auch Höpfner, ZBB 2006, 200, 203f.

demnach aus der Sphäre des Leasingnehmers. Daher sei auch bei der Beurteilung dieses Liefervertrages, ob ein Verbrauchergeschäft vorliegt oder nicht, auf den Leasingnehmer abzustellen. Insbesondere in Bezug auf die AGB des Liefervertrages sei dies zu beachten. Die Interessenlage der am Leasingdreieck Beteiligten, der Grundsatz von Treu und Glauben und die Verkehrssitte sowie der Vertragszweck ergäben, dass vorrangig auf den Leasingnehmer abzustellen sei. Dies resultiere aus den Besonderheiten des Leasingdreiecks, die der BGH in seiner Entscheidung nicht ausreichend berücksichtige und lediglich auf die formale Stellung des Leasinggebers als Käufer abstelle. Das „*subjektive Element*" liege hier beim Leasingnehmer.[342]

Dem wird allerdings entgegengehalten, dass es einen Grundsatz, wonach auf die Person des materiellen Geschäftsherrn abzustellen sei, nicht gebe und dieses Vorgehen insbesondere dann versage, wenn der Lieferant keine Kenntnis von der Verbraucherstellung des Leasingnehmers habe.[343]

3. Argument: Effektiver Verbraucherschutz

Andere Autoren nehmen ein Umgehungsgeschäft an, weil dem Postulat des effektiven Verbraucherschutzes sonst nicht genüge getan würde.[344] Käufer und Leasingnehmer seien gleich schutzwürdig,[345] was sich sowohl aus der Verbrauchsgüterkaufrichtlinie[346] als auch aus der Intention des Gesetzgebers[347] ergeben würde. Nur durch die uneingeschränkte Anwendung der verbraucherschützenden Normen aus dem Kaufrecht könne der Leasingnehmer so geschützt werden, wie es seine Stellung als Verbraucher gebiete. Der vom BGH zu entscheidende Fall sei in dieser Hinsicht beispielhaft. Ein Verbraucher, der einen Kaufvertrag über ein Kfz aus wirtschaftlichen Gründen nicht abschließe, könne sich die Nutzung einer Sache durch Leasing ermöglichen. Über die Tatsache, ob er dabei unter die mietrechtliche oder die kaufrechtliche Gewährleistung falle, würde sich der durchschnittliche Verbraucher keine Gedanken machen.[348] Gerade dies sei aber ein Umstand, der den Verbraucher schützenswert mache. Der Verbraucher habe

---

342 H. Beckmann, WuB I J 2. – 1.06, 373, 374f.

343 Oberfeuchtner, 157ff.

344 Schulz, 136; Martinek/Stoffels/Wimmer-Leonhardt/*Matusche-Beckmann*, § 52, Rn. 93; Staudinger/*Stoffels*, Leasing, Rn. 225.

345 Reinking/Eggert, 9. Auflage 2005, Rn. 864.

346 Martinek/Stoffels/Wimmer-Leonhardt/*Matusche-Beckmann*, § 52, Rn. 93; Stoffels, LMK 2006, 170499.

347 Reinking/Kessler/Sprenger, § 4, Rn. 18.

348 Vgl. Martinek/Stoffels/Wimmer-Leonhardt/*Matusche-Beckmann*, § 52, Rn. 93.

auf die Vertragsgestaltung des Liefervertrages schließlich keinen Einfluss und erwarte daher, dass er bei einem Leasingvertrag hinsichtlich der Sachmangelansprüche nicht schlechter gestellt werde, als er bei einem Kaufvertrag stünde.[349] Dies berechtige überdies zur analogen Anwendung der §§ 474ff. BGB.[350] Da die §§ 474ff. BGB keinesfalls direkt Anwendung finden könnten,[351] ein Umgehungsgeschäft aber regelmäßig am fehlenden Umgehungszweck scheitern würde,[352] komme eine analoge Anwendung in Betracht. Sachverhalt und Interessenlage seien vergleichbar und eine Regelungslücke liege wegen fehlender Kodifizierung des Leasings ebenfalls vor.[353]

Dagegen wird jedoch angeführt, dass gerade die Verbrauchsgüterkaufrichtlinie eben nur den Schutz des Käufers zum Gegenstand habe.[354] Art. 1, IV der Verbrauchsgüterkaufrichtlinie betreffe nur Lieferung und damit auf Eigentumsübertragung gerichtete Verträge, worum es sich beim Leasing gerade nicht handele. Daher könne sich aus dem der Richtlinie entnommenen Verbraucherschutz keine generelle Wertung in Bezug auf Leasing ergeben. Dies gelte erst recht, wenn man berücksichtige, dass der Leasingnehmer eben Leasingnehmer und kein Käufer sei.[355] Die Rechtsposition eines Leasingnehmers gleiche eher der eines Mieters, denn der eines Käufers.[356] Außerdem würde durch die Verbrauchsgüterkaufvorschriften die Privatautonomie bereits sehr eingeschränkt. Würde man in dem vom BGH entschiedenen Fall auch noch zu einer Anwendung dieser Vorschriften kommen, hätte man sie mittelbar auf den unternehmerischen Rechtsverkehr ausgedehnt.[357] Wegen der subsidiären mietrechtlichen Haftung des Leasinggebers im Falle der Leerabtretung werde bei einer Anwendung der verbraucherschützenden Normen auch nicht der Verbraucher, sondern zuvorderst der Leasinggeber geschützt. Dieser falle aber als Unternehmer nicht in den

349 Müller-Sarnowski, DAR 2002, 485, 488; die zudem bereits an dieser Stelle feststellt, dass eine verbraucherunfreundliche Entwicklung des Problems zum Verschwinden des Privatleasings (jedenfalls im Kfz-Bereich) führen könnte.

350 Schulz, 136.

351 Schulz, 71.

352 Schulz, 135.

353 Schulz, 135ff.

354 Oberfeuchtner, 161f; MüKo/*J. Koch*, Leasing, Rn. 68; MüKo/*Habersack*, 4. Auflage, Leasing, Rn. 39.

355 Gebler/Müller, ZBB 2002, 107, 111; MüKo/*J. Koch*, Leasing, Rn. 68; Otting, SVR 2006, 175, 176; Oxe, Reinicke/Tiedtke, Rn. 1736; Tiedtke/Peterek, DB 2008, 335.

356 Gebler/Müller, ZBB 2002, 107, 111; Otting, SVR 2006, 175, 176; Reinicke/Tiedtke, Rn. 1699.

357 Lorenz, NJW 2007, 1, 8.

Schutzbereich der Verbrauchsgüterkaufvorschriften.[358] Durch die Haftung des Lieferanten über § 475 I 2 BGB könne der Verbraucherschutz nicht hergestellt werden. Vielmehr handele es sich hierbei um eine Risikoverteilung zwischen Leasinggeber und Lieferant.[359]

4. Argument: Geschäftsbesorgungsansatz

Ein sehr grundlegender Ansatzpunkt, der in einem Fall wie dem hier behandelten für eine Anwendung der §§ 474ff. BGB spricht, geht auf die Frage nach der Rechtsnatur für Leasing zurück.[360] Danach liege dem Leasing ein typengemischter Vertrag aus Kredit- und Geschäftsbesorgungsvertrag zugrunde. Diese Auffassung zur Rechtsnatur des Leasings wurde von *Canaris* begründet und oben ausführlich dargestellt.[361] Der Leasinggeber fungiere danach lediglich als Einkaufskommissionär für den Leasingnehmer. Werde aber etwas auf fremde Rechnung angeschafft, müsse nicht auf den formalen Vertragspartner abgestellt werden, sondern auf den materiellen Geschäftsherrn. Dies sei in vorliegendem Fall der Leasingnehmer. Die Frage nach dem persönlichen Anwendungsbereich der Verbrauchsgüterkaufvorschriften richte sich daher – jedenfalls dann, wenn der Lieferant um die Verbrauchereigenschaften des Leasingnehmers wisse – nicht an den Leasinggeber als Unternehmer, sondern an den Leasingnehmer als Verbraucher.[362] Bereits im Hinblick auf § 11 Nr. 7 AGBG a. F. sei der Gewährleistungsausschluss als Gesetzesumgehung angesehen und eine analoge Anwendung der umgehungsbedrohten Normen vorgeschlagen worden. Dieses Prinzip sei heute durch § 475 I 2 BGB ausdrücklich anerkannt. Daher habe der Leasingnehmer auch dann einen Anspruch gegen den Lieferanten, wenn dieser die Gewährleistung gegenüber dem Leasinggeber ausgeschlossen hat.[363] Darüber

---

358 MüKo/*J. Koch*, Leasing, Rn. 68; allerdings ist nach MüKo/*J. Koch*, Leasing, Rn. 68, 72 der Gewährleistungsausschluss zwischen Lieferant und Leasinggeber wegen der AGB-rechtlichen Deckungslücke nach §§ 307, 138 BGB unwirksam, wenn der Lieferant wissentlich das Scheitern der geplanten Abtretungskonstruktion in Kauf nimmt.

359 Oxe, 100f.

360 Wohl zuerst: Höpfner, ZBB 2006, 200ff, der sich allerdings sehr stark an der Meinung von *Canaris* in Canaris, Bankvertragsrecht, Rn. 1718ff. und insbesondere Rn. 1766 orientiert; Siehe hierzu auch die vertiefenden Ausführungen unten: Seite 152ff.

361 Siehe oben: Seite 33ff.

362 Höpfner, ZBB 2006, 200, 203f; Martinek/Stoffels/Wimmer-Leonhardt/*Matusche-Beckmann*, § 52, Rn. 93.

363 Höpfner, ZBB 2006, 200, 203f; Martinek/Stoffels/Wimmer-Leonhardt/*Matusche-Beckmann*, § 52, Rn. 93; *Höpfner* beton hier eingehend die Tatsche, dass die durch

hinaus könne auf diesem Weg das Insolvenzrisiko sachgerecht verteilt werden. Im Rahmen eines reinen Finanzierungsleasingvertrages, also keinem Fall von Herstellerleasing, bestimme allein der Leasingnehmer die Vertragskonditionen des Liefervertrages; inklusive der Person des Lieferanten. Dem Leasinggeber komme aus wirtschaftlicher Sicht nur eine Finanzierungsfunktion zu. Es sei daher unbillig dem Leasinggeber das Insolvenzrisiko des Lieferanten aufzubürden, wo doch der Leasingnehmer sich diesen ausgesucht habe. Auch deswegen müsse der Leasingnehmer einen direkten, über § 475 I 2 BGB hergeleiteten Anspruch gegen den Lieferanten haben.[364]

Gegen diese Auffassung werden natürlich in erster Linie Bedenken gegen die Rechtsnatur des Leasings vorgebracht, welche im Mietrecht zu verorten sei.[365] Die auf dem Geschäftsbesorgungsansatz fußende Auffassung nähert sich dem hier aufgeworfenen Problem aber mittels eines umfassenden Lösungsansatzes. Daher ist es angezeigt, hierauf weiter unten noch vertieft einzugehen.[366]

5. Argument: sui generis-Ansatz

Ähnlich grundsätzlich wird von einigen Autoren, die die Rechtsgrundlage von Leasing in einem Vertrag sui generis[367] sehen, die Anwendbarkeit der §§ 474ff. BGB direkt gegenüber dem Lieferanten begründet.[368] Dabei wird zunächst eine Pflicht des Leasinggebers statuiert, dem Leasingnehmer die Rechte aus §§ 474ff. BGB zu verschaffen.[369] Auf der Rechtsfolgenseite führe eine Leerabtretung des Leasinggebers allerdings nicht zu einer gewährleistungsrechtlichen Haftung desselben, sondern wegen § 475 I 2 BGB nur zu einem direkten Anspruch gegen den Lieferanten.[370] Die Parteien hätten durch die Vertragsgestaltung deutlich

---

die BGH-Entscheidung herbeigeführte mietrechtliche Haftung des Leasinggebers eine erhebliche Verschärfung der Haftung des Lieferanten im Vergleich mit der sonst einschlägigen kaufrechtlichen Haftung darstellen würde. Im Gegenzug würde der Leasingnehmer eine sachlich nicht begründete Besserstellung erfahren.

364 Höpfner, ZBB 2006, 200, 204.

365 Vgl. nur: Breitfeld, FLF 2003, 215, 216; Gebler/Müller, ZBB 2002, 107, 111; MüKo/*J. Koch*, Leasing, Rn. 68; Otting, SVR 2006, 175, 176.

366 Siehe unten: Seite 152ff.

367 Siehe zu dem sui generis Ansatz als Rechtsgrundlage für Leasing oben: Seite 29f.

368 Omlor, ZGS 2008, 220ff; Stagl, ZIP 2009, 846ff; Staudinger/*Stoffels*, Leasing, Rn. 225ff; Siehe hierzu ausführlich auch unten: Seite 145ff.

369 Omlor, ZGS 2008, 220, 224.

370 Allerdings will hier *Stoffels* in Staudinger/*Stoffels*, Leasing, Rn. 225c dem Leasingnehmer trotz Anwendung der §§ 474ff. BGB die Nacherfüllung auf Nachbesserung

gemacht, dass eine Haftung des Leasinggebers, auch subsidiär, ausgeschlossen sein soll. Handele es sich demnach bei Finanzierungsleasing um einen Vertrag sui generis, könne sich der Leasingnehmer direkt an den Lieferanten halten.[371] Die sich daraus ergebende Verknüpfung zwischen Leasing- und Liefervertrag sei eine wirtschaftliche und rechtliche Einheit,[372] sodass sich der Lieferant nach der Stellung des Leasingnehmers richten müsse.[373] Eine isolierte Betrachtung der beiden Verträge, wie sie z. B. der BGH in seinem Urteil vornimmt, entspräche weder dem Wesen des Finanzierungsleasings, noch den Interessen der Parteien.[374] Im Vordergrund dieses Ansatzes steht vor allem die Vermeidung der Haftung des Leasinggebers als eine dem Leasing fremde Verteilung der Haftungsrisiken. Dies wird zum Teil mit einem Verweis auf den Händlerregress nach §§ 478f. BGB begründet.[375] Daraus ergäbe sich die Wertung des Gesetzgebers, den Lieferanten als denjenigen, der letztlich für den Mangel verantwortlich ist, heranzuziehen. Um den Umweg ‚über das Eck' zu vermeiden, soll dem Leasingnehmer daher auch ein direkter Anspruch gegen den Lieferanten zustehen.[376] Dieser wird unter Abkehr vom Grundsatz der Relativität der Schuldverhältnisse etwas unscharf mit einem, dem Leasing eigenen, Anspruch gegen den Lieferanten und letztlich mit einer analogen Anwendung des § 475 I 2 BGB begründet.[377]

---

beschränken. Das wird von *Woitkewitsch* in v. Westphalen/*Woitkewitsch*, Kap. L, Rn. 103f. zu Recht als „*inkonsequent und dogmatisch nicht haltbar*" angesehen. Auch Reinking/Kessler/Sprenger, §4, Rn. 19 und v. Westphalen, DAR 2006, 620, 624 stellen fest, dass eine Beschränkung des Nacherfüllungsanspruchs bei gleichzeitiger Anwendung der Verbrauchsgüterkaufvorschriften nicht in Frage kommt.

371 Omlor, ZGS 2008, 220, 225; Stagl, ZIP 2009, 846, 847ff; Staudinger/*Stoffels*, Leasing, Rn. 226.

372 H. Beckmann, WuB I J 2. – 1.06, 373, 374.

373 H. Beckmann, WuB I J 2. – 1.06, 373, 375.

374 H. Beckmann, WuB I J 2. – 1.06; Omlor, ZGS 2008, 220ff; Osterloh, jurisPR-BGH-ZivilR 6/2006, Anm. 2; Stagl, ZIP 2009, 846ff; Staudinger/*Stoffels*, Leasing, Rn. 225ff; ders. in: Stoffels, LMK 2006, 170499.

375 Stagl, ZIP 2009, 846, 849.

376 Stagl, ZIP 2009, 846, 850; wobei die Auffassung von *Stagl* überwiegend auf Wertungen beruht und in Bezug auf die dogmatische Herleitung zwar einige Versuche unternimmt, diese Einordnung zu rechtfertigen, aber letztlich doch – teilweise erhebliche – Lücken und Widersprüche aufweist. Siehe hierzu auch die Erwiderung von Oberfeuchtner, 172ff. Zuzugeben ist, dass *Stagl* sich dessen bewusst ist (S. 853) und sein Ansatz weitergehend eine völlige Neuausrichtung des Leasings abseits der Abtretungskonstruktion als Vertrag sui generis postuliert.

377 Stagl, ZIP 2009, 846, 850ff. und 852.

Auch diesem Ansatz kann die Ansicht einiger Autoren entgegengehalten werden, dass Finanzierungsleasing in erster Linie eine mietrechtliche Rechtsgrundlage habe.[378] Ebenso ist den viel beschworenen ‚Interessen der Parteien', die nur bei Anwendung der §§ 474ff. BGB gewahrt wären, mit einer anderen Sichtweise der Interessenlage begegnet worden. Es würde sich nämlich gerade in der im Mietrecht nicht vorhandenen Pflicht zur Nachlieferung zeigen, dass eine Anwendung der §§ 474ff. BGB eben nicht den Interessen der Parteien entspreche. Würde man die §§ 474ff. BGB anwenden, wäre auch die Nachlieferungspflicht des Lieferanten nach §§ 437 Nr. 1, 439 BGB davon erfasst.[379] Aber auch ein Mieter, mit dem der Leasingnehmer verglichen werden müsse, könne wegen einer mangelhaften Sache nur die Nachbesserung verlangen, nicht aber, dass der Vermieter ihm eine andere, gebrauchstauglichere Sache zur Verfügung stelle.[380] Darüber hinaus störe vor allem der bei Nachlieferung nach §§ 439 IV, 346 II Nr. 1 BGB anfallende Nutzungsersatz.[381] Gemäß § 439 I BGB hat nämlich der Käufer – durch die Abtretung der Gewährleistungsrechte: der Leasingnehmer – das Wahlrecht zwischen Nachlieferung und Nachbesserung. Er könne demnach schon bei kleineren Mängeln, in den Schranken des § 439 III BGB, Nachlieferung verlangen. Da der Leasingnehmer nach dieser Auffassung in der Phase der Nacherfüllung kein Leistungsverweigerungsrecht in Bezug auf seine Leasingraten habe, müsse der Leasinggeber für die Nutzungsentschädigung aufkommen.[382] Dies würde allerdings seine Vollamortisation gefährden, was letzten Endes das Erreichen des Vertragszwecks infrage stellen würde.[383] Demnach könne es auch nicht in der Natur des Leasingvertrages liegen, geschweige denn dem Interesse aller Parteien entsprechen, wenn die §§ 474ff. BGB vollumfänglich angewendet würden.

Dieser Sichtweise wurde jedoch durch die Entwicklung der Rechtsprechung und aufgrund von Gesetzesänderungen ein Stück weit der Boden entzogen. Es hat sich nämlich seit der Einführung des neuen Schuldrechts immer mehr die Überzeugung durchgesetzt, dass die Nacherfüllung vonseiten des Verkäufers

378 Vgl. nur: Gebler/Müller, ZBB 2002, 107, 111; MüKo/*J. Koch*, Leasing, Rn. 68; Otting, SVR 2006, 175, 176; Reinking/Kessler/Sprenger, § 3, Rn. 90; Zahn, DB 2002, 985, 991.

379 MüKo/*J. Koch*, Leasing, Rn. 69.

380 Reinicke/Tiedtke, Rn. 1699.

381 Habersack, BB 2003, Beilage 6, 2, 6; ders. in: MüKo/*Habersack*, 4. Auflage, Leasing, Rn. 40; MüKo/*J. Koch*, Leasing, Rn. 69.

382 Zahn, DB 2002, 985, 987 und 991.

383 Habersack, BB 2003, Beilage 6, 2, 6; ders. in: MüKo/ *Habersack*, 4. Auflage, Leasing, Rn. 41; MüKo/*J. Koch*, Leasing, Rn. 69; Zahn, DB 2002, 985, 987.

bei einem Verbrauchsgüterkauf ohne Nutzungsersatz erfolgen muss,[384] was schließlich auch – nach einem Urteil des EuGH – mit § 474 V 1 BGB zu einer entsprechenden Gesetzesänderung geführt hat. Nach *Omlor* scheide eine Vertragszweckgefährdung daher aus und könne auch nicht mehr als Argument gegen eine Anwendung der §§ 474ff. BGB bei dem hier behandelten Problem angeführt werden.[385]

Ein weiteres, gerade gegen die einheitliche Betrachtung von Leasing- und Liefervertrag vorgebrachtes Argument, ist die strikte rechtliche Trennung der beiden Rechtsverhältnisse[386] – die im Übrigen auch der BGH in der betreffenden Entscheidung verfolgt hat. Dadurch wäre der Leasingnehmer nicht rechtlos gestellt und könne gegen seinen Vertragspartner, also den Leasinggeber vorgehen, wohingegen sich dieser an den Lieferanten halten müsse. [387]

Ungeachtet dieser Kritik bietet auch dieses Vorgehen über die sui generis-Theorie nicht nur vereinzelte Argumente, sondern einen in sich geschlossenen Lösungsansatz. Er verdient daher, wie auch das Vorgehen über den Geschäftsbesorgungsansatz, im weiteren Verlauf dieser Arbeit noch eine vertiefendere Befassung.[388]

6. Argument: Ungleichwertige Gewährleistungsrechte

In der Literatur wird darüber hinaus argumentiert, die dem Leasingnehmer vom BGH gewährte, mietrechtliche Gewährleistung sei im Vergleich zur kaufrechtlichen nicht gleichwertig, und dem Leasingnehmer müssten deswegen die Rechte nach §§ 474ff. BGB zugestanden werden.[389] Hier wird vor allem die Beweislastumkehr des § 476 BGB angeführt. Eine solche sei dem Mietrecht fremd und

384 Vgl. nur: BGH, NJW 2006, 3200, 3203; OLG Nürnberg NJW 2005, 3000f; Palandt/*Weidenkaff*, 68. Auflage 2009; § 439, Rn. 25; MüKo/*Lorenz*, 5. Auflage, vor § 474, Rn. 19 und nach Umsetzung ebenda in der 6. Auflage; Bruns, NZV 2006, 640ff; Gsell, JuS 2006, 203ff.

385 Omlor, ZGS 2008, 220, 222.

386 Cholstinina, NJ 2006, 318; Lorenz, NJW 2007, 1, 8; Moseschus, EWiR § 535, 1/06, 299, 300.

387 Cholstinina, NJ 2006, 318; Lorenz, NJW 2007, 1, 8; Moseschus, EWiR § 535, 1/06, 299, 300.

388 Siehe hierzu unten: Seite 141ff.

389 Müller-Sarnowski, DAR 2007, 72, 73; Stagl, ZIP 2009, 846, 847; Martinek/Stoffels/Wimmer-Leonhardt/*Matusche-Beckmann*, § 52, Rn. 93.

ein Verweigern derselben würde den Leasingnehmer benachteiligen.[390] Ebenso wird auf die nach Kaufrecht vorhandene Möglichkeit des Rücktritts verwiesen, wohingegen dem Mieter nur ein Kündigungsrecht zustünde. Dabei sei vor allem die ex tunc Wirkung des Rücktritts entscheidend. Durch diesen müsse der Leasingnehmer lediglich die durch die Rückabwicklung anfallende Nutzungsentschädigung leisten, wohingegen er bei einer Kündigung nach Mietrecht, die für die Zukunft wirkt, bis zum Zeitpunkt der Kündigung die wesentlich höheren Leasingraten zu zahlen hätte.[391] Dabei müsse auch berücksichtigt werden, dass der Leasingnehmer die Leasingsache bei einem Mangel derselben nicht nutzen könne, aber trotzdem die Leasingrate zu zahlen habe.

Zum selben Ergebnis kommen die Vertreter der Ansicht, wonach bereits das Ersetzen der mietrechtlichen durch eine kaufrechtliche Gewährleistung im Rahmen der Abtretungskonstruktion den Leasingnehmer benachteilige.[392] Daher müsse zumindest diese kaufrechtliche Gewährleistung vollumfänglich gewährt werden. Dabei gelte bei Verbrauchern der Umfang der §§ 474ff. BGB. Nur so könne, gemessen am Maßstab des Mietrechts, eine Verschlechterung der Stellung des Leasingnehmers vermieden werden.[393] Dem wird natürlich entgegengehalten, dass dies eben der Preis ist, den der Leasingnehmer für die Wahl des Leasings anstatt des Kaufs zu zahlen hat.[394] So erhält er zum Beispiel einen Liquiditätsvorteil.

Aus umgekehrter Sichtweise zum selben Ergebnis kommt eine Meinung, die in der dem Leasingnehmer vom BGH gewährten mietrechtlichen Gewährleistung gegenüber dem Leasinggeber eine ungerechtfertigte Besserstellung des Leasingnehmers sieht.[395] Würde nämlich der Leasingnehmer direkt vom Lieferanten kaufen, anstatt zu leasen, würden ihm als Verbraucher nur die Rechte nach §§ 474ff. BGB zustehen. Durch die vom BGH praktizierte Lösung komme der Leasingnehmer aber in den Genuss der wesentlich besseren mietrechtlichen Gewährleistung, was insbesondere gegenüber dem dann verschärft haftenden Leasinggeber ungerechtfertigt sei. Somit stelle die Lösung des BGH eine Verkennung der

---

390 Martinek/Stoffels/Wimmer-Leonhardt/*Matusche-Beckmann*, § 52, Rn. 93; Müller-Sarnowski, DAR 2007, 72, 73.

391 Müller-Sarnowski, DAR 2007, 72, 73.

392 Reinking/Eggert, Leasing, Rn. L169.

393 Müller-Sarnowski, DAR 2007, 72, 73; Reinking/Eggert, Leasing, Rn. L169.

394 Arnold, DStR 2002, 1049, 1052; Cholstinina, NJ 2006, 318; MüKo/*Lorenz*, § 475, Rn. 30a; Siehe hierzu auch unten: Seite 87f.

395 Höpfner, ZBB 2006, 200, 202; wohl auch Oberfeuchtner, 174ff.

Interessenlage zulasten des Leasinggebers dar.[396] Der Leasinggeber dürfe daher jedenfalls nur nach dem kaufrechtlichen Gewährleistungsregime haften.[397] Zudem könne der Lieferant so durch eine im Verhältnis zum Leasingnehmer unwirksame Einschränkung der Gewährleistungsrechte seine Haftung auf den Leasinggeber überwälzen.[398]

Dem Argument, wonach die mietrechtliche Gewährleistung im Vergleich mit der kaufrechtlichen für den Leasingnehmer nachteilig sei, wird natürlich – im Einklang mit dem BGH – entgegengehalten, dass die Gewährleistung nach Mietrecht für den Leasingnehmer eher vorteilhaft sei.[399] Die Gewährleistung des Verkäufers beschränke sich schließlich auf die Mangelfreiheit der Sache bei Gefahrübergang, wohingegen der Vermieter über die gesamte Vertragslaufzeit für Mängel einstehen müsse.[400] Dies würde selbst über die Beweislastumkehr für Verbrauchsgüterkäufe nach § 476 BGB hinausgehen und das Fehlen einer solchen Beweislastumkehr daher ausgleichen.

Im Zusammenhang mit der Frage, welches das für den Leasingnehmer vorteilhaftere Gewährleistungsregime sei, Miet- oder Kaufrecht, ist nach einer differenzierenden Ansicht, die auf dem sui generis-Ansatz als Rechtsgrundlage für Leasing beruht, nach den für den Leasingnehmer erforderlichen Rechtspositionen zu unterscheiden. Werden dem Leasingnehmer nicht die erforderlichen Rechtspositionen verschafft, scheitere die Abtretungskonstruktion an der AGB-rechtlichen Inhaltskontrolle und der Leasinggeber sei zur Haftung verpflichtet. Dabei richteten sich die zu verschaffenden, erforderlichen Rechtspositionen nach einer Vielzahl von Einzelrechten, unabhängig von einem konkreten Gewährleistungsregime.[401] Dieser Ansatz verneint gleichzeitig die Anwendung des § 475 I 2 BGB[402] und kommt je nach Einzelfall zu einer – wohl gesamtschuldnerischen – Haftung des Lieferanten nach c.i.c.[403]

---

396 Höpfner, ZBB 2006, 200, 202.

397 Oberfeuchtner, 176.

398 Oberfeuchtner, 175f.

399 Vgl. nur: Moseschus, EWiR § 535, 1/06, 299, 300; MüKo/*J. Koch*, Leasing, Rn. 68; Tiedtke/Peterek, DB 2008, 335.

400 Tiedtke/Peterek, DB 2008, 335.

401 Vgl. ausführlich Oxe, 111ff.

402 Oxe, 97ff.

403 Oxe, 154ff.

7. Argument: Finanzierungsleasing sei eigentlich Kauf

Vielfach wird darauf hingewiesen, der Leasingnehmer sei „*eigentlich*" ein Käufer und der Lieferant tätige „*eigentlich*" einen Verbrauchsgüterkauf.[404] Der Leasinggeber sei nur zu Finanzierungszwecken eingeschaltet worden.[405] Insbesondere eine wirtschaftliche Betrachtungsweise lege dies nahe.[406] Darüber hinaus führe die Wirkung der Abtretungskonstruktion dazu, dass der Leasingnehmer wie ein Käufer anzusehen sei.[407] Wenn der Leasingnehmer wie ein Käufer gestellt werden solle, dann müssten ihm auch die Rechte nach §§ 474ff. BGB eingeräumt werden.[408] Andernfalls käme der Lieferant, der unter Umständen sonst keinen Absatzerfolg erzielen würde, unverdient in den Genuss des für ihn sehr viel vorteilhafteren Unternehmergeschäfts.[409] Denn dann wäre der Lieferant, obschon Verursacher des Mangels – jedenfalls in Bezug auf die Parteien im Leasingdreieck – von der Gewährleistung befreit.[410] Gerade wenn der Lieferant es auf den Absatz anlege und Leasing als Mittel dazu verwende, könne ein Umgehungstatbestand nach § 475 I 2 BGB vorliegen.[411] Dies gelte vor allem deswegen, weil bei absatzförderndem Leasing der Leasingnehmer in der Praxis nur einen sehr kleinen Spielraum habe, um bei der Vertragsgestaltung mitzuwirken.[412] Auch der BGH betone in seiner Rechtsprechung zum Leasing oft,[413] dass eine Angleichung der Stellung des Leasingnehmers an die eines Käufers geboten erscheine.[414]

Neben dem Einwand, der Leasingnehmer sei eher Mieter als Käufer,[415] wird dagegen vor allem vorgebracht, dass er schließlich freiwillig das Institut des

---

404 H. Beckmann, WuB I J 2. – 1.06, 373, 376; Müller-Sarnowski, DAR 2007, 72, 74; v. Westphalen, ZIP 2006, 1653, 1655; Schulz, 95ff. und 120ff; Staudinger/*R. M. Beckmann*, vor § 433, Rn. 164; Wolf/Eckert/Ball, Rn. 1879f.

405 Wolf/Eckert/Ball, Rn. 1879f.

406 Wolf/Eckert/Ball, Rn. 1879f.

407 Schulz, 95ff.

408 v. Westphalen, Klauselwerke, Leasing, Rn. 97.

409 H. Beckmann, WuB I J 2. – 1.06, 373, 376; Wolf/Eckert/Ball, Rn. 1879f.

410 Lammel, jurisPR-MietR, 7/2006, Anm. 6.

411 v. Westphalen/*Woitkewitsch*, Kap. L, Rn. 79ff.

412 Höpfner, ZBB 2006, 200, 202.

413 BGH WM 1977, 473; BGH NJW 1989, 1279; BGH NJW 1990, 1785, 1788.

414 H. Beckmann, WuB I J 2. – 1.06, 373, 374; Omlor, ZGS 2008, 220, 223; v. Westphalen, ZIP 2006, 1653, 1655.

415 Gebler/Müller, ZBB 2002, 107, 111; MüKo/*J. Koch*, Leasing, Rn. 68; Reinicke/Tiedtke, Rn. 1699; Tiedtke/Peterek, DB 2008, 335.

Leasings gewählt habe.[416] Er hätte sich auch für einen finanzierten Teilzahlungskauf oder ein ähnliches Erwerbsgeschäft entscheiden können.[417] Wer sich den Erwerb einer Sache nicht leisten könne und sich deswegen für Leasing entscheide, müsse auch die vermeintlichen Nachteile dulden.[418] Auch eine wirtschaftliche Betrachtungsweise komme hier zu keinem anderen Ergebnis. Denn sowohl Nutzen als auch Risiken trage letzten Endes der Leasinggeber, wobei insbesondere das Risiko der Liquidität des Leasingnehmers bei ihm liege.[419] Außerdem müsse berücksichtigt werden, dass bei der Abtretungskonstruktion die mietrechtliche Gewährleistung des Leasinggebers ausgeschlossen und durch eine kaufrechtliche ersetzt werde. Demnach sei nicht Kaufrecht der Maßstab, an dem sich die abgetretenen Gewährleistungsrechte in Bezug auf § 307 BGB messen lassen müssten, sondern das Mietrecht. Der Leasingnehmer sei daher nicht mit einem Käufer, sondern mit einem Mieter gleichzustellen, und die §§ 474ff. BGB kämen nicht zur Anwendung.[420] Außerdem liege einem Leasinggeschäft eben keine Eigentumsverschaffung zugrunde, was ebenfalls gegen eine Stellung des Leasingnehmers als „*Quasi-Käufer*" spreche.[421]

8. Argument: Eintrittsmodell

Einige Autoren versuchen die Kontroverse über die Anwendbarkeit der Verbrauchsgüterkaufvorschriften dadurch zu lösen, dass sie Art und Weise des Vertragsschlusses vergleichen.[422] Dabei werden drei grundsätzliche Modelle unterschieden: Zunächst das sogenannte Vorverhandlungsmodell,[423] das Eintrittsmodell[424] und die Eigenbeschaffung durch den Leasingnehmer.[425] Nach

416 Arnold, DStR 2002, 1049, 1052; Cholstinina, NJ 2006, 318; MüKo/*Lorenz*, § 475, Rn. 30a.

417 Arnold, DStR 2002, 1049, 1052; MüKo/*Lorenz*, § 475, Rn. 30a; Oechsler, SchuldR-BT, Rn. 482.

418 Tiedtke/Peterek, DB 2008, 335.

419 Cholstinina, NJ 2006, 318; MüKo/*J. Koch*, Leasing, Rn. 68; Oxe, 98f.

420 Gebler/Müller, ZBB 2002, 107, 111; Reinicke/Tiedtke, Rn. 1699; Tiedtke/Möllmann, DB 2004, 583, 586; Ulmer/Brandner/Hensen/*H. Schmidt*, Anh. § 310 BGB, Rn. 1423f.

421 Oberfeuchtner, 169.

422 Höpfner, ZBB 2006, 200, 205; Omlor, ZGS 2008, 220, 223f; AnwK-BGB/*Reinking*, Anh. zu §§ 535–580a: Leasing, Rn. 65f; Staudinger/*R. M. Beckmann*, vor § 433, Stand 2014, Rn. 158.

423 Siehe oben: Seite 41f.

424 Siehe oben: Seite 43f.

425 Siehe oben: Seite 44f.

der von Teilen der Literatur sowie dem BGH vertretenen Ansicht kommt es bei Vorverhandlungs- bzw. Eigenbeschaffungsmodell zu keiner Anwendung der §§ 474ff. BGB. Relativ unstreitig wird aber beim Eintrittsmodell angenommen, dass der Verbraucher als ursprünglicher Käufer seine Rechte aus den Verbrauchsgüterkaufvorschriften nach der Vertragsübernahme durch den Leasinggeber behält, oder besser gesagt, wieder bekommt.[426] Dieser Umstand führe nun dazu, dass eine unterschiedliche Behandlung der Vertragsanbahnungsmodelle trotz identischer Interessenlage zu unterschiedlichen Ergebnissen führe, was nicht sachgerecht sei.[427] Daher sollen bei allen drei Modellen die Verbrauchsgüterkaufvorschriften Anwendung finden.[428] Vor allem die Tatsache, dass das Schutzniveau des Leasingnehmers von der Art der Vertragsanbahnung abhänge, verpflichte den Leasinggeber eine solche Vertragskonstruktion zu wählen, die für den Verbraucherleasingnehmer die höchste Sicherheit biete.[429] Außerdem würden sonst die Verbraucherrechte „*zu einem Spielball der Zufälligkeiten*" verkommen, was die Gefahr begründe, dass Lieferant und Leasinggeber nicht mehr über das Eintrittsmodell mit einem Leasingnehmer kontrahieren und ihn so aus dem Anwendungsbereich der verbraucherschützenden Normen herausdrängten.[430] Dies gelte vor allem bei absatzförderndem Leasing. Hier arbeiteten Lieferant und Leasinggeber oft so eng zusammen, dass der Leasingnehmer nur einen sehr eingeschränkten Einfluss auf die Vertragsgestaltung habe.[431]

Andererseits wird vorgebracht, dass es eben die Ausweichmöglichkeit über das Eintrittsmodell gäbe. Man könne ohne Weiteres den Verbraucher durch die Wahl dieses Modells schützen, ohne dass der Leasinggeber übervorteilt sei.[432] Sollte das Eintrittsmodell ausnahmsweise nicht möglich sein, müsse der Leasinggeber darauf hinwirken, dass der Liefervertrag entsprechend auf den Leasingnehmer als Verbraucher zugeschnitten werde. Jedenfalls lasse sich aus der Möglichkeit, ein Leasinggeschäft mittels des Eintrittsmodells abzuschließen. und darüber die

---

426 Vgl. statt vieler: Godefroid, BB 2003, Beilage 5, 2, 8; Siehe ausführlich zu der Frage nach der Anwendbarkeit der Verbrauchsgüterkaufvorschriften beim Eintrittsmodell unten: Seite 178f.

427 Höpfner, ZBB 2006, 200, 205; Stoffels, LMK 2006, 170499; Staudinger/*R. M. Beckmann*, vor § 433, Rn. 158.

428 AnwK-BGB/*Reinking*, Anh. zu §§ 535–580a: Leasing, Rn. 65f; Höpfner, ZBB 2006, 200, 205; Omlor, ZGS 2008, 220, 223f.

429 AnwK-BGB/*Reinking*, Anh. zu §§ 535–580a: Leasing, Rn. 65f.

430 Omlor, ZGS 2008, 220, 224.

431 Höpfner, ZBB 2006, 200, 202.

432 Reinking/Kessler/Sprenger, § 4, Rn. 14.

§§ 474ff. BGB anzuwenden, kein Rückschluss auf andere Arten der Vertragsanbahnung ziehen.[433]

9. Argument: Haftung wegen c.i.c.

Wegen der Rolle des Lieferanten, die dieser bei dem Zustandekommen des Leasingvertrages spielt, wird eine Anwendung der Vorschriften wegen c.i.c. nach § 311 II, III BGB in unterschiedlichem Zusammenhang diskutiert.[434] Zum einen bestehe durch die beim Vorverhandlungsmodell typische Nähe des Lieferanten zum Leasingnehmer eine Sonderverbindung *„aufgrund sozialen Kontakts"*,[435] welche zu einer direkten Haftung des Lieferanten nach §§ 280 I, 241 II, 311 II, III BGB führe.[436] Der Vertrauenstatbestand resultiere daraus, dass der Lieferant ein eigenes, wirtschaftliches Interesse am Zustandekommen sowohl des Kauf- als auch des Leasingvertrages habe und als einzige Kontaktperson des Leasingnehmers dessen besonderes persönliches Vertrauen in Anspruch nehme.[437] Dies führe dazu, dass die Haftung des Lieferanten neben die des Leasinggebers trete. Der Leasingnehmer könne dann vom Lieferanten verlangen, wie ein Verbrauchsgüterkäufer gestellt zu werden.[438] Die im Rahmen des § 280 I BGB erforderliche Pflichtverletzung ergebe sich entweder aus der Vereinbarung eines Haftungsausschlusses im Liefervertrag[439] oder aber in anderen Pflichtverletzungen, wie z.B. wegen Verletzung von Aufklärungspflichten oder wegen falscher Angaben bzgl. des Leasingguts.[440]

Zum anderen würde auch der Leasinggeber unter den Tatbestand des Verschuldens bei Vertragsverhandlungen fallen, wenn er dem Leasingnehmer durch die Abtretungskonstruktion nicht die Rechte eines Verbrauchsgüterkäufers verschaffe.[441] Sollte er das bei Vertrauenstatbeständen notwendige Wissen um die Eigenschaft des Leasingnehmers als Verbraucher indessen nicht selbst haben, soll ihm dieses Wissen nach §§ 166, 278 BGB vom Lieferanten als Verhandlungsgehilfe zugerechnet werden. Kenne der Lieferant die Verbraucherstellung des Leasingnehmers, ohne dass er Verhandlungsgehilfe sei, müsse er seinerseits

433 Oberfeuchtner, 144ff. und 150ff.

434 Siehe ausführlich Oxe, 154ff, aber auch schon Müller-Sarnowski, DAR 2007, 72, 74; Beckmann, § 3, Rn. 172ff; v. Westphalen, ZIP 2006, 1653, 1655.

435 Beckmann, § 3, Rn. 172.

436 Beckmann, § 3, Rn. 178; Oxe, 154ff.

437 Beckmann, § 3, Rn. 175; Oxe, 154.

438 Müller-Sarnowski, DAR 2007, 72, 74.

439 Müller-Sarnowski, DAR 2007, 72, 74.

440 Oxe, 156.

441 v. Westphalen, ZIP 2006, 1653, 1655.

gegenüber dem Leasinggeber nach §§ 241 II, 311 II BGB einstehen. Dieser Anspruch scheide aber bei Unwissenheit über diese Tatsache aus.[442]

Dem wird aber entgegengehalten, dass die Herstellung des Verbraucherschutzes über einen Anspruch aus c.i.c. viel zu weitgehend sei. Insbesondere könne das wirtschaftliche Interesse des Lieferanten nicht genügen, um unmittelbar die Annahme der Sachwalterhaftung zu aktivieren. Die Ausnahme würde so zur Regel gemacht. Im Übrigen erscheine die Annahme eines besonderen Vertrauens eher fraglich und müsste in jedem Einzelfall geprüft werden.[443] Darüber hinaus könne eine kumulative Haftung von Leasinggeber und Lieferant entstehen, die den Leasingnehmer ungerechtfertigt besser stelle.[444]

10. Argument: AGB-rechtliche Parallelwertung

Eine andere Ansicht stellt auf eine vergleichbare Problemkonstellation ab, die es bereits vor der Schuldrechtsreform gab.[445] Damals wurde ebenso kontrovers über die Frage diskutiert, auf wen im Leasingdreieck im Rahmen der AGB-rechtlichen Inhaltskontrolle von Lieferbedingungen abgestellt werden muss; auf den Leasinggeber oder den Leasingnehmer.[446] Das Problem bestand darin, dass § 11 Nr. 10 AGBG (heute § 309 Nr. 8 lit. b BGB) ein besonderes Klauselverbot vorsah, welches im unternehmerischen Bereich durch § 24 S. 1 AGBG (heute § 310 I 2 2. HS BGB) abgeschwächt wurde. So konnte es auch in dieser Konstellation dazu kommen, dass es zwischen Lieferant und Leasinggeber als Unternehmer eine wirksame Vereinbarung gab, die gegenüber einem Verbraucher unwirksam gewesen ist. Wenn es sich bei dem Leasingnehmer nun um einen solchen handeln sollte, wäre es zu einer „*Maßstabsverschiebung zulasten des Nicht-Kaufmannes*“[447] gekommen. Um dies zu vermeiden, wurde von der wohl herrschenden Meinung bei der AGB-rechtlichen Inhaltskontrolle auf den Leasingnehmer abgestellt.[448] Als Begründung wurde die interessengerechte Auslegung des Leasingvertrages nach §§ 157, 242 BGB sowie eine Anlehnung an den Rechtsgedanken des § 166 I BGB

442 v. Westphalen, ZIP 2006, 1653, 1655.

443 Oberfeuchtner, 164.

444 Oberfeuchtner, 168.

445 Omlor, ZGS 2008, 220, 223; Staudinger/*Stoffels*, Leasing, Rn. 225; ders. in: Stoffels, LMK 2006, 170499; ähnlich auch schon MüKo/*Habersack*, 4. Auflage, Leasing, Rn. 43.

446 Vgl. zu diesem Problembereich ausführlich: Hager, AcP 1990, 324, 344f; Büschgen/*Beckmann*, Praxishandbuch Leasing, § 6, Rn. 55ff, insb. Rn 78 mwN.

447 Omlor, ZGS 2008, 220, 223.

448 Vgl. statt vieler: MüKo/*J. Koch*, Leasing, 5. Auflage, Rn. 64 mwN.

angeführt.[449] Zwar hat sich an dieser Problematik durch die Schuldrechtsreform nichts Wesentliches geändert, sie wurde aber durch die hier behandelte Kontroverse um die Anwendbarkeit der Verbrauchsgüterkaufvorschriften verdrängt. Einige Autoren sehen in diesen beiden Konstellationen eine Wertungsparallele, die eine unterschiedliche Behandlung nicht rechtfertige.[450] Vielmehr sei der im Rahmen der AGB-rechtlichen Beurteilung entwickelte Grundsatz verallgemeinerungsfähig.[451] Auch in vorliegender Problemstellung könnten dem Leasinggeber als Unternehmer belastendere Vertragsbedingungen zugemutet werden als dem Leasingnehmer mit Verbrauchereigenschaften.[452] Daher sei der Lieferant dazu verpflichtet, seine Gewährleistungsbedingungen am Leasingnehmer auszurichten, welche dann dem Maßstab der §§ 474ff. BGB entsprechen müssten. Wenn der Lieferant die Verbrauchereigenschaft des Leasingnehmers kenne, sei es überdies treuwidrig im Sinne des § 242 BGB, wenn er sich gleichwohl auf den Haftungsausschluss aus dem Liefervertrag berufe.[453]

Dem wird jedoch unter Hinweis auf die Folgen eines solchen Vorgehens für den Vertrag zwischen Leasinggeber und Lieferant entgegen gehalten, dass so auch der Leasinggeber in den Genuss der verbraucherschützenden Normen kommen würde, was nicht hinzunehmen sei.[454]

11. Argument: Anwendung § 475 I 2 BGB

Eine der Ansicht des BGH genau entgegengesetzte Argumentation sieht in dem kaufrechtlichen Gewährleistungsausschluss zwischen Lieferant und Leasinggeber einen direkten Umgehungstatbestand im Sinne des § 475 I 2 BGB.[455] Danach liege ein Fall der Tatbestandsvermeidung vor. Dies setze voraus, dass ein Vertrag zwar bei formaler Betrachtungsweise nicht in den Anwendungsbereich der §§ 474ff. BGB falle, aber bei wertender und wirtschaftlicher Betrachtungsweise die Funktion eines Verbrauchsgüterkaufs erfülle.[456] Dabei werden, wie es auch der BGH

449 Vgl. Omlor, ZGS 2008, 220, 223.

450 Omlor, ZGS 2008, 220, 223; Staudinger/*Stoffels*, Leasing, Rn. 225; ders. in: Stoffels, LMK 2006, 170499.

451 Staudinger/*Stoffels*, Leasing, Rn. 225.

452 Omlor, ZGS 2008, 220, 223.

453 Staudinger/*R. M. Beckmann*, vor § 433, Rn. 164.

454 Oberfeuchtner, 170f.

455 Höpfner, ZBB 2006, 200, 203; Erhardt, 107f; Woitkewitsch, VuR 2006, 440, 441; so auch noch Staudinger/*R. M. Beckmann*, vor § 433, Rn. 164, Stand 2004; für eine Anwendung im Ausnahmefall: Oberfeuchtner, 153ff.

456 Höpfner, ZBB 2006, 200, 203.

in seiner Entscheidung getan hat, Parallelen zur Rechtsprechung bezüglich der Agenturgeschäfte im Gebrauchtwagenhandel gezogen. Allerdings kommt diese Ansicht, im Gegensatz zum BGH, zu dem Ergebnis, dass die dort vorgetragene Argumentation ohne Weiteres auf den hier behandelten Fall übertragbar sei.[457] Bei wirtschaftlicher Betrachtungsweise agiere der Leasingnehmer als Käufer. Er trage das Risiko des Verkaufsgeschäfts und sei zur Vollamortisation des Leasinggebers verpflichtet. Dies führe auch bei der Rechtsprechung des BGH zum Agenturgeschäft dazu, dass ein Umgehungsgeschäft angenommen werde. Daher könne es im vorliegenden Fall nicht anders sein.[458]

Dem wird aus der Literatur jedoch entgegengehalten, dass ein Umgehungstatbestand gerade nicht vorliege.[459] Das Leasinggeschäft verfolge weder den objektiven, noch den subjektiven Zweck der Umgehung der Verbrauchsgüterkaufvorschriften, warum der Umgehungstatbestand nach § 475 I 2 BGB ausscheide.[460] Darüber hinaus sei keine Manipulation im persönlichen Anwendungsbereich zur Umgehung der Verbrauchsgüterkaufvorschriften vorgenommen worden. Vielmehr habe der Leasingnehmer sich freiwillig auf diese Konstellation eingelassen.[461] Im Übrigen könne man für die Praxis ein kollusives Zusammenwirken von Lieferant und Leasinggeber ausschließen, da sonst der Leasinggeber nach der für ihn unvorteilhaften mietrechtlichen Gewährleistung haften müsse. Er würde sich demnach selbst benachteiligen.[462] Jedenfalls für den Fall, dass sich der Leasingnehmer direkt an den Leasinggeber wende, sei die Anwendung von § 475 I 2 BGB ausgeschlossen, da es an jedwedem kaufähnlichem Auftreten des Leasingnehmers fehle.[463]

12. Argument: BGH-Lösung

Nicht zuletzt greifen zahlreiche Autoren die Argumente des BGH auf[464] und stimmen diesen im Wesentlichen zu.[465] Wie bereits ausgeführt lehnt der BGH die Anwendung des § 475 I 2 BGB ab und verweist den Leasingnehmer auf die mietrechtlichen Gewährleistungsansprüche gegen den Leasinggeber.

---

457 Höpfner, ZBB 2006, 200, 203.

458 Woitkewitsch, VuR 2006, 440, 441.

459 Cholstinina, NJ 2006, 318.

460 Ohne weitergehende Begründung und unter Verweis auf das Leasing-Urteil des BGH: Schulz, 135.

461 Cholstinina, NJ 2006, 318.

462 Otting, SVR 2006, 175.

463 Oberfeuchtner, 153.

464 Siehe oben: Seite 71ff.

465 Vgl. nur: Soyka, 125ff. mwN; im Ergebnis letztlich auch Oxe, 150ff.

B. Eigene Stellungnahme und Lösungsvorschlag

I. Einleitung in die eigene Stellungnahme und Darstellung der These

Der überwiegende Teil der Literatur und der BGH kommen mit unterschiedlichen Begründungen zu dem Ergebnis, der Leasingnehmer müsse sich im Falle eines Rechtsverlustes wegen der dann nach § 307 BGB unwirksamen Abtretungskonstruktion an den Leasinggeber halten. Gegen diesen könne er die mietrechtlichen Gewährleistungsansprüche geltend machen.

Diese Herangehensweise hat allerdings zur Folge, dass die wesentlichen Grundgedanken des Leasings außer Acht gelassen werden. Denn danach soll der Leasinggeber grundsätzlich und unabhängig davon, welche Rechtsgrundlage dem Leasingvertrag zugrunde gelegt wird, jedenfalls nicht für die Sachgefahr einstehen. Nach der einen Ansicht zur Rechtsgrundlage des Leasings auf keinen Fall[466], nach den anderen jedenfalls nicht als Primärschuldner.[467] Denn der Leasinggeber soll sich durch den Leasingvertrag voll amortisieren können. Dies folgt auch aus den steuerrechtlichen Vorgaben der Leasingerlasse, die für die von den Vertragsparteien gewünschte steuerrechtliche Zuordnung des Leasingguts die Vollamortisation voraussetzen.[468] Alle Umstände, die die Vollamortisation hindern könnten, z.B. eine Gewährleistungspflicht, sollen möglichst vermieden werden. Auch entspricht es dem Willen der Parteien, dass sich der Leasingnehmer im Gewährleistungsfall zuerst an den Lieferanten zu halten hat. Denn dieser verfügt als Hersteller oder Händler des Leasingguts in der Regel über die größere Sachnähe und ist daher für die Nacherfüllung prädestiniert. Diese Interessenlage darf natürlich nicht dazu führen, dass der Leasingnehmer, zumal als Verbraucher, rechtlos gestellt wird. Entscheidend ist daher die Frage, wie sich diese beiden Prämissen – nämlich die Gewährleistungshaftung des Lieferanten bzw. die Haftungsfreistellung des Leasinggebers auf der einen und der Schutz des Leasingnehmers auf der anderen Seite – in Einklang bringen lassen.

466 Siehe oben, Seite 29ff.
467 Siehe oben, Seite 27ff.
468 Siehe oben, Seite 10ff.

Um dem Parteiwillen, der Interessenlage und den Anforderungen der Rechtsprechung gerecht werden zu können ist es daher erforderlich, die Abtretungskonstruktion als das das Leasinggeschäft prägende Element wenn möglich zu erhalten. Wie bereits beschrieben verfolgt die Abtretungskonstruktion einen doppelten Zweck. Zum einen soll der Leasinggeber von einer über seine Finanzierungsfunktion hinausgehenden Beteiligung am Leasinggeschäft, insbesondere der Gewährleistung, befreit werden. Gleichzeitig soll der Leasingnehmer möglichst unkompliziert einen sachkundigen Ansprechpartner für seine Gewährleistungsansprüche erhalten. Die leasingtypische Abtretungskonstruktion ist daher die Verbindung zwischen Liefer- und Leasingvertrag. Fällt die Abtretungskonstruktion wegen der Anwendung von § 307 BGB in sich zusammen, wie es die Konsequenz aus der Rechtsprechung des BGH und die Ansicht eines Teils der Literatur ist, wird das Leasinggeschäft als Symbiose von Parteiwillen, Interessenlage und Schutz des Leasingnehmers gestört. Kann die Abtretungskonstruktion dagegen aufrechterhalten werden, bleibt auch das vorbeschriebene Gefüge gewahrt. Wenn also keine Notwendigkeit für eine Aufhebung der Abtretungskonstruktion besteht und die vorgenannten Prämissen gleichwohl eingehalten werden können, ist den am Leasinggeschäft Beteiligten am Meisten geholfen. Voraussetzung dafür ist, dass sich der Leasingnehmer trotz Haftungsausschluss im Liefervertrag an den Lieferanten halten kann.

Der Weg, um dieses Ziel zu erreichen, liegt in der Anwendung von § 475 I 2 BGB. Der Leasingnehmer kann damit die Rechte aus den Verbrauchsgüterkaufvorschriften gegen den Lieferanten geltend machen. Gleichzeitig bestehen im Rahmen des § 307 BGB keine Bedenken wegen der Wirksamkeit der Abtretungskonstruktion. Der Leasingnehmer ist mit den Ansprüchen gegen den Lieferanten nicht rechtlos gestellt und die Abtretungskonstruktion bleibt wirksam.[469] Ob die Ansprüche des Leasingnehmers aus der Abtretung durch den Leasinggeber resultieren oder ob sie sich aus dem Gesetz ergeben, kann für die Wirksamkeit des mietrechtlichen Gewährleistungsausschlusses im Rahmen der Abtretungskonstruktion keine Rolle spielen. Der damit verfolgte Zweck wird erreicht. Mehr noch: Der Leasingnehmer darf sich dann nicht an den Leasinggeber halten. Wenn sich für den Leasingnehmer ein Anspruch gegen den Lieferanten ergibt, ist ihm der Rückgriff auf den Leasinggeber, wegen des dann wirksamen Ausschlusses der Gewährleistung im Leasingvertrag, verwehrt.

469 So auch v. Westphalen/*Woitkewitsch*, Kap. L, Rn. 68 und 246; die Möglichkeit ebenfalls erkennend, aber ablehnend: Oxe, 100.

Mit dieser Vorgehensweise wird dem Interesse der am Leasinggeschäft beteiligten Parteien umfassend Rechnung getragen. Der Leasinggeber bleibt auf seine Finanzierungsfunktion beschränkt, der Leasingnehmer kann sich seinem Schutzbedürfnis als Verbraucher entsprechend gegenüber dem Lieferanten schadlos halten und der Lieferant als eigentlicher Verursacher der Leistungsstörung wird zu Recht zur Haftung herangezogen.

Fraglich ist daher ob, und wenn ja, unter welchen Voraussetzungen sich ein Anspruch des Leasingnehmers gegen den Lieferanten finden lässt. Da Lieferant und Leasingnehmer nicht durch ein Vertragsverhältnis miteinander verbunden sind, kann sich ein solcher Anspruch aus der Annahme eines Umgehungsgeschäfts nach § 475 I 2 BGB ergeben.

Diese Überlegungen zugrunde gelegt, kann einer der vorbeschriebenen Streitpunkte bereits an dieser Stelle geklärt werden. Denn die Antwort auf die Frage, in welchem Verhältnis die Umgehungsregelungen Anwendung finden, steht nach oben Gesagtem fest. Der Leasingvertrag selbst, also die Rechtsbeziehung zwischen Leasinggeber und Leasingnehmer, kann nicht Gegenstand der Untersuchung sein. Ihn zu bewahren ist nach obigen Vorüberlegungen gerade eine Prämisse für die nachfolgenden Untersuchungen. Warum immer noch versucht wird, dieses Vertragsverhältnis als Untersuchungsgegenstand in Stellung zu bringen, ist völlig unverständlich, zumal in der jüngeren Forschung ganz überwiegend die Lösung des Konflikts in der Beziehung zwischen Lieferant und Leasingnehmer gesucht und gefunden wurde.[470]

Als Vorfrage ist daher zunächst zu klären, ob der Wirksamkeit der Abtretungskonstruktion entgegensteht, dass der Leasinggeber eine Leerabtretung tätigt oder jedenfalls eine Abtretung vornimmt, die nicht den Anforderungen des § 475 I 1 BGB standhält. Anschließend muss der eigentlichen Frage nachgegangen werden, ob die Voraussetzungen für ein Umgehungsgeschäft im Sinne des § 475 I 2 BGB vorliegen.

II. Argumentation

1. Wirksamkeit der Abtretungskonstruktion trotz Leerabtretung bzw. unvollständiger Abtretung

Die Abtretungskonstruktion wird von der Rechtsprechung zugelassen und von der Literatur weitestgehend akzeptiert, weil sie ein ausgeglichenes Verhältnis zwischen den Interessen von Leasinggeber und Leasingnehmer sicherstellt. Ihre

470 Vgl. nur Erhardt, 99ff. und Soyka, 132ff; einen alternativen Ansatz beschreibt Oxe, 109ff.

Wirksamkeit wird von der Rechtsprechung im Rahmen der AGB-Kontrolle wegen der weitreichenden Bedeutung für die Stellung des Leasingnehmers besonderes genau untersucht.[471] Voraussetzung für die oben aufgestellte These ist daher, dass die Abtretungskonstruktion wirksam bleibt, wenn der Leasingnehmer zwar wegen der Annahme des § 475 I 2 BGB nicht rechtlos gestellt ist, aber gleichwohl eine Leerabtretung stattfindet. Es ist hier also der Frage nachzugehen, ob die Leerabtretung selbst bereits die Unwirksamkeit der Abtretungskonstruktion begründet.

Nach ständiger höchstrichterlicher Rechtsprechung und herrschender Meinung in der Literatur hält die Abtretungskonstruktion einer Inhaltskontrolle stand, wenn die Abtretung der Gewährleistungsrechte aus dem Liefervertrag im Leasingvertrag unbedingt, vorbehaltlos und uneingeschränkt erfolgt.[472] Liegt im Verhältnis zwischen Leasinggeber und Lieferant eine Haftungsbeschränkung oder gar ein -ausschluss vor, ist die Abtretung zwar inhaltslos, sie wäre allerdings unbedingt, vorbehaltlos und uneingeschränkt erfolgt. Der Leasinggeber hat jedenfalls die Abtretung weder beschränkt noch an Bedingungen geknüpft oder sich etwas vorbehalten. Auch der BGH fordert lediglich die Abtretung sämtlicher Gewährleistungsansprüche, die dem Leasinggeber gegen den Lieferanten tatsächlich zustehen.[473] Hatte der Leasinggeber, wie hier, keine Ansprüche gegen den Lieferanten, konnte er sie auch nicht abtreten. Anschaulicher wird dies, wenn man nicht eine vollständige Leerabtretung annimmt, sondern lediglich eine Haftungsbeschränkung, die dem Leasingnehmer nicht den vollen Umfang der Rechte gewähren würde, die er bei einem Verbrauchsgüterkauf hätte.[474] Dann hätte die Abtretung der noch vorhandenen Rechte und Ansprüche den Bedürfnissen der Rechtsprechung in Bezug auf Vorbehalte, Bedingungen oder Beschränkungen genüge getan. Der Leasinggeber hätte alles abgetreten, was ihm gegen den Lieferanten auch zusteht. Die von der Rechtsprechung aufgestellte Pflicht zur unbedingten, vorbehaltlosen und endgültigen Abtretung beschränkt sich daher

471 Vgl. nur BGHZ 97, 135ff; BGHZ 94, 180ff. aber letztlich auch BGH NJW 2006, 1066–1068.

472 BGH NJW 2006, 1066, 1068; WM 1992, 1609; BGHZ 109, 139, 143; NJW 1987, 1072, 1074; BGHZ 94, 180, 185f; BGHZ 81, 298, 301ff; BGHZ 68, 118, 123ff.

473 vgl. nur BGH WM 1992, 1609; NJW 1987, 1072.

474 So kann z.B. das Recht des Käufers auf Nachlieferung ausgeschlossen und die Nacherfüllung damit lediglich auf die Nachbesserung beschränkt sein. Dies wäre bei einem gewöhnlichen Verbrauchsgüterkauf eine Beschränkung, auf die sich der Verkäufer gemäß § 475 I 1 BGB nicht berufen könnte, und die daher unwirksam wäre.

lediglich auf die Art und Weise der Abtretung. Sie sagt aber nichts über das durch die Abtretung erreichte Schutzniveau des Leasingnehmers aus.[475]

Auch die vom BGH angestellte Interessenabwägung bzgl. der Wirksamkeit der leasingtypischen Abtretungskonstruktion steht der Ausgangsüberlegung nicht im Weg. Denn schon in einer seiner ersten Entscheidungen zur Wirksamkeit der leasingtypischen Abtretungskonstruktion hat der BGH ausgeführt, dass der Leasingnehmer solange nicht rechtlos gestellt ist, wie er sich an dem Lieferanten schadlos halten kann.[476] Auch in der jüngeren Rechtsprechung hat der BGH lediglich angenommen, dass die Abtretungskonstruktion jedenfalls dann unwirksam ist, wenn sie den Leasingnehmer rechtlos stellt.[477] Eine andere, darüber hinausgehende Begründung für eine Unwirksamkeit, liefert der BGH nicht, obwohl er entsprechende Erwägungen angestellt hat.[478] Dies legt den auch in der Literatur aufgegriffenen Gedanken nahe,[479] dass die Abtretungskonstruktion nur dann unwirksam sein soll, wenn sie im Ergebnis den Leasingnehmer rechtlos stellt. Kann sich der Leasingnehmer aber aufgrund der Anwendung von § 475 I 2 BGB gegenüber dem Lieferanten schadlos halten, steht er nicht rechtlos. Die Abtretungskonstruktion bleibt daher wirksam, soweit die Annahme eines Umgehungsgeschäfts die Haftung des Lieferanten begründet.

2. Vorliegen eines Umgehungsgeschäfts

Steht also der eingangs beschriebenen These kein grundsätzlicher Einwand entgegen, kann der Frage nachgegangen werden, ob der Leasingnehmer gegen den Lieferanten die Verbrauchsgüterkaufvorschriften geltend machen kann. Wie bereits ausgeführt kann dies nicht direkt, sondern nur über die Anwendung des § 475 I 2 BGB geschehen. Es stellen sich daher drei Fragen: 1. Wann liegt ein Umgehungsgeschäft nach § 475 I 2 BGB grundsätzlich vor? 2. Kann in einem Leasinggeschäft grundsätzlich ein Umgehungsgeschäft gesehen werden? 3. Wenn ja, bei welchen Leasingmodellen bzw. -anbahnungsarten kann ein Umgehungsgeschäft konkret angenommen werden?

---

475 So auch: Schulz, 136.

476 BGHZ 68, 118ff.

477 BGH NJW 2006, 1066ff.

478 BGH NJW 2006, 1066ff; BGHZ 68, 118.

479 Martinek/Stoffels/Wimmer-Leonhardt/*Beckmann*, § 25, Rn. 1.

a) *Das Umgehungsverbot nach § 475 I 2 BGB*

(1) Einführung

Das Umgehungsverbot in § 475 I 2 BGB stellt die Umsetzung von Art. 7 I 1 der EG-Verbrauchsgüterkaufrichtlinie dar.[480] Dadurch soll verhindert werden, dass die dem Verbraucher durch die Neuregelung des Schuldrechts gewährten umfangreichen Rechte beim Kauf nicht durch eine nachteilige Rechtsgestaltung umgangen werden. Dazu regelt § 475 I 2 BGB, dass die in § 475 I 1 BGB bezeichneten Vorschriften auch dann Anwendung finden, wenn sie durch anderweitige Gestaltung umgangen werden. Welche Voraussetzungen § 475 I 2 BGB hat, bzw. ob diesem normierten Umgehungsverbot überhaupt eine eigenständige Bedeutung zukommt, ist umstritten. Die Rechtsprechung stellt in den wenigen Entscheidungen zu § 475 I 2 BGB überwiegend auf eine wirtschaftliche Betrachtungsweise ab und vernachlässigt eine dogmatische Begründung.[481]

(2) Grundlagen zum Umgehungsverbot

Die Abgrenzung zwischen zulässiger Rechtsgestaltung und unzulässiger Umgehung ist kein modernes Problem, sondern so alt, wie es auch Vertrag und Gesetz sind. Es verwundert daher nicht, dass sich Rechtsprechung und Literatur bereits ausgiebig mit diesem Thema befasst haben. Im späten gemeinen Recht, etwa zur Mitte des vorvergangenen Jahrhunderts, bekam die Debatte um die Lösung von Umgehungsproblemen jedoch eine Ausprägung, die vor dem Hintergrund eines modernen Normverständnisses auch Einfluss auf die heutige Diskussion hat.[482] Die Umgehung wurde dabei zum Gegenstand kontroverser Diskussion,[483] die mit Unterbrechungen bis heute anhält. Die Gesetzesumgehung ist auch kein originär zivilrechtliches Problem; ganz im Gegenteil. Ein Großteil der Sachverhalte, die eine Umgehungsproblematik zum Gegenstand haben, spielen sich im Steuerrecht

---

480 Vgl. ausführlich zum Umgehungsverbot nach § 475 I 2 BGB: Najdecki, Umgehung der Schutzvorschriften für den Verbrauchsgüterkauf, 2008; Erhardt, Vermeidung und Umgehung im Verbrauchsgüterkaufrecht, 2009; Soyka, Der Verbrauchsgüterkauf, 2011.

481 Zur dogmatischen Unschärfe der Rechtsprechung im Zusammenhang mit der Umgehungsproblematik siehe ebenso Erhardt, 21; Sieker, 2; aber auch Staudinger/*Sack/Seibl*, § 134, Rn. 149.

482 Vgl. eingehend zur frühen Geschichte der Gesetzesumgehung Schröder, Gesetzesauslegung und Gesetzesumgehung, 1985; Insbesondere zum Wandel im Systemverständnis, Seite 37ff.

483 Vgl. Teichmann, 3ff.

und im internationalen Privatrecht ab. Ein Grundwerk zu dieser Problematik, *Die Gesetzesumgehung* von *Arndt Teichmann*, erschien Anfang der 60er Jahre des vergangenen Jahrhunderts und kann nach wie vor als Grundlage der heute herrschenden Meinung zum Thema Gesetzesumgehung angesehen werden.[484] Obwohl die Diskussion über die Gesetzesumgehung nie aufgehört hat, hat sie in jüngerer[485] und jüngster[486] Vergangenheit, befeuert durch gesetzgeberisches Tätigwerden, erneut an Dynamik gewonnen. Das eigentlich Erstaunliche daran ist, dass sich trotz rechtstheoretischer und gesetzgeberischer Entwicklungen sowohl die Theorien zur dogmatischen Einordnung als auch deren Argumentation in Bezug auf die Umgehungsproblematik im Kern kaum geändert haben.[487] Das soll nicht heißen, dass sich die Diskussion seit *Teichmann* nicht entwickelt hat. Allerdings muss festgestellt werden, dass die Fundamente moderner Ansätze in der Behandlung der Umgehungsproblematik seit ca. 120 Jahren die gleichen sind. Gegenstand moderner Werke zum Thema Umgehung und letztendlich auch dieser Arbeit ist daher auch nicht die dogmatische Einordnung, sondern vielmehr die Frage, welche konkreten Sachverhalte sich unter die normierten Umgehungsverbote subsumieren lassen.[488] Gleichwohl ist die Frage nach der Anwendbarkeit der Verbrauchsgüterkaufvorschriften auf das Leasinggeschäft untrennbar mit dem Umgehungsverbot verbunden. Eine Auseinandersetzung mit der Umgehungsproblematik ist daher unumgänglich.

---

484 Siehe nur Sieker, 1ff; vgl. aber auch das Werk von Westerhoff, Gesetzesumgehung und Gesetzeserschleichung. 1966, welches sich der Problematik auf einer argumentativen Basis nährt, die – aufbauend auf den Überlegungen *Teichmanns* – einen erstaunlichen und m. E. bisher verkannten Beitrag zu Einzelproblemen und Argumenten aus der Debatte leistet.

485 Koziolek, Die Umgehungsregelung des Verbraucherkreditgesetzes, 1998; Sieker, Umgehungsgeschäfte, 2001; Benecke, Gesetzesumgehung im Zivilrecht, 2004.

486 Najdecki, Umgehung der Schutzvorschriften für den Verbrauchsgüterkauf, 2008; Erhardt, Vermeidung und Umgehung im Verbrauchsgüterkaufrecht, 2009; Soyka, Der Verbrauchsgüterkauf, 2011.

487 Siehe dazu die historischen Ausführungen und Nachweise bei Teichmann, 6ff.

488 Koziolek, Die Umgehungsregeln des Verbraucherkreditgesetzes, 1998; Najdecki, Umgehung der Schutzvorschriften für den Verbrauchsgüterkauf, 2008; Erhardt, Vermeidung und Umgehung im Verbrauchsgüterkaufrecht, 2009; Soyka, Der Verbrauchsgüterkauf, 2011; aber im Ergebnis auch schon Sieker, Umgehungsgeschäfte, 138ff.

(a) Dogmatische Einordnung des allgemeinen Umgehungsverbots

Gegenstand der Diskussion war zu Beginn weniger die Einordnung eines bestimmten Sachverhalts als Umgehungsgeschäft. Hier hat oft das bloße Rechtsempfinden zu wie auch immer begründeten, aber meist sachgerechten Lösungen geführt.[489] Die Umgehung zu identifizieren und als solche aufzudecken war nicht das Problem. Als Solches, und damit eigentlicher Gegenstand der Diskussion, war vielmehr die dogmatische Einordnung der Lösung anzusehen.

Seit der richtungsweisenden Monografie von *Teichmann* hat sich die Auffassung durchgesetzt, die Umgehung als ein Problem von Auslegung und Analogie zu begreifen.[490] Mittlerweile gibt es gleich mehrere Werke, die die Entwicklung und Einordnung des Umgehungsverbots umfassend darstellen,[491] sodass sich die nachfolgende Übersicht auf eine, dem Verständnis dienende, Zusammenfassung beschränkt und im Übrigen auf die aufgeführten Quellen verweist.

(aa) Als Scheingeschäft

Eine heute nicht mehr vertretene Ansicht sah zu Beginn der Debatte über ein Umgehungsverbot die Lösung der Umgehungsproblematik in der Einordnung derselben in die Lehre von der Simulation. Demnach war die Umgehung als Scheingeschäft unter den heutigen § 117 BGB zu subsumieren.[492] Dies wurde anfangs auch vom Reichsgericht vertreten,[493] das diese Ansicht allerdings in späteren Entscheidungen aufgab.[494] Gegen diese Vorgehensweise wurde völlig zu Recht angeführt, dass eine Simulation bei einem typischen Umgehungsgeschäft gerade nicht vorliegt.[495] Bei der Simulation soll das simulierte Geschäft nur zum Schein abgeschlossen werden, ohne dass die damit verbundenen Rechtsfolgen

---

489 Siehe beispielhaft die Darstellungen bei: Benecke, 8ff; Teichmann, 5f; Schurig, FS Ferid, 375, 377f.

490 vgl. nur: BGHZ 110, 47ff; MüKo/*Armbrüster*, § 134, Rn. 12; Palandt/*Ellenberger*, § 134, Rn. 28; Staudinger/*Sack/Seibl*, § 134, Rn. 146ff.

491 Benecke, 8ff; Koziolek, 6ff; Sieker, 8ff; Najdecki, 21ff; Erhardt, 14ff; Schröder, Gesetzesauslegung und Gesetzesumgehung, 1985; aber auch schon Westerhoff, Gesetzesumgehung und Gesetzeserschleichung, 1966.

492 RGZ 2, 168, 170; Franke, JW 1934, 1149ff; darüber hinaus wohl *Fuchs* und *Lindenmaier*, vgl. die Ausführungen bei Teichmann, 8f, mit entsprechenden Nachweisen.

493 RGZ 2, 168.

494 RGZ 26, 180, 183f; vgl. die Ausführungen bei Teichmann, 8 mwN.

495 Siehe hierzu auch BGH NJW-RR 2013, 687ff; Sehr eingehend zum Unterschied: Sieker, 103f; wobei die „*Abwendung von der Scheingeschäftslehre*" bereits wesentlich früher begann, vgl. die Ausführungen bei Schröder, 42ff.

tatsächlich eintreten sollen.[496] Bei der typischen Umgehungskonstellation dagegen kommt es den Parteien explizit auf Wirksamkeit und Rechtsfolge des Umgehungsgeschäfts an.[497] Gleichwohl sind Konstruktionen denkbar, die ein Umgehungsgeschäft darstellen, aber gleichzeitig als Scheingeschäft angesehen werden können.[498] Erfüllt der konkrete Sachverhalt dann die Voraussetzungen einer Simulation, spricht nichts dagegen, diese Umgehungsfälle mit § 117 BGB zu lösen.[499] Aufgrund der systematischen Unterschiede von Schein- und Umgehungsgeschäft kann aber mit der Lehre von der Simulation allein die Umgehungsproblematik nicht gelöst werden.[500]

(bb) Als Auslegung des Umgehungsgeschäfts

Nach einem von *v. Savigny* geprägten Ansatz[501] soll die Umgehungsproblematik durch die Auslegung des Sachverhalts, also des Umgehungsgeschäfts selbst, gelöst werden.[502] Danach kann ein Rechtsgeschäft unter die umgangene Norm subsumiert werden, wenn dessen Auslegung nach §§ 133, 157 BGB ergibt, dass der Anwendungsbereich der Norm eröffnet ist. Hierrunter sollen beispielsweise die Anwendung des Satzes *falsa demonstratio non nocet* und die fehlerhafte Bezeichnung des Vertragstyps fallen.[503] Den Parteien stehe es zwar frei, den Vertragsinhalt zu wählen, nicht aber den Vertragstyp, der sich erst aus der Auslegung des Rechtsgeschäfts ergibt. So könne die Bezeichnung eines Kaufvertrages als Mietvertrag nicht die Anwendung der Verbrauchsgüterkaufvorschriften verhindern, wenn die weiteren Voraussetzungen vorliegen.[504] Wenn hiergegen angeführt wird, in

---

496 PWW/*Ahrens*, § 117, Rn. 1.

497 PWW/*Ahrens*, § 117, Rn. 9; Erhardt, 16; Najdecki, 32.

498 Vgl. Benecke, 39ff. mit zahlreichen Beispielen; Erhardt, 16 mwN.

499 BGH NJW-RR 2013, 687, 688; Benecke, 42; Erhardt, 16; Najdecki, 33.

500 Zuweilen wird behauptet, Müller, NJW 2003, 1975, 1980 würde diese Auffassung vertreten, was aber bei genauer Lektüre des Aufsatzes nicht ernstlich behauptet werden kann und er selbst in Fußnote 46 klarstellt.

501 Die Einlassungen von *Savignys* lassen auch den Schluss zu, dieser verstehe das Umgehungsgeschäft als ein Scheingeschäft, vgl. nur Sieker, 104; das Problem ebenfalls aufzeigend: Erhardt, 19. Nach heutigem Systemverständnis ist er wohl so zu verstehen, als sähe er selbiges eher als Problem der Auslegung des Sachverhalts, so eingehend Teichmann, 7, 39ff. und Schröder, 24.

502 Savigny, 325; siehe hierzu ausführlich Sieker, 95ff; aber im Ergebnis auch schon Teichmann, 39ff.

503 Erhardt, 17f; vgl. Sieker, 100ff. mit weiteren Beispielen.

504 Erhardt, 18.

diesem Falle handele es sich nicht um einen Fall der Umgehungsproblematik,[505] hat *Erhardt* zu Recht darauf hingewiesen, dass es sich dabei eher um ein terminologisches Problem handelt.[506] Die Sachverhaltsauslegung ist daher ein probates Mittel, einige Fälle der unerlaubten Umgehung zu lösen.[507] Allerdings muss beachtet werden, dass die Sachverhaltsauslegung ihre Grenzen hat.[508] Diese sind spätestens dann erreicht, wenn das Ergebnis der Auslegung dem Willen der Parteien entgegensteht. Die Sachverhaltsauslegung allein kann daher ebenfalls nicht zur Lösung der Umgehungsproblematik herangezogen werden.

(cc) Als eigenes Rechtsinstitut

Eine lange Zeit herrschende Meinung war der Ansicht, die Umgehungsproblematik lasse sich nicht durch die reine Gesetzesanwendung lösen. Vielmehr müsse ihr eine eigenständige Bedeutung zukommen, gleichsam ein in § 134 BGB angelegtes Rechtsinstitut *Gesetzesumgehung*.[509] Nach dieser Ansicht werden bei der Umgehungsproblematik die Grenzen von Auslegung und Analogie in rechtswidriger Weise verwischt und überschritten. Erst eine eigene Lehre von der Gesetzesumgehung könne der Problematik gerecht werden.[510] Diese Auffassung sieht sich durch die normierten Umgehungsverbote bestätigt.[511] Vor dem Hintergrund der Diskussion um die Notwendigkeit eines subjektiven Elements bei einem Umgehungsverbot, die auch im Rahmen der Diskussion um die Anwendbarkeit der Verbrauchsgüterkaufvorschriften auf Leasinggeschäfte aufkam,[512] hatten die Vertreter dieser Ansicht ein Argument für sich. Fordert man ein solches subjektives Element, etwa in Form einer Umgehungsabsicht, kann Selbiges

---

505 Benecke, 80ff; MüKo/*Mayer-Maly/Armbrüster*, 4. Auflage, § 134 Rn. 12ff.

506 Erhardt, 19.

507 So im Ergebnis auch Teichmann, 39ff; Sieker, 95ff; Erhardt, 17f, 20.

508 Teichmann, 44ff; Erhardt, 19f.

509 Vgl. die Nachweise bei Teichmann, 11ff; in neuerer Zeit soweit ersichtlich nur noch vertreten von *Mayer-Maly* in MüKo/*Mayer-Maly/Armbrüster*, 4. Auflage, § 134 Rn. 12ff. und Zerres, MDR 2004, 1334ff. sowie Gramlich/Zerres, ZIP 1998, 1299, ff; sehr differenzierend: Benecke, Gesetzesumgehung im Zivilrecht; allerdings wird auch in Frankreich das Problem der Gesetzesumgehung als ein eigenes Rechtsinstitut verstanden, vgl. Schurig, FS Ferid, 375, 387ff.

510 MüKo/*Mayer-Maly/Armbrüster*, 4. Auflage, § 134 Rn. 14; anders jetzt MüKo/*Armbrüster*, § 134, Rn. 15.

511 MüKo/*Mayer-Maly/Armbrüster*, 4. Auflage, § 134 Rn. 15.

512 Siehe oben: Seite 76.

nur angenommen werden, wenn man das Umgehungsverbot als eigenständiges Rechtsinstitut ansieht.[513]

Allerdings hat sich seit *Teichmann* die Auffassung durchgesetzt, dass ein Rechtsinstitut *Umgehungsverbot* vor dem Hintergrund moderner Norminterpretation nicht mehr erforderlich ist.[514] Zudem konnten die verschiedenen Umgehungsbegriffe und -tatbestandsmerkmale, die zu einem Rechtsinstitut *Umgehungsverbot* entwickelt wurden, größtenteils argumentativ widerlegt werden.[515] Die Vertreter dieser Ansicht waren der im römischen Recht teilweise streng grammatikalischen Auslegung verhaftet. Die Auslegung und analoge Anwendung nach dem Telos der Norm hat die Grenzen der Norminterpretation erweitert, sodass sich keine rechtstaatlichen Bedenken mehr bei der Lösung der Umgehungsproblematik durch Auslegung und Analogie ergeben. Ein eigenes Rechtsinstitut *Umgehungsverbot* hätte daneben keine eigenständige Bedeutung mehr.[516]

(dd) Als sittenwidrig

Diskutiert wird auch eine Lösung über die Einordnung der Umgehungsproblematik als sittenwidriges Rechtsgeschäft im Sinne des § 138 BGB.[517] Dabei können einige Sachverhalte, die sich als Umgehungsgeschäft darstellen, durchaus wegen Sittenwidrigkeit nach § 138 BGB nichtig sein. Insbesondere die Rechtsprechung hat dies in der Vergangenheit des Öfteren angenommen.[518] So wurden beispielweise Vertragsgestaltungen, die ausschließlich den Zweck verfolgt haben, einen Vorkaufberechtigten zu schädigen, als sittenwidrig verworfen.[519] Ein weiteres Beispiel für einen Fall der Umgehung, der sich über § 138 BGB lösen ließe, hat *Schurig* aufgezeigt: Ein Hamburger Verlag hatte in den 70er Jahren zur Umgehung der Indizierung jungendgefährdender Schriften eine Partei („Deutsche Sex-Partei") gegründet und eine Parteizeitung herausgegeben. Hintergrund war, dass politische Zeitschriften nicht dem Jugendschutzgesetz unterstanden. Das OLG Hamburg hat einen Vertrag, der in Ausführung dieses Plans Gegenstand

513 Siehe zum Erfordernis eines subjektiven Elements ausführlich unten: Seite 106ff.

514 PWW/*Ahrens*, § 134, Rn. 32; MüKo/*Armbrüster*, § 134, Rn. 15.

515 Vgl. schon die umfangreichen Untersuchungen von Westerhoff, 121ff.

516 Vgl. hierzu ausführlich Erhardt, 23f; Najdecki, 22ff; Schurig, FS Ferid, 375, 399f; Sieker, 8f.

517 Vor allem Staudinger/*Sack/Seibl*, § 134, Rn. 153; vgl. zur Diskussion auch Erhardt, 24f; Schurig, FS Ferid, 375, 406f; Sieker, 134f, die diese Auffassung aber allesamt ablehnen.

518 Vgl. BGH NJW 1977, 2030, 2032; NJW 1964, 540, 541.

519 BGH NJW 1981, 2184, 2185; NJW 1964, 540, 541.

eines Rechtsstreits wurde, als sittenwidrig im Sinne des § 138 BGB angesehen und für unwirksam erklärt.[520]

Dabei ist allerdings darauf hingewiesen worden, dass ein Umgehungsgeschäft nicht ohne Weiteres als sittenwidrig qualifiziert werden kann.[521] Die Voraussetzungen für die Annahme des § 138 BGB sind wesentlich enger, als es Auslegung und Analogie in Bezug auf ein Umgehungsgeschäft zulassen.[522] Die hohen Hürden für die Annahme der Sittenwidrigkeit sprechen daher gegen eine allgemeine Einordnung der Umgehungsproblematik unter den Tatbestand des § 138 BGB. Sind die Grenzen der Sittenwidrigkeit durch das Umgehungsgeschäft aber ausnahmsweise überwunden, findet § 138 BGB Anwendung.[523]

(ee) Als Fall von Auslegung und Analogie

Wie bereits angedeutet ist nach ganz herrschender Meinung die Umgehungsproblematik durch Auslegung und, wenn die Grenzen der Auslegung erreicht sind, durch Analogie zu lösen.[524] Dieser Auffassung hat sich auch die Rechtsprechung angeschlossen.[525] Danach ist nicht etwa der Sachverhalt zu interpretieren, sondern der Anwendungsbereich der umgangenen Norm wird eingeschränkt[526] oder, wie zuallermeist, erweitert, sodass der Sachverhalt vom Geltungsbereich der Norm erfasst wird. Entsprechend dem modernen Verständnis von der Gesetzesanwendung ist hier eine solche Auslegung zuerst nach dem Sinn und Zweck vorzunehmen.[527] Inwieweit eine Trennung zwischen Auslegung und Analogie

---

520 Schurig, FS Ferid, 375, 407.

521 **A. A.** aber Staudinger/*Sack/Seibl*, § 134, Rn. 152f, der allerdings § 138 BGB weiter interpretiert, als es die herrschende Meinung tut. Danach soll jeder Gesetzesverstoß zugleich sittenwidrig sein, weshalb er zu dem Ergebnis gelangt, dass nicht die Analogie, sondern die Anwendung von § 138 BGB die über eine Auslegung hinausgehenden Fälle erfassen soll.

522 Sehr eingehend Koziolek, 13ff, aber auch Erhardt, 24f; Schurig, FS Ferid, 375, 406f; Sieker, 134f.

523 Der Vollständigkeit halber soll hier noch Erwähnung finden, dass auch erwogen wurde, die Umgehung als Fall des (institutionellen) Rechtsmissbrauchs einzuordnen, vgl. nur Sieker, 12ff. oder Erhardt, 25 mwN.

524 Vgl. dazu oben: Fn. 490.

525 Vgl. nur BGHZ 110, 47, 64.

526 Bei den Fällen der Tatbestandserschleichung, wenn der Umgehende also die Anwendung einer für ihn günstigen Norm erschleichen möchte, siehe dazu sogleich: Seite 109; vgl. auch Koziolek, 30; Sieker, 12; Teichmann, 49; zur teleologischen Reduktion in diesem Fall: Schurig, FS Ferid, 375, 400.

527 Sie dazu: Benecke, 91ff; Sieker, 59ff; Teichmann, 48ff.

notwendig ist und wo diese Grenzen gar zu verlaufen haben,[528] kann dahinstehen, da sich in der Sache nichts ändert.[529]

Die teleologische Gesetzesanwendung ist der Schlüssel zur Lösung der Umgehungsproblematik. Für den Bereich des § 475 BGB hat *Erhardt* sehr umfassend die ratio legis der Verbrauchsgüterkaufvorschriften herausgearbeitet.[530] Der auf der Hand liegende und völlig zu Recht als „*banal*"[531] bezeichnete Sinn und Zweck der Verbrauchsgüterkaufvorschriften und damit auch von § 475 BGB ist der Verbraucherschutz. Für den weiteren Fortgang dieser Arbeit ist das Telos von § 475 BGB damit ausreichend definiert, denn letztlich kommt es nur darauf an. Will man den weiten Begriff des Verbraucherschutzes und damit die ratio legis der Verbrauchsgüterkaufvorschriften konkretisieren, ist der Blick auf die Intention des europäischen Gesetzgebers zu richten. Der Verbraucherschutz als solcher wäre in Deutschland bereits durch das AGB-Recht, und darin insb. durch die Klauselverbote, wohl ausreichend gewährleistet,[532] auch wenn die Klauselverbote nunmehr durch die spezielleren Verbrauchsgüterkaufvorschriften weitgehend verdrängt werden.[533] Die ratio legis des europäischen Verbrauchervertragsrechts und damit auch der Verbrauchsgüterkaufvorschriften liegt in Schaffung und Schutz der berechtigten Verbrauchererwartung, also dem Vertrauen des Verbrauchers in das funktionieren des europäischen Binnenmarktes. Dabei bezieht sich die schutzwürdige Erwartung des Verbrauchers sowohl auf die abstrakte Gesetzeslage als auch auf seine konkreten vertraglichen Rechte. Dieser Maßstab ist im Wege der richtlinienkonformen Auslegung auch auf das deutsche Verbrauchsgüterkaufrecht und damit auf § 475 BGB anzuwenden.[534]

(ff) Eigene Stellungnahme

Mit der dogmatischen Einordnung eines allgemeinen Umgehungsverbots haben sich vor allem zu Beginn der Diskussion viele Autoren intensiv beschäftigt. Einfacher ist es, wenn man die Gesetzesumgehung nicht als einen feststehenden, übergeordneten Begriff betrachtet, sondern als ein umfassendes Problem, das in mannigfaltiger Art und Weise auftritt. Beschränkt man dabei die Gesetzesumgehung auf das Zivilrecht, wie es hier getan wurde, kann zur Lösung dieses

528 Sie dazu die Ausführungen bei Erhardt, 20f. mwN.

529 So auch Erhardt, 21f; Koziolek, 30.

530 Erhardt, 37ff.

531 Erhardt, 39.

532 Erhardt, 56f.

533 vgl. nur Bamberger/Roth/*Becker*, § 309 Nr. 8, Stand 8/2014, Rn. 21ff mwN.

534 Siehe hierzu ausführlich Erhardt, 67ff.

Problems der gesamte Instrumentenkasten des BGB herangezogen werden. Die Umgehungsproblematik ist daher nicht mithilfe des ‚einen' Instruments zu lösen, sondern je nach ihrer konkreten Ausgestaltung mit dem Mittel, das zu ihrer Lösung angebracht und tauglich ist.[535] Wie dargestellt wurde, kann es sich dabei um die Anwendung von §§ 117 oder 138 BGB handeln, die Auslegung des Sachverhalts kann zur Lösung beitragen oder, was sicherlich in den meisten Fällen zu einer sachgerechten Lösung führt, die umgangene Norm wird teleologisch ausgelegt bzw. deren Anwendungsbereich durch Analogie erweitert. Dabei gibt es weder eine zwingende Reihenfolge, noch eine Verdrängung des einen durch das andere Instrument. Es wird vielmehr dasjenige zur Lösung des Umgehungsproblems herangezogen, welches im konkreten Fall am einfachsten zu einer sachgerechten Lösung führt.

Diese Herangehensweise kann wohl heute im Ergebnis als allgemeiner Konsens betrachtet werden[536] und, sieht man von einer anderen terminologischen Einordnung ab, wurde so wohl auch schon von *Teichmann* verfolgt.[537] Die Frage der Einordnung ist daher weniger ein dogmatisches Problem als vielmehr eine Frage der Definition dessen, was ein Umgehungsgeschäft sein soll. Da die Gestaltungsmöglichkeiten zur Gesetzesumgehung aber unzählig sind und eine Definition daher höchstens auf abstrakter Ebene möglich ist, stellt es sich im Ergebnis doch wieder nur als terminologisches Problem dar.

(gg) Zwischenergebnis

Es bleibt somit festzuhalten, dass es eine allgemeine, von einem normierten Umgehungsverbot unabhängige Umgehungsproblematik gibt. Diese wird heute nicht mehr als eigenes Rechtsinstitut verstanden, sondern deren Lösung ergibt sich aus der Anwendung des Rechts. Dabei können insbesondere die Instrumente der Sachverhaltsauslegung, die Anwendung der §§ 117, 138 BGB und Auslegung bzw. analoge Anwendung der umgangenen Norm herangezogen werden. Einen Anwendungsvorrang gibt es nicht; die Lösung des Umgehungsproblems richtet sich nach der Sachdienlichkeit.

---

535 So in Bezug auf die unterschiedlichen Lösungswege auch Staudinger/*Sack/Seibl*, § 134, Rn. 146ff.

536 Am umfassendsten wohl Sieker, Umgehungsgeschäfte.

537 Auch *Teichmann* hat Sachverhaltsauslegung und Gesetzesauslegung als taugliche Mittel angesehen, um einige Fälle, die man als Gesetzesumgehung verstehen kann, zu lösen. Er hat sie nur nicht so genannt. Vielmehr sollte nach ihm die Nomenklatur „*Gesetzesumgehung*" den Fällen vorbehalten bleiben, die eine analoge Anwendung erforderlich machten, vgl. Seite 64f.

Die Frage nach der rechtlichen Einordnung der Umgehungsproblematik, oder besser: Die Frage danach, auf welche Weise der Umgehungsproblematik begegnet werden kann, sagt allerdings nur wenig darüber aus, wie eine unerlaubte Gesetzesumgehung von der erlaubten Rechtsgestaltung abgegrenzt werden kann – wann also eine Gesetzesumgehung vorliegt.

(b) Konkretisierung der Gesetzesumgehung[538]

Nachfolgend soll daher der Versuch unternommen werden, den Begriff der Gesetzesumgehung näher zu konkretisieren, um eine Abgrenzung zur erlaubten Rechtsgestaltung zu erleichtern.

(aa) Umgehungsobjekt

Objekt der Umgehung, also Gegenstand dessen, was umgangen werden soll, ist das zwingende Recht. Die Bezeichnung Gesetzesumgehung ist daher streng genommen zu eng. Vielmehr kann auch Richter- und Gewohnheitsrecht oder das durch Vertrag oder Satzung zwischen Privatpersonen begründete Recht, Gegenstand der Umgehung sein.[539] Außerdem ist die echte Gesetzesumgehung, wie bereits an anderer Stelle angemerkt,[540] nicht auf das Zivilrecht beschränkt, sondern kann auf allen Rechtsgebieten stattfinden. Insbesondere im Steuerrecht und im internationalen Privatrecht kommt der Gesetzesumgehung eine große Bedeutung zu.[541] Dass Gegenstand der Umgehung nur der zwingende Rechtssatz sein kann, ergibt sich von selbst.[542] Das dispositive Recht kann per Definition nicht umgangen werden. Demgegenüber ist eine Differenzierung zwischen Verbots- und Gebotsgesetzen nicht zielführend, da sie im Ergebnis beide zwingend sind.[543]

(bb) Umgehungshandlung

Die Umgehung von Gesetzen kann auf unterschiedliche Art und Weise geschehen. Die im BGB normierten Umgehungsverbote verwenden dazu den Begriff der anderweitigen Gestaltung. Dieser Begriff ist dabei vom Gesetzgeber bewusst weit gewählt,[544] sodass von einer tatsächlichen Handlung über rechtsgeschäftsähnliche

538 Die Gliederung dieses Abschnitts ist angelehnt an die Gliederung bei Koziolek, 16ff.
539 Schurig, FS Ferid, 375.
540 Siehe oben: Seite 100f.
541 Vgl. Koziolek, 17 mwN; zum IPR besonders Schurig, FS Ferid, 375, 376ff. mit zahlreichen Beispielen.
542 Vgl. dazu die Ausführungen bei Koziolek, 16f; ebenso Najdecki, 16f.
543 Koziolek, 17f. mwN.
544 Palandt/*Grüneberg*, § 312k (nF), Rn. 3.

Handlungen bis hin zum Rechtsgeschäft alles unter diesen Begriff subsumiert werden kann.[545] Nichts anderes muss auch für das allgemeine Umgehungsverbot gelten.

Unabhängig von gesetzlich normierten Umgehungsverboten und von der Art und Weise, wie eine solche Umgehung herbeigeführt werden kann, unterscheidet die Literatur auf der Ebene der Zielrichtung der Umgehung zwei Formen der Gesetzesumgehung.[546] Zunächst kann eine Gesetzesumgehung durch Tatbestandsvermeidung versucht werden. Hierbei versucht der Umgehende die Verwirklichung der tatbestandlichen Voraussetzungen einer Norm zu vermeiden, oder

> „gewissen lästigen Rechtssätzen durch Umgestaltung des Sachverhalts auszuweichen.".[547]

Als Beispiel soll hier das Agenturgeschäft im Gebrauchtwagenhandel dienen, auf das weiter unten noch näher eingegangen wird.[548] Hat der Händler, der das in Zahlung gegebene Auto weiterveräußert, im Namen des Eigentümers gehandelt, liegt grundsätzlich noch kein unzulässiges Umgehungsgeschäft vor. Schließlich hat er den Gebrauchtwagen gerade nicht selbst gekauft. Hat er dem Eigentümer aber einen bestimmten Mindestpreis für den Gebrauchtwagen garantiert, trägt er also auch das Risiko des Geschäfts, ist die Schwelle der Tatbestandsvermeidung überschritten. Hier wählt der Händler die Geschäftsvariante nur, um den Anwendungsbereich der Verbrauchsgüterkaufvorschriften zu vermeiden.[549]

Die andere Form der Gesetzesumgehung ist die Tatbestandserschleichung. Diese liegt dann vor, wenn von den Parteien Tatsachen geschaffen werden, die allein oder vorwiegend dem Zweck dienen, einen Ausnahmetatbestand zu erfüllen.[550] Hier soll also ein Vorteil geschaffen werden, der so vom Gesetz nicht vorgesehen ist.[551] Als Beispiel sei hier das Erschleichen von Subventionen genannt. Der Umgehende gehört eigentlich nicht zu den vom Gesetz vorgesehen Subventionsempfängern, manipuliert aber den Tatbestand so, dass er nach dem Wortlaut doch in den Kreis der Empfangsberechtigten fällt. Für den weiteren Verlauf dieser Arbeit ist die

---

545 Palandt/*Weidenkaff*, § 475, Rn. 7; Staudinger/*Matusche-Beckmann*, § 475, Rn. 42.

546 Die folgende Unterscheidung geht zurück auf Römer, 33ff; siehe auch: Koziolek, 19ff; MüKo/*Lorenz*, § 475, Rn. 28ff.

547 Teichmann, 50.

548 Siehe unten: Seite 117ff.

549 BGH NJW 2005, 1039; BGHZ 170, 67.

550 MüKo/*Lorenz*, § 475, Rn. 34.

551 Najdecki, 20.

Tatbestandserschleichung aber irrelevant. Bei dem hier behandelten Problem kann allenfalls eine Tatbestandsvermeidung zum Umgehungsgeschäft führen.

(c) Allgemeine Umgehungsvoraussetzungen

Nachdem der Versuch unternommen wurde, die Ansichten um die dogmatische Einordnung der Umgehungsproblematik sowie einer Konkretisierung des Umgehungsbegriffs darzustellen, stellt sich nun die Frage, ob sich konkrete Voraussetzungen für das Eingreifen eines allgemeinen Umgehungsverbots finden lassen.

(aa) Subjektives Element

Im Zusammenhang mit Umgehungsverboten wurde seit jeher kontrovers diskutiert, ob ein Umgehungsgeschäft ein subjektives Element benötigt, um einen Umgehungstatbestand zu verwirklichen. Vielfach wird dieses subjektive Element, also eine wie auch immer geartete Umgehungsabsicht, als der eigentliche Grund für eine eigene Lehre vom Umgehungsverbot angesehen.[552] Denn nur wenn man dem Umgehungsverbot diese selbstständige Stellung zuerkennt, kann man auch eine eigenständige tatbestandliche Voraussetzung begründen, die, anders als die teleologische Gesetzesanwendung, über die reine Anwendung der umgangenen Norm hinausgeht.[553] Auch im Zusammenhang mit der Anwendung der normierten Umgehungsverbote gibt es in der neueren Literatur Stimmen, die ein subjektives Element, etwa in Form der Kenntnis des Umgehenden um die Verbrauchereigenschaften seines Vertragspartners, für notwendig halten.[554] Die überwiegende Ansicht in Schrifttum und die Rechtsprechung verneinen die Erforderlichkeit einer subjektiven Komponente jedoch.[555] Es sei unerheblich, ob die Parteien die Umgehung angestrebt haben oder ob sie ihnen auch nur bewusst war. Gerade in Bezug auf die weitverbreiteten verbraucherschützenden normierten Umgehungsverbote

---

552 Vgl. Sieker, 39 mwN; Teichmann, 67.

553 Benecke, 154; vgl. grundlegend Teichmann, Die Gesetzesumgehung. Einen sehr instruktiven Überblick zu dieser Kontroverse und ihre Konsequenzen gibt aus der jüngeren Vergangenheit noch einmal in einem lesenswerten Aufsatz: Teichmann, JZ 2003, 761ff.

554 Siehe oben: Seite 76f.

555 BGHZ 56, 289; BGH NJW 1990, 982, 986; Erhardt, 34; Najdecki, 30f. mwN; Oxe, 101; Sieker, 39f; Tamm, 416f; Teichmann, 69f; MüKo/*Lorenz*, § 475, Rn. 27 (mit Verweis auf das BGH-Urteil vom 21.12.2005!); MüKo/*Wendehorst*, § 312i. (a. F.), Rn. 14; PWW/*Ahrens*, § 134, Rn. 30.

wird auf deren objektive Formulierung verwiesen.[556] Außerdem wird darauf abgestellt, dass die ratio legis dieser verbraucherschützenden Umgehungsverbote eine subjektive Komponente gar nicht zulässt.[557] Es komme ja gerade nicht darauf an, ob die Gesetzesumgehung absichtlich geschehen sei oder aufgrund von Unvermögen der beteiligten Parteien. Die Verbrauchsgüterkaufvorschriften wollten den Verbraucher schützen. Und dies unabhängig davon, ob der Unternehmer bösgläubig ist oder nicht.

Dem ist grundsätzlich zuzustimmen. Genauso wenig wie es eines eigenen Rechtsinstituts zur Lösung der Umgehungsproblematik bedarf, ist ein subjektives Element im Sinne der Gesinnung des Umgehenden erforderlich.[558] Beide Fragen sind sehr eng miteinander verknüpft, warum auch das Erfordernis eines subjektiven Elements in diesem Sinne heute nicht mehr vertreten wird. Demnach schadet Umgehungsabsicht beim Vorliegen eines Umgehungsgeschäfts zwar nicht, sie stellt aber keine (Tatbestands-)Voraussetzung dar.

Allerdings gibt es im Rahmen des allgemeinen Umgehungsverbots Konstellationen, bei denen anhand objektiver Kriterien eine Unterscheidung zwischen zulässiger Rechtsgestaltung und verbotenem Umgehungsgeschäft nicht möglich ist.[559] In diesen Konstellationen fällt es selbst den entschiedenen Gegnern eines subjektiven Elements schwer, standhaft zu bleiben und eine nachvollziehbare Begründung zu liefern.[560]

Zu unterscheiden von dieser Art der subjektiven Komponente, die durchaus weiter geht als eine Umgehungsabsicht, ist der für jede Form des rechtlich relevanten

556 Teichmann, JZ 2003, 761, 764.

557 Erhardt, 34; Koziolek, 25ff; Najdecki, 31.

558 Eine knappe, der Bedeutung des Problems um die Umgehungsabsicht aber ausreichend Rechnung tragende Übersicht zum Stand der Diskussion findet sich bei Erhardt, 34ff.

559 Siehe dazu die Beispiele bei Schurig, FS Ferid, 375, 403f. und Sieker, 44f, sowie BGHZ 110, 230ff.

560 Siehe nur Schurig, FS Ferid, 375, 403f. und Sieker, 44f; Das Problem ebenso aufzeigend: Erhardt, 35; Instruktiv ist hierzu die Kommentierung in Palandt/*Grüneberg*, 73. Auslage 2014, § 312i (aF) bzw. gleichlautend § 312k (nF), jeweils Rn. 3: „*Es genügt das Vorliegen der objektiven Voraussetzungen, eine Umgehungsabsicht ist nicht erforderlich. Auf Seiten des Unternehmers muss der Wille bestehen, bei dem betreffenden Rechtsgeschäft durch eine anderweitige Gestaltung die Anwendung einer oder aller verbraucherschützenden Normen zu vermeiden.*“ Dies zeigt eindrücklich, wie versucht wird, einerseits der Prämisse des objektiven Verbraucherschutzes und anderseits dem ‚Schutz' des redlichen Unternehmers, gerecht zu werden.

Verhaltens notwendige Wille.[561] Auf diese Art des subjektiven Erfordernisses wird zu einem späteren Zeitpunkt noch näher eingegangen.[562] Es bleibt an dieser Stelle festzuhalten, dass eine subjektive Komponente zur Verwirklichung eines Umgehungstatbestandes grundsätzlich nicht erforderlich ist, es aber auch bei der Lösung des Umgehungsproblems durch Auslegung und Analogie Konstellationen gibt, die sich ohne Blick auf die innere Seite nicht lösen lassen.

(bb) Weitere Voraussetzungen

Möchte man das konkrete Umgehungsproblem über die Anwendung der §§ 117, 138 BGB lösen, bedarf es selbstredend der Voraussetzungen dieser Normen. Allerdings handelt es sich dabei, wie bereits oben festgestellt, um weitergehende Voraussetzungen, als sie bei der Lösung des Umgehungsgeschäfts durch teleologische Gesetzesanwendung anzusetzen sind. Möchte man das allgemeine Umgehungsproblem durch Auslegung und Analogie lösen, bedarf es keiner weiteren Voraussetzungen, als sie die umgangene Norm erfordert. Das Umgehungsproblem wird dann gerade dadurch gelöst, dass man die umgangene Norm selbst anwendet. Die Anforderungen an Auslegung und Analogie sind daher die einzigen Voraussetzungen, die bei einem allgemeinen Umgehungsproblem über die Anwendung der umgangenen Norm hinaus beachtet werden müssen.

(d) Rechtsfolge

Die Rechtsfolge der Gesetzesumgehung ist nach oben Gesagtem schnell gefunden. Wendet man die §§ 117, 138 BGB an, ist die Rechtsfolge die Nichtigkeit des Umgehungsgeschäfts und, im Falle des § 117 BGB, die Wirksamkeit des dissimulierten Geschäfts. Legt man den Sachverhalt so aus, dass er sich unter die umgangene Norm subsumieren lässt, oder wird die umgangene Norm teleologisch angewandt, ergibt sich die Rechtsfolge aus dieser Norm.[563]

---

561 So richtigerweise auch Koziolek, 26, FN 141; der auf Schurig, FS Ferid, 375, 398 verweist, welcher zwar ebenfalls eine Lösung über Auslegung und Analogie sucht, zugleich aber den Wille zur Handlung als subjektives Erfordernis für das Vorliegen eines Umgehungsgeschäfts voraussetzt. Auch Sieker, 44 stellt auf den rechtsgeschäftlichen Willen ab und meint wohl ähnliches.

562 Siehe unten: Seite 131ff.

563 So auch Soergel/*Hefermehl*, § 134, Rn. 41; zu § 475 BGB siehe MüKo/*Lorenz*, § 475, Rn. 35.

(e) Zwischenergebnis

Führt man vorstehende Überlegungen konsequent zu Ende, kommt man zu einem etwas überraschenden, aber letztlich nur logischen Ergebnis: Ein allgemeines Umgehungsverbot als eigenständiger Rechtsbegriff ist überflüssig. Die Umgehungsproblematik lässt sich vor allem mit den Mitteln der Auslegung und Analogie lösen. Dabei wird auf Sinn und Zweck der umgangenen Norm abgestellt, und die Rechtsfolge bestimmt sich nach dem Inhalt dieser Norm. Die Gesetzesumgehung kann auf jede erdenkliche Art und Weise versucht werden, ohne dass die gewählte Art der Umgehungshandlung Einfluss auf die Lösung hätte. Eigenständige tatbestandliche Voraussetzungen über diejenigen der anzuwendenden Norm hinaus gibt es nicht. Ergibt eine teleologische Gesetzesanwendung, dass der Sachverhalt nicht unter die entsprechende Norm subsumiert werden kann, liegt ein Fall zulässiger Rechtsgestaltung vor.

Damit soll nicht etwa das Ende der Diskussion um die Umgehungsproblematik ausgerufen werden. Eine eigenständige, allgemeine Umgehungsproblematik und damit einhergehend ein allgemeines Umgehungsverbot sind essentieller Bestandteil der Zivilrechtsordnung. Die Umgehung ist ein notwendiges Pendant zur Rechtsgestaltung und als solches für die Fortentwicklung des Rechts unentbehrlich. Gleichwohl sind die Instrumente der Durchsetzung des allgemeinen Umgehungsverbots eigenständige Institute der Rechtsordnung, wie z.B. Auslegung und Analogie, die im Rechtstatsächlichen einen eigenständigen Rechtsbegriff *allgemeines Umgehungsverbot* überflüssig machen.

(3) Das Umgehungsverbot nach § 475 I 2 BGB

Unter Berücksichtigung dieser Grundsätze stellt sich als Nächstes die Frage, wie das normierte Umgehungsverbot nach § 475 I 2 BGB zu handhaben ist; insbesondere, ob auch dieses normierte Umgehungsverbot im Rechtstatsächlichen überflüssig ist.

(a) Bedeutung normierter Umgehungsverbote

Will man die Umgehungsproblematik durch Auslegung und Analogie lösen, erscheint auf den ersten Blick ein gesetzlich normiertes Umgehungsverbot wie in § 475 I 2 BGB als überflüssig. Es wäre nach der obigen Erläuterung völlig ausreichend, § 475 I 1 BGB entsprechend seiner Verbotsanordnung so auszulegen bzw. analog anzuwenden, dass alle Sachverhalte, die vom Telos der Norm erfasst sind, direkt unter § 475 I 1 BGB subsumiert werden können.[564] In der Literatur

564 So auch Tamm, 417f.

ist daher ein beachtlicher Streit darüber ausgebrochen, welche Bedeutung den normierten Umgehungsverboten überhaupt zukommen soll.

Die wohl herrschende Meinung in der Literatur ist der Auffassung, den normierten Umgehungsverboten komme überhaupt keine eigenständige Bedeutung zu.[565] Dabei reicht die ablehnende Haltung von:

> „Sie nutzt nichts, sie schadet aber auch nicht…“[566]

bis hin zu der Annahme, die normierten Umgehungsverbote wären sogar schädlich, da sie zu einem sorgloseren Umgang mit dem Gesetz verleiten würden.[567] Dazwischen wird angenommen, die gesetzlichen Umgehungsverbote hätten lediglich eine Apell- und Klarstellungsfunktion,[568] oder seien zu begrüßen, da hierin der Transparenzgedanke einfließe.[569] Diese Auffassungen kommen somit zu dem Ergebnis, auch ein gesetzliches Umgehungsverbot führe nur zur teleologischen Gesetzesanwendung der umgangenen Normen.

Die Verfechter eines eigenständigen allgemeinen Rechtsinstituts *Umgehungsverbot* sehen in den normierten Umgehungsverboten eine Bestätigung ihrer Theorie und erkennen folgerichtig den normierten Umgehungsverboten eine eigenständige Bedeutung zu.[570] Eine Auslegung sei insbesondere in Bezug auf Verbotsgesetze wegen des grundrechtlichen Schutzes der Privatautonomie nur in sehr eingeschränktem Umfang möglich. Daher seien gesetzlich normierte Umgehungsverbote nur sinnvoll, wenn die Behandlung von Umgehungsgeschäften mehr ist als nur ein Problem der Auslegung.[571] Auch die analoge Anwendung der umgangenen Norm scheide im Anwendungsbereich eines normierten Umgehungsverbots aus, da es bereits an einer planwidrigen Regelungslücke fehle.[572] Dies führe zur eigenständigen Bedeutung der gesetzlich normierten Umgehungsverbote.[573]

---

565 Sieker, 27ff, 39; Teichmann, JZ 2003, 761, 767; PWW/*Ahrens*, § 134, Rn. 31; vgl. die weiteren Nachweise bei Erhardt, 27, Fn. 156.

566 Teichmann, JZ 2003, 761, 767.

567 Sieker, 39.

568 Sieker, 39.

569 Tamm, 418.

570 Zerres, MDR 2004, 1334ff; MüKo/*Mayer-Maly/Armbrüster*, 4. Auflage, § 134 Rn. 12ff; Im Ergebnis auch Benecke, 73ff.

571 MüKo/*Mayer-Maly/Armbrüster*, 4. Auflage, § 134 Rn. 14f.

572 Gramlich/Zerres, ZIP 1998, 1299, 1304; nahezu wortgleich: Zerres, MDR 2004, 1334, 1338; Benecke, 77.

573 Benecke, 78.

Insbesondere in der jüngeren Literatur wird eine dritte Richtung eingeschlagen, die zwar an der Ablehnung eines eigenen Rechtsinstituts *Umgehungsverbot* festhält, aber den gesetzlichen Umgehungsverboten trotzdem eine eigenständige, über eine bloße Klarstellungsfunktion hinausgehende Bedeutung zumisst.[574] Hier wird insbesondere darauf verwiesen, dass die Annahme einer Analogie neben einem gesetzlichen Umgehungsverbot systemwidrig ist. Eine Lücke, als Voraussetzung für eine Analogie, gäbe es im Fall eines gesetzlichen Umgehungsverbots nämlich gerade nicht mehr.[575]

In der Tat ist es nicht einzusehen, warum die notwendigen und überaus nützlichen Hilfsinstrumente der Auslegung und Analogie bemüht werden müssen, um ein Gesetz seiner eigenständigen Bedeutung zu berauben. Wenn der Gesetzgeber schon ein Gesetz zur Regelung eines, bisher nur unter Zuhilfenahme eines rechtlichen Hilfsmittels handhabbaren, Sachverhalts zur Verfügung stellt, sollte das auch genutzt werden.[576] Ignoriert man derart die Vorgaben der normierten Umgehungsverbote, kommt den Hilfsmitteln Auslegung und Analogie eine über ihre eigentliche Funktion hinausgehende Bedeutung zu. Diese haben sie weder verdient noch wird sie dem zum Ausdruck gebrachten gesetzgeberischen Willen gerecht.[577] Dass sich in der Sache dadurch wenig ändern wird, versteht sich von selbst.[578] Auch die Anwendung der normierten Umgehungsverbote führt im Ergebnis zu einer teleologischen Anwendung der umgangenen Normen. Denn die normierten Umgehungsverbote drücken gerade den gesetzgeberischen Willen aus, in ihrem Anwendungsbereich den Maßstab für die teleologische Auslegung der umgangenen Norm zu erweitern. Der Gesetzgeber bestimmt mit den normierten Umgehungsverboten daher die Reichweite der Anwendung der umgangenen Normen. Und genau darin liegt die eigenständige Bedeutung der normierten Umgehungsverbote.

Diese Folgerung wird bestätigt durch einen Blick auf die Praxis. Die Umgehungsproblematik konzentriert sich in ihrer Erscheinung und Befassung durch Rechtsprechung und Literatur nämlich eindeutig auf die normierten

574 Erhardt, 29f; Najdecki, 34f; sehr ausführlich hergeleitet Koziolek, 33ff, 87ff; im Ergebnis wohl auch Soergel/*Hefermehl*, § 134, Rn. 37.

575 Erhardt, 29f; aber auch schon Gramlich/Zerres, ZIP 1998, 1299, 1303f.

576 So auch Gramlich/Zerres, ZIP 1998, 1299, 1304, (nahezu Wortgleich ist der Aufsatz von Zerres, MDR 2004, 1334ff) die darauf verweisen, dass die „*Achtung vor dem demokratischen Gesetzgeber [es] erfordert… Normen ‚ernst' zu nehmen, ihnen also im Zweifel einen eigenen Geltungsanspruch zuzuerkennen.*".

577 So ähnlich auch Schurig, FS Ferid, 375, 383.

578 So auch Gramlich/Zerres, ZIP 1998, 1299, 1305.

Umgehungsverbote. Es ist nicht davon auszugehen, dass Rechtsprechung und Literatur diejenigen Sachverhalte, die inzwischen unter normierte Umgehungsverbote subsumiert werden, in ähnlichem Umfang auch unter ein allgemeines Umgehungsverbot gefasst hätten. Allein ein Blick auf die Anwendungsfälle des § 6 AbzG als eines der frühesten und am intensivsten genutzten Umgehungsverbote legt diesen Schluss nahe.[579] Vor diesem Hintergrund zu behaupten, den normierten Umgehungsverboten komme keine eigenständige Bedeutung zu, ist eine dogmatische Verklärung, die eine fast 100 jährige Praxis ignoriert. Ohne die Normierung der Umgehungsverbote wäre eine Vielzahl der heute als Umgehungstatbestände angesehenen Sachverhaltsgestaltungen nicht als solche identifiziert und gelöst worden.

Ein weiterer, für die Rechtspraxis nicht zu unterschätzender Vorteil eines normierten Umgehungsverbots gegenüber einer rein teleologischen Gesetzesanwendung kommt insbesondere für erstinstanzliche Verfahren vor in der Regel überlasteten Gerichten zur Geltung: Zumeist wird es anhand einer auf ein normiertes Umgehungsverbot gestützten Argumentation deutlich leichter fallen, das Gericht vom Vorliegen einer Gesetzesumgehung zu überzeugen, als wenn diese Argumentation nur auf einer extensiven Auslegung oder Analogie basiert.[580]

(b) Konkretisierung von § 475 I 2 BGB

Die Erkenntnis, dass die Lösung der Umgehungsproblematik, auch im Bereich der normierten Umgehungsverbote, in der teleologischen Gesetzesinterpretation zu suchen ist, sagt nur wenig darüber aus, wie im Einzelfall eine Abgrenzung zwischen unzulässiger Umgehung und zulässiger Rechtsgestaltung vorzunehmen ist. Rechtsprechung und Literatur haben daher Ansätze entwickelt, wie den problematischen Sachverhalten begegnet werden kann.

(aa) Durch die Rechtsprechung

i. Die Rechtsprechung des BGH zum Agenturgeschäft

Der BGH hatte über das Vorliegen eines Umgehungsgeschäfts beim Verbrauchsgüterkauf zuerst wegen der sogenannten Agenturgeschäfte zu entscheiden.[581] Bei einem Agenturgeschäft tritt ein Händler als Vermittler zwischen Käufer und

---

579 Vgl. nur Koziolek, 35ff. mwN; Ebenso Zerres, MDR 2004, 1334, 1336 („*Regelungsvorbild*“).

580 So auch Zerres, MDR 2004, 1334, 1336 und Gramlich/Zerres, ZIP 1998, 1299, 1300.

581 BGH NJW 2005, 1039ff; eine ausführliche Auseinandersetzung mit diesem Urteil siehe bei Najdecki, 57ff.

Verkäufer auf. Dabei veräußert der Händler einen Gegenstand als Vertreter des Verkäufers an einen Erwerber. Er tritt also in fremdem Namen auf und handelt auch auf fremde Rechnung. Der Agenturvertrag selbst, also der Vertrag zwischen Vermittler und Verkäufer, wird im Allgemeinen als Geschäftsbesorgungsvertrag mit dienstrechtlichem Charakter angesehen.[582] Die größte Bedeutung kam den Agenturgeschäften im Gebrauchtwagenhandel zu. Sie finden aber beispielsweise auch im Kunsthandel Anwendung. Entstanden ist das Agenturgeschäft aus der gleichen Motivation wie auch das Leasinggeschäft; es sollte steuerrechtlichen Besonderheiten Rechnung tragen. Durch die Einführung der Mehrwertsteuer mit dem Inkrafttreten des UStG im Jahre 1967 musste auch der Erlös bei Weiterverkauf eines in Zahlung gegebenen Gebrauchtwagens durch die Händler versteuert werden. Das Agenturgeschäft wurde daher entwickelt, um diese Steuerpflicht zu vermeiden. Die Rechtsprechung hat diese Vorgehensweise zur Vermeidung einer Doppelbesteuerung – auch beim Erstverkauf fallen schließlich Steuern an – als legitimes Vorgehen anerkannt.[583] Durch die Einführung der Differenzbesteuerung mit § 25a UStG im Jahre 1990 verlor das Agenturgeschäft in der Praxis jedoch drastisch an Bedeutung. Von der Umsatzsteuer war ab diesem Zeitpunkt nicht mehr der gesamte Verkaufserlös erfasst, sondern nur noch die Differenz zwischen Ankaufs- und Verkaufspreis des Gebrauchtwagens. Mit der Einführung der Verbrauchsgüterkaufvorschriften zum 01.01.2002 erfuhr das Agenturgeschäft eine Renaissance. Zur Vermeidung der für die Händler negativen Folgen aus einem Verbrauchsgüterkauf wurde der das Kfz in Zahlung gebende Verbraucher kurzerhand zum Verkäufer ‚ernannt'. Es stellte sich daher die Frage, wann bei einem solchen Geschäft ein unzulässiges Umgehungsgeschäft nach § 475 I 2 BGB vorliegt und wann es sich um ein legitimes Mittel der Rechtsgestaltung handelt. In der Literatur entwickelten sich unterschiedliche Ansätze, die von der generellen Unzulässigkeit eines Agenturgeschäfts im Hinblick auf § 475 I 2 BGB, bis hin zur grundsätzlichen Zulässigkeit eines solchen, reichen.[584]

Schnell setzte sich in dem wohl überwiegenden Teil des Schrifttums aber eine differenzierende Ansicht durch,[585] der sich auch der BGH in seinem Grundsatzurteil zum Umgehungsgeschäft bei Agenturgeschäften anschloss.[586] Darin hat er entschieden, dass ein Umgehungsgeschäft in dieser Konstellation nur dann vorliegt,

582 vgl. Najdecki, 59f.

583 Siehe zur Entwicklung und den steuerlichen Hintergründen des Agenturgeschäfts Najdecki, 61ff.

584 Vgl. Najdecki, 70ff. mwN.

585 Vgl. Najdecki, 79 mwN.

586 BGH NJW 2005, 1039ff.

wenn bei wirtschaftlicher Betrachtungsweise der Gebrauchtwagenhändler als der Verkäufer des Fahrzeugs anzusehen ist. Entscheidende Bedeutung komme hierbei der Frage zu, ob der Händler oder der als Verkäufer in Erscheinung tretende Fahrzeugeigentümer das wirtschaftliche Risiko des Verkaufs zu tragen habe.[587] Garantiere der Händler dem Verkäufer etwa einen bestimmten Mindestverkaufspreis für das Altfahrzeug, trage allein der Händler das wirtschaftliche Risiko des Geschäfts, sodass bei einer wirtschaftlichen Betrachtungsweise von einem Ankauf des Altfahrzeugs durch den Händler auszugehen sei.[588] In diesem Fall gibt der Händler den Verbraucher als Eigentümer lediglich formal an, um in tatsächlicher und vor allem wirtschaftlicher Hinsicht ein eigenes Geschäft unter Umgehung der Verbrauchsgüterkaufvorschriften zu tätigen.

Dem Urteil lässt sich entnehmen, dass ein Agenturgeschäft sehr wohl den Umgehungstatbestand nach § 475 I 2 BGB verwirklichen kann, sein Eintreten aber von den Umständen des Einzelfalls abhängt. Der BGH stellt dabei überwiegend auf die Verteilung der Risiken und Chancen ab, welche sich im Ergebnis aus der Vertragsbeziehung zwischen Händler und Hintermann ergeben. Die Verallgemeinerungsfähigkeit der in diesem Urteil angelegten Maßstäbe, insbesondere der Bezug auf eine wirtschaftliche Betrachtungsweise, wurde bereits durch den BGH bestätigt.[589] Diese Entscheidung wurde auch bei dem Urteil des BGH vom 21.12.2005 zur Begründung vergleichend herangezogen.[590]

Vergleichbar, aber nicht identisch, ist darüber hinaus der Fall, den der BGH in seinem Urteil vom 12.12.2012 zu entscheiden hatte.[591] Dabei hat ein Gebrauchtwagenhändler seine Ehefrau als Verkäuferin eines gebrauchten und letztlich mangelhaften Kfz vorgeschoben. Der Käufer ist daraufhin vom Kaufvertrag zurückgetreten und macht Rückzahlungsansprüche gegen die Ehefrau geltend. Der BGH hat Gewährleistungsansprüche gegen die Ehefrau wegen Verjährung zu Recht verneint. Gleichzeitig hat er klargestellt, dass dem Käufer keine bereicherungsrechtlichen Ansprüche zustehen, da der Kaufvertrag als Rechtsgrund deren Anwendung hindere. Der Kaufvertrag sei insbesondere nicht als Scheingeschäft nach § 117 I BGB nichtig, da das Rechtsgeschäft von beiden Parteien gewollt sei, sodass eine Simulation ausscheide. Die Klage war daher abzuweisen. Interessant an der Entscheidung ist der darin enthaltene Hinweis des BGH auf

---

587 BGH NJW 2005, 1039ff.

588 BGH NJW 2005, 1039ff.

589 BGHZ 170, 67ff.

590 BGH NJW 2006, 1066ff.

591 BGH NJW-RR 2013, 687ff.

die Agenturgeschäftsrechtsprechung[592] und eine mögliche (alleinige) Haftung des Gebrauchtwagenhändlers selbst. Hiermit hat der BGH grundsätzlich das Tor für eine Anwendung des § 475 I 2 BGB auch für derartige Fälle weit geöffnet. Dem Käufer aus vorgenanntem Fall ist vorzuhalten, dass er nur die Ehefrau und nicht zugleich den Gebrauchtwagenhändler in Anspruch genommen hat, wobei es hierfür im Einzelfall auch gute Gründe gegeben haben mag.[593]

ii. Das Umgehungsgeschäft im BGH-Urteil vom 21.12.2005

In der Leasing-Entscheidung vom 21.12.2005 hat derselbe Senat, unter Mitwirkung von zwei auch an dem Urteil zum Agenturgeschäft beteiligten Richtern, erneut zum Umgehungsgeschäft Stellung genommen. Dabei hat sich der BGH auf das Urteil zum Agenturgeschäft bezogen und die wesentliche Aussage dieses Urteils – bei der Beurteilung der Frage, ob ein Umgehungsgeschäft vorliege oder nicht, komme es darauf an, wer das wirtschaftliche Risiko trage – zum Bestandteil seines neuen Leasingurteils gemacht. Der BGH zitiert in seinem Leasingurteil das Agenturgeschäftsurteil dahingehend, dass ein Umgehungsgeschäft nur in Betracht komme,

> „wenn das Agenturgeschäft mangels eines dem Fahrzeugeigentümer verbleibenden wirtschaftlichen Verkaufsrisikos allein den Zweck hat, die für den Verbrauchsgüterkauf geltenden Vorschriften auszuschließen oder einzuschränken."[594]

Auf dieser Grundlage argumentiert der BGH im Leasing-Urteil und kommt dabei zu einer – nach seiner Auffassung – vergleichenden Anwendung der gefundenen, richtungsweisenden Grundsätze aus dem Agenturgeschäfts-Urteil. Unter Anwendung dieser Grundsätze sei bei dem, dem Leasing-Urteil zugrunde liegenden Sachverhalt keine Umgehung gegeben. Wegen der weiteren Ausführungen wird auf die obige Zusammenfassung des Leasing-Urteils verweisen.[595]

Kann man das Urteil zum Agenturgeschäft noch wunderbar als Stütze für die hier entwickelte These heranziehen, gelingt dies mit dem Urteil vom 21.12.2005 nicht mehr ohne Weiteres.[596] Das verwundert, da doch der BGH ausdrücklich in dem Urteil zum Umgehungsgeschäft beim Leasing auf das zum Agenturgeschäft

---

592 BGHZ 170, 67ff.

593 Z. B. die Insolvenz des Gebrauchtwagenhändlers oder eine weitere Verjährungsproblematik.

594 BGH NJW 2006, 1066, 1067.

595 Siehe oben: Seite 71ff.

596 So im Ansatz auch schon Höpfner, ZBB 2006, 200, 203, der es jedoch versäumt, näher darauf einzugehen.

Bezug genommen hat. Der Grund, warum eine reibungslose Subsumtion der hier entwickelten These unter das Urteil vom 21.12.2005 so schwierig, so unrund erscheint, das Urteil zum Agenturgeschäft aber sogar als Stütze dieser These dienen kann, liegt in einer – bewussten oder unbewussten – kleinen Änderung der Kernaussage aus dem Agenturgeschäftsurteil im Leasingurteil. Der BGH verändert die Aussage des Agenturgeschäftsurteils im Leasingurteil nämlich dahin, dass ein Umgehungsgeschäft nur in Betracht komme, wenn es den „*Zweck*" habe, die für den Verbrauchsgüterkauf geltenden Vorschriften auszuschließen oder einzuschränken. In dem Urteil zum Umgehungsgeschäft bei Agenturgeschäften ist aber von einem Zweck in dieser Hinsicht keine Rede.[597]

Der BGH interpretiert im Leasingurteil vom 21.12.2005 sein Urteil zum Agenturgeschäft um, indem er ein Zweckerfordernis für das Umgehungsgeschäft hinzufügt.[598] Aber gerade das steht der hier entwickelten These entgegen. Ein Zweckerfordernis würde nämlich ein zielgerichtetes Handeln zur Umgehung der Verbrauchsgüterkaufvorschriften voraussetzen. Dies liegt jedoch in den hier zugrunde liegenden Konstellationen, wie auch der BGH insoweit folgerichtig für eine dieser Konstellationen in dem Leasingurteil entschieden hat, in der Regel nicht vor. Es ist grundsätzlich nicht der Zweck des Leasinggeschäfts, die Verbrauchsgüterkaufvorschriften zugunsten des Lieferanten zu umgehen. Das Umgehungsgeschäft ergibt sich, so es denn vorliegt, vielmehr aus der Vertragsgestaltung selbst. Es ist das Nebenprodukt einer vertraglichen Konstruktion, die aus steuerlichen bzw. wirtschaftlichen Erwägungen geboren ist. Die Konstruktion hat in der Regel gerade nicht den Zweck, die Verbrauchsgüterkaufvorschriften auszuschließen. Das ist vermutlich auch der Grund, warum im Urteil zum Agenturgeschäft kein Zweckerfordernis für die Anwendung der Verbrauchsgüterkaufvorschriften vorausgesetzt ist. Denn auch das Agenturgeschäft ist eine Konstruktion, die aus steuerlichen und finanziellen Aspekten entwickelt wurde und eben nicht zum Zweck der Umgehung von verbraucherschützenden Normen.[599] Durch sie sollte, wie bereits oben beschrieben,[600] bis zur Einführung der Differenzbesteuerung nach § 25a UStG im Jahre 1990 das Anfallen von Umsatzsteuer für die Gebrauchtwagenhändler vermieden werden.[601] Dieses Vorgehen wurde vom BGH als legitimes Mittel anerkannt, genauso wie es auch das Leasing ist.[602]

---

597 BGH NJW 2005, 1039ff.

598 So auch zum Zweckerfordernis Schurig, FS Ferid, 375, 407f.

599 Siehe oben: Seite 117ff.

600 Siehe oben: Seite 117.

601 BGH NJW 2005, 1039ff.

602 BGH NJW 1978, 1482; NJW 1981, 388.

Wenn im Agenturgeschäftsurteil von einem „*Zweck*" die Rede ist, kann dies nur so verstanden werden, dass in diesem Zusammenhang nicht vom Zweck des Umgehungsgeschäfts die Rede ist, sondern davon, dass ein Umgehungsgeschäft nicht den Zweck der Verbrauchsgüterkaufvorschriften vereiteln darf. Der BGH führt hier aus:

> „... im Einzelfall [kann] eine Umgehung des für den Verbrauchsgüterkauf be**zweck**ten Verbraucherschutzes anzunehmen sein, wenn das Agenturgeschäft missbräuchlich dazu eingesetzt wird, ein in Wahrheit vorliegendes Eigengeschäft des Unternehmers zu verschleiern."[603] [Hervorhebung durch den Verfasser]

Im Agenturgeschäftsurteil stellt der BGH auf den Zweck der umgangenen Norm ab; er legt diese also teleologisch aus. Ein unzulässiges Umgehungsgeschäft liegt danach vor, wenn der Händler das wirtschaftliche Risiko des Geschäfts trägt, was objektiv bestimmt werden kann. Im Leasingurteil nimmt er aber Bezug auf den Zweck des Umgehungsgeschäfts, stellt also auf den (vor allem subjektiven) Sachverhalt ab.

Weiter führt er dabei an anderer Stelle in seinem Urteil vom 21.12.2005 aus, eine Umgehungsabsicht sei nicht erforderlich, vielmehr müsse auf den objektiven Zweck abgestellt werden. Hierzu verweist der BGH auf eine Entscheidung aus dem Jahre 1990.[604] In dieser Entscheidung musste sich der BGH mit der Umgehung eines Vorkaufsrechts auseinandersetzen. Der Beklagte dieses Rechtstreits veräußerte zwei Grundstücke, welche jeweils mit einem Vorkaufsrecht an zwei unterschiedliche Personen belastet waren, an eine dritte. Der Vorkaufsberechtigte für das eine Grundstück, der an dem Verfahren nicht beteiligt war, bewilligte die Löschung seines Vorkaufsrechts. Eine vollmachtlose Vertreterin (Notariatsangestellte) erklärte bei der Beurkundung zulasten des vorkaufberechtigten Klägers des anderen Grundstücks ebenfalls den Verzicht auf das Vorkaufsrecht. Der Kläger verweigerte jedoch seine Genehmigung zur Löschung des Vorkaufsrechts und erklärte vielmehr, dieses auszuüben. Der Beklagte lehnte die Auflassung an den vorkaufsberechtigten Kläger ab, der dies mit dem Gerichtsverfahren durchzusetzen versuchte. Der Beklagte berief sich auf eine Unwirksamkeit des Kaufvertrags nach § 139 BGB. Kaufvertrag und Verzicht des Klägers, den der BGH als Erlassvertrag auslegt, bildeten eine rechtliche Einheit, so dass die Unwirksamkeit des Verzichts wegen fehlender Genehmigung auch die Unwirksamkeit des Kaufvertrags nach sich zöge. Nach Auffassung des Klägers stelle dieses Vorgehen eine Umgehung von § 506 BGB a. F. (§ 465 BGB n. F.) dar und der Abschluss des Erlassvertrags durch einen vollmachtlosen Vertreter entfalte ihm gegenüber keine Wirkung. Der

603 BGH NJW 2005, 1039ff.

604 BGHZ 110, 230ff.

BGH erkannte einen möglichen Umgehungstatbestand und setzte sich mit diesem eingehend auseinander, gab aber letztlich dem Beklagten Recht und wies die Revision des Klägers zurück.[605] Zur Unterscheidung legitimer Rechtsgestaltung von rechtsmissbräuchlicher Umgehung hat er dabei ein Zweckerfordernis für das Umgehungsgeschäft gefordert. Dieses Zweckerfordernis beschränkt sich in dem Urteil aber auf ein subjektives Moment, das nur insoweit von Bedeutung ist, als mit dem Umgehungsgeschäft der gleiche wirtschaftliche Erfolg erstrebt wird, dessen Eintritt die umgangene Vorschrift verhindern will.[606] Die Unterscheidung zwischen dem zulässigen Geschäft eines vollmachtlosen Vertreters, bei dem alle Parteien von einer sicheren Genehmigung des Vertretenen ausgehen, und dem unzulässigen Umgehungsgeschäft, bei dem der Eigentümer durch die vollmachtlose Vertretung lediglich die Ausübung eines Vorkaufsrechts verhindern will, kann nach dieser Rechtsprechung nur durch den Zweck der Abrede über das vollmachtlose Vertretergeschäft festgestellt werden. Der BGH betont in dieser Entscheidung, dass es ihm gerade nicht um eine Umgehungsabsicht gehe. Wie bereits ausgeführt gibt es Geschäfte, die nur durch eine subjektive Komponente zu einem Umgehungsgeschäft werden.[607] Dies ist nun vor allem bei der hier genannten Vorkaufrechtskonstellation der Fall, die aber häufig über § 138 BGB gelöst werden kann.[608] Es handelt sich also gerade um den atypischen Ausnahmefall.

Bei seinem Verweis auf die Argumentation des Urteils zum Umgehungsgeschäft beim Vorkaufsrecht hat der BGH im Leasingurteil daher zweierlei nicht berücksichtigt. Zum einen ist in den Vorkaufsrecht-Fällen zur Abgrenzung zwischen einem unzulässigen Umgehungsgeschäft von einer zulässigen Rechtsgestaltung eine subjektive Komponente zwingend notwendige. Hierbei handelt es sich aber wie oben gesehen um eine absolute Ausnahme von der Regel, dass bei der Lösung einer Umgehungsproblematik eben kein subjektives Element notwendig ist.[609] Als Ausnahmetatbestand ist diese Konstellation daher gerade nicht verallgemeinerungsfähig. Diese Situation ist auch mit der bei einem Leasinggeschäft nicht vergleichbar. Von dem Urheber dieser Ansicht wird dann auch darauf verwiesen, dass das subjektive Moment nur oft, nicht aber immer, vorliege. Für ein verbotenes Umgehungsgeschäft genügt auch nach dieser Auffassung

605 BGHZ 110, 230ff; Tatbestand und Entscheidungsgründe vereinfacht wiedergegeben.

606 BGHZ 110, 230ff, mit Verweis auf Soergel/*Hefermehl*, 12. Auflage, § 134, Rn. 40; Siehe zu dieser Entscheidung auch: Benecke, 157, die versucht, zwischen Umgehungsabsicht und -zweck zu unterscheiden.

607 Siehe oben: Seite 111f.

608 Siehe hierzu bereits oben: Seite 102ff.

609 Siehe oben: Seite 111f.

ein objektiver Verstoß gegen das zu umgehende Gesetz.[610] Zum anderen müssen auch hier wieder die Besonderheiten des speziellen Umgehungsverbots aus § 475 I 2 BGB beachtet werden. Der Verbraucher soll unabhängig von der Gesinnung der beteiligten Parteien, also objektiv, geschützt werden, was sowohl in der objektiven Ausgestaltung von § 475 I 2 BGB als auch in der ratio legis zum Ausdruck kommt.[611] Eine Verallgemeinerung der in diesem speziellen Fall des Vorkaufsrechts vielleicht erforderlichen Voraussetzung eines Zwecks bei einem Umgehungsgeschäft kann somit schon auf allgemeine Umgehungsverbote nicht erfolgen, jedenfalls aber nicht auf ein spezielles, verbraucherschützendes Umgehungsverbot wie in § 475 I 2 BGB. Daher wird auf das Urteil zum Vorkaufsrecht zu Recht auch nicht im Agenturgeschäftsurteil Bezug genommen.

Der BGH hat im Leasing-Urteil also gleich zweimal mit Verweisen auf vorhergehende Urteile Bezug auf ein Zweckerfordernis genommen. Einmal auf das Urteil zum Vorkaufsrecht, einmal auf das Urteil zum Agenturgeschäft. Bei der ersten Bezugnahme hat er verkannt, dass es sich um eine grundsätzliche – und, wegen der Objektivität des Verbraucherschutzes, in Bezug auf § 475 I 2 BGB auch im Besonderen – nicht mögliche Bezugnahme auf einen Spezialfall handelt, der zur Verallgemeinerung nicht taugt. Bei der zweiten Bezugnahme hat er verkannt, dass im Agenturgeschäfts-Urteil von einem Zweck nur im Zusammenhang mit der Auslegung des Gesetzes, nicht aber in Bezug auf das Umgehungsgeschäft die Rede ist.

Die Argumentation des BGH im Leasingurteil ist dabei auch nicht gänzlich konsequent. Denn einerseits soll eine Umgehungsabsicht nicht erforderlich sein, andererseits stellt der BGH auf den „*objektiven Zweck*" des Umgehungsgeschäfts ab. Die Inkonsequenz ergibt sich daraus, dass es keinen „*objektiven Zweck*" gibt: Der Zweck eines Rechtsgeschäfts ergibt sich immer aus dem Willen der Parteien. Der BGH kommt damit zwangsläufig zu einem subjektiven Element, da das Subjektive dem Zweck immanent ist. Schon *Jhering* hat daher in *Zweck im Recht* ausgeführt, dass sich der Zweck gerade durch die Partikel „*um, dass, damit*", also durch das „*ut*" [lat.] ausdrückt.[612] Die Begriffe „*um*" oder „*damit*" kennzeichnen aber gerade das willensgetragene, also vorsätzliche Handeln. So schließt *Jhering* sein Zweckgesetz, gleichsam als Resultat, mit den Worten:

> „wollen und um eines Zweckes halber wollen ist gleichbedeutend, …".[613]

---

610 Soergel/*Hefermehl*, 12. Auflage, § 134, Rn. 40.

611 Erhardt, 34; MüKo/*Wendehorst*, § 312i (a. F.), Rn. 14 zum insoweit gleichlautenden Umgehungstatbestand aus § 312i BGB (a. F.); Staudinger/*Thüsing*, § 312i, Rn. 15.

612 Jhering, 15.

613 Jhering, 22.

Ein objektiver Zweck existiert daher in dem vom BGH wohl angenommenen Sinne nicht.[614] Dies zeigt sich eindrücklich bei der Analyse von *Benecke*, die zwischen Umgehungsabsicht und -zweck zu unterscheiden versucht.[615] Danach soll bei einem Umgehungszweck nicht auf eine

> „Absicht im Sinne eines ‚Umgehungsdolus' abgestellt [werden], sondern ein bewußtes, zielgerichtetes Handeln genügt".

Es erschließt sich nicht, worin der Unterschied zwischen einem „*Umgehungsdolus*" im Sinne einer Umgehungsabsicht und einem zielgerichteten Handeln im Sinne eines Umgehungszwecks liegen soll. Absichtliches Handeln zeichnet sich gerade dadurch aus, im Gegensatz z.B. zum Eventualvorsatz, zielgerichtet zu sein. Es handelt sich daher nicht um eine echte Unterscheidung und bestätigt anschaulich die obigen Ausführungen. Im Übrigen wäre der von Benecke so herausgearbeitete – vermeintlich – schmale Grat zwischen Umgehungsabsicht und -zweck in der Praxis wohl nicht brauchbar.

Was sich aus der Analyse des Leasing-Urteils des BGH und des Unterscheidungsversuchs von Benecke ersehen lässt, ist aber, dass beides unweigerlich zur Postulierung eines subjektiven Elements führt. Den Erkenntnissen aus den obigen Ausführungen über die Grundlagen des allgemeinen Umgehungsverbots folgend,[616] kann diese Annahme nur dann tragen, wenn man das Umgehungsverbot grundsätzlich als eigenständiges Rechtsinstitut betrachtet und die Umgehungsproblematik nicht vorwiegend über die Instrumente Auslegung und Analogie zu lösen versucht. Dass der BGH dies mit seinem Leasing-Urteil tatsächlich zum Ausdruck bringen wollte, ist wohl eher nicht anzunehmen, auch wenn er sich in jüngerer Zeit wegen der dogmatischen Einordnung des Umgehungsverbots ausdrücklich nicht festlegen wollte.[617] Der „*objektive Zweck*" des Umgehungsgeschäfts ist daher kein taugliches Mittel, um § 475 I 2 BGB zu konkretisieren.

---

614 Auch *Jhering* spricht in seinen Ausführungen bisweilen von einem „*objektiven Zweck*". Soweit der Verfasser sich dazu in der Lage sah, diese Ausführungen nachzuvollziehen, ist damit allerdings nicht ein objektiver Zweck im Sinne eines nicht willensgesteuerten Handelns gemeint. Vielmehr soll dadurch wohl zwischen einem „*allgemeinen*" und einem „*individuellen*" Zweck unterschieden werden, was insbesondere Bedeutung für die „*Teleologie des Sittlichen*" habe, vgl. Jhering, 28f.

615 Benecke, 157.

616 Siehe oben: Seite 102ff.

617 BGH NJW-RR 2013, 687f.

Unglücklicherweise stützt der BGH in dem Leasingurteil vom 21.12.2005 seine Begründung, warum in dem zu entscheidenden Fall kein Umgehungsgeschäft vorliegen soll, auf das Zweckerfordernis:

> „Der Abschluss des Leasingvertrages zwischen der Leasinggeberin und dem Kläger hat nicht den **Zweck**, der Beklagten in deren Kaufvertrag mit der Leasinggeberin zu Lasten des Klägers den Ausschluss der Gewährleistung für das in Rede stehende Fahrzeug zu ermöglichen."[618] [Hervorhebung durch den Verfasser]

Warum der BGH im Leasingurteil das Zweckerfordernis für die Annahme eines Umgehungsgeschäfts zur Voraussetzung ernannt hat, lässt sich nicht sagen und bleibt Spekulation. Allerdings hätte der Verzicht auf das Zweckerfordernis zu einem erheblich größeren Begründungsaufwand geführt, der in diesem speziellen Fall nicht unbedingt erforderlich war. Denn durch den Verweis auf das Scheitern der Abtretungskonstruktion konnte der BGH die Rechte des Verbrauchers ausreichend schützen.[619]

iii. Zwischenergebnis

Durch sein Urteil zum Umgehungsgeschäft bei Agenturgeschäften hat der BGH die Voraussetzungen eines Umgehungsgeschäfts nach § 475 I 2 BGB konkretisiert und die anzuwendenden Maßstäbe definiert. Legt man diese Maßstäbe zugrunde, spricht nichts gegen eine Anwendung des Umgehungsverbots auch bei Leasingverträgen. Ganz im Gegenteil; das Urteil kann aufgrund der vergleichbaren Ausgangs- und Interessenlagen, insbesondere bezüglich des gemeinsamen steuerrechtlichen und finanziellen Hintergrunds der Institute Agenturgeschäft und Leasing, sogar helfen, die Frage nach dem Vorliegen eines Umgehungsgeschäfts bei Leasing zu beantworten. Hierbei bildet die Fokussierung auf eine wirtschaftliche Betrachtungsweise sicher das bedeutsamste Merkmal.

Mit seinem Urteil vom 21.12.2005 hingegen errichtet der BGH eine Barriere für die Annahme eines Umgehungsgeschäfts bei Leasinggeschäften. Er versucht zwar eine Einheitlichkeit bei der Anwendung und Auslegung von § 475 I 2 BGB herzustellen, indem er in dem Urteil Bezug auf seine Rechtsprechung zum Umgehungsgeschäft bei Agenturgeschäften nimmt. Allerdings ergibt sich aus dem ohne nähere Begründung vom ihm eingeführten Zweckerfordernis ein mit der hier entwickelten These unvereinbares Hindernis. Die Parteien eines Leasinggeschäfts bezwecken nämlich in den allermeisten Fällen gerade

---

618 BGH NJW 2006, 1066ff.

619 Zur dogmatischen ‚Faulheit' des BGH in diesen Fällen siehe schon oben: Fn 481.

keine Umgehung der Verbrauchsgüterkaufvorschriften, sondern tragen mit der Vertragsgestaltung nur den besonderen Anforderungen an ein Leasinggeschäft Rechnung. Das Zweckerfordernis kann aber, wie dargestellt, nicht aufrechterhalten werden. Es widerspricht der ratio legis von § 475 I 2 BGB, wonach der Verbraucher objektiv geschützt werden soll, unabhängig von der Gesinnung der beteiligten Parteien.

Ein Verzicht auf das Zweckerfordernis unter Heranziehung einer wirtschaftlichen Betrachtungsweise, wie es bei dem Urteil zum Agenturgeschäft geschehen ist, ist daher vorzugswürdig.

(bb) Durch die Literatur

In der Literatur wird nahezu einhellig festgestellt, dass im Rahmen von § 475 I 2 BGB, wie bei dem allgemeinen Umgehungsverbot, auf den Sinn und Zweck des § 475 I 1 BGB als umgangene Norm abzustellen ist.[620] Anknüpfungspunkt sind dabei nicht etwa die in § 475 I 1 BGB in Bezug genommenen Normen des allgemeinen Kaufrechts, sondern das spezifische Telos des Verbrauchsgüterkaufs.[621] *Erhardt* hat dieses nachvollziehbar im europäischen Verbrauchervertragsrecht identifiziert. Danach dienen die zwingenden verbraucherschützenden Regelungen im Kaufrecht der Schaffung und dem Schutz des Verbrauchervertrauens.[622] Hiernach muss sich die Gesetzesinterpretation von § 475 I 1 BGB im Rahmen von § 475 I 2 BGB richten.

Allerdings lässt sich auch aus dieser Erkenntnis allein nur schwer ein Abgrenzungskriterium für die praktische Anwendung des § 475 I 2 BGB finden. Die Abgrenzung wird daher in der Literatur zumeist innerhalb von Fallgruppen vorgenommen und orientiert sich stark am Einzelfall.[623] Sie soll nach wertenden, der Interessenlage der Parteien Rechnung tragenden Gesichtspunkten entschieden werden.[624] Eine andere Ansicht ist, so wie der BGH in seinem Leasingurteil,[625] der Auffassung, ein Umgehungsgeschäft liege nur dann vor, wenn es den Zweck habe oder dazu diene, die verbraucherschützenden Vorschriften des

620 Erhardt, 37; MüKo/*Lorenz*, § 475, Rn. 27; Najdecki, 54f; Staudinger/*Matusche-Beckmann*, § 475, Rn. 43.

621 Erhardt, 38f.

622 Erhardt, 37ff.

623 Siehe nur die fallgruppenbezogenen Ausführungen bei Erhardt, 85ff; Najdecki, 57ff; Soergel/*Wertenbruch* § 475, Rn. 115ff; Soyka, 79ff.

624 MüKo/*Lorenz*, § 475, Rn. 28; Müller, NJW 2003, 1975, 1978; Najdecki, 55.

625 BGH NJW 2006, 1066.

Verbrauchsgüterkaufrechts zu umgehen.[626] Dieser Meinung kann allerdings mit der bereits oben dargelegten Argumentation nicht gefolgt werden.[627]

In der Literatur ist häufig, unter Verweis auf die Rechtsprechung des BGH zu den Agenturgeschäften, der Hinweis zu finden, die Abgrenzung habe nach einer wirtschaftlichen Betrachtungsweise zu erfolgen.[628] Danach soll eine unzulässige Umgehung vorliegen, wenn das angestrebte wirtschaftliche mit dem gesetzlich untersagten Ergebnis übereinstimmt.[629] Insbesondere in Bezug auf bestimmte Fallgruppen, vor allem die der Agenturgeschäfte, ist das wohl als die herrschende Meinung anzusehen.[630]

Häufig wird aber auch darauf hingewiesen, dass es bei der Frage nach der Abgrenzung zwischen unzulässiger Umgehung und zulässiger Rechtsgestaltung kein allgemeingültiges Abgrenzungskriterium gebe.[631] Die Vielfalt der möglichen Umgehungskonstellationen bringe den Wunsch nach einem vereinfachten Abgrenzungskriterium an seine Grenzen.

(cc) Eigene Überlegungen

Obwohl die Ansicht, wonach es aufgrund der Vielzahl der Fallgestaltungen keine allgemeingültigen Abgrenzungskriterien für das Umgehungsverbot nach § 475 I 2 BGB geben könne, naheliegend erscheint, ergeben sich vor dem Hintergrund der gesetzlichen Normierung dieses Umgehungsverbots Bedenken. Soll das gesetzgeberische Tätigwerden tatsächlich, obwohl ihm eine eigenständige Bedeutung zukommt,[632] keinen auch noch so kleinen gemeinsamen Nenner hervorgebracht haben?

---

626 Soergel/*Hefermehl*, § 134, Rn. 39; explizit zu § 475: Soergel/*Wertenbruch*, § 475, Rn. 112.

627 Siehe oben: Seite 122.

628 Höpfner, ZBB 2006, 200ff; Woitkewitsch, VuR 2006, 440f; MüKo/*Lorenz*, § 475, Rn. 28; Soyka, 189f; Staudinger/*Matusche-Beckmann*, § 475, Rn. 44f; Siehe hierzu auch die Ausführungen unten, Seite 151ff.

629 Staudinger/*Matusche-Beckmann*, § 475; Stand 2004, Rn. 41.

630 Erhardt, 141f; MüKo/*Lorenz*, § 475; Rn. 30; Najdecki, 86f; Palandt/*Weidenkaff*, § 475, Rn. 6; Soergel/*Wertenbruch*, § 475, Rn. 123; Staudinger/*Matusche-Beckmann*, § 475, Rn. 48ff; Soyka, 124; Bereits im Rahmen von § 6 AbzG wurde teilweise eine wirtschaftliche Betrachtungsweise zugrunde gelegt, um eine unzulässige Gesetzesumgehung zu begründen, vgl. nur die Nachweise bei Gramlich/Zerres, ZIP 1998, 1299, 1300 und die ausführliche Analyse bei Bernstein, 271ff.

631 Soyka, 189f.

632 Siehe oben: Seite 114ff.

Will man das Umgehungsproblem auch im Anwendungsbereich eines normierten Umgehungsverbots ‚nur' durch teleologische Gesetzesinterpretation lösen, bleibt für weitere Voraussetzungen zur allgemeingültigen Abgrenzung zwischen zulässiger Rechtsgestaltung und unzulässiger Gesetzesumgehung nur wenig Raum. In der Literatur – die Rechtsprechung äußert sich soweit ersichtlich dazu nicht weiter – ist es nahezu einhellige Meinung, dass sich aus der Formulierung der normierten Umgehungsverbote selbst keine Ansatzpunkte für eine nähere Konkretisierung finden lassen.[633] Aber: Wenn der Gesetzgeber dem Rechtsanwender schon das Umgehungsverbot als Werkzeug zur Auslotung der Grenzen zulässiger Rechtsgestaltung an die Hand gibt, sollte dieses auch genutzt werden.[634]

Die allgemeine Literaturansicht, nach der den normierten Umgehungsverboten keine eigene Bedeutung zukommt, muss sich zumindest den Vorwurf der Oberflächlichkeit entgegenhalten lassen. Die Formulierung „*anderweitige Gestaltung*" könnte nämlich doch Informationen für den Rechtsanwender enthalten, die bei einer Abgrenzung nützlich sein könnten. *Schurig* hat in Bezug auf das Umgehungsverbot von einem „*definitorischen Minimum*" gesprochen.[635] Was er damit meint und wie er dies verstanden wissen möchte, wurde an anderer Stelle bereits erörtert.[636] Allerdings ist es der Begriff, der hier nähere Aufmerksamkeit verdient. Denn genau dies ist die Frage, die sich im Zusammenhang mit einer Konkretisierung von § 475 I 2 BGB stellt: Gibt es ein definitorisches Minimum, das als Voraussetzung für ein Umgehungsverbot bei allen anzunehmenden Konstellationen, neben den sich aus der Auslegung ergebenden normspezifischen Voraussetzungen, vorliegen muss? Nach hier entwickelter und vertretener Auffassung kommt dem Begriff der anderweitigen Gestaltung eine eigene Bedeutung zu, die sich in eine objektive und eine subjektive Komponente unterteilen.

633 Siehe grundlegend und ausführlich Koziolek, 33ff, insb. 91f; Benecke, 70; Sieker, 37; Staudinger/*Thüsing*, § 312i, Rn. 14; **a. A.** aber bspw. Najdecki, 54ff. und erstaunlicherweise wohl auch Palandt/*Grüneberg*, § 312k, Rn. 3, der ausdrücklich von „*Voraussetzungen*" spricht und Palandt/*Weidenkaff*, § 475, Rn. 6f, der ausdrücklich zwischen dem Umgehungsbegriff und der anderweitigen Gestaltung unterscheidet.

634 Dem Grund nach, aber ohne konsequente Fortentwicklung auch schon Najdecki, 54ff.

635 Schurig, FS Ferid, 375, 398.

636 Siehe oben: Seite 111ff.

i. Gestaltungsmöglichkeit

Will jemand etwas gestalten, setzt dies ein Tätigwerden voraus. Wenn jemand im Recht etwas gestaltet, kann er dies, wie oben gesehen, auf unterschiedlichste Art und Weise tun. Neben dem Realakt bietet sich hier insbesondere das Rechtsgeschäft an. Gestaltet nun jemand durch ein Rechtsgeschäft oder durch einen Realakt, setzt dies zumindest voraus, dass er von sich aus tätig wird, oder dass er bewusst nicht tätig wird, obwohl er es hätte werden müssen, dass er also eine gebotene Tätigkeit unterlässt. Ein objektives, definitorisches Minimum ist dabei also die tatsächliche Möglichkeit, zu handeln. In Bezug auf § 475 I 2 BGB bedeutet dies also die objektive, tatsächliche Möglichkeit einer (anderweitigen) Gestaltungshandlung.

Neben der Gestaltungshandlung, die wie aufgezeigt auf mannigfaltige Art und Weise vorgenommen werden kann, ist die weitere Voraussetzung von § 475 I 2 BGB die „*anderweitige*" Gestaltung. Der Begriff „*anderweitig*" in Bezug auf eine rechtlich relevante Gestaltungshandlung verlangt, dass das vom Gestaltenden Erstrebte auch auf einem anderen, sonstigen Weg erreicht werden kann. Die Frage ist also, ob für den Handelnden noch eine Alternative besteht, den mit der Handlung angestrebten Erfolg zu erreichen. Denn fehlt es an dieser Gestaltungsalternative, kann denklogisch keine „*anderweitige*" Gestaltung im Sinne des § 475 I 2 BGB vorliegen. Dabei kann auf das bloße Vorhandensein einer Gestaltungsalternative abgestellt werden. Bei losgelöster Betrachtung und ohne weitergehende Prüfung ist es nämlich nicht möglich zu bestimmen, welche der mindestens zwei Gestaltungsalternativen eine unzulässige Umgehung darstellt und bei welcher es sich um eine zulässige Rechtsgestaltung handelt.

Übertragen auf das Umgehungsverbot aus § 475 I 2 BGB heißt das, ein Umgehungsgeschäft scheidet aus, wenn dem vermeintlich Umgehenden keine alternative Gestaltungshandlung zur Verfügung steht. Kann er den konkret angestrebten Erfolg nur auf eine Weise erreichen, kann § 475 I 2 BGB mangels „anderweitiger Gestaltung" keine Anwendung finden. Die Rechtshandlung des Handelnden ist dann nach den allgemeinen Grundsätzen (z.B. §§ 134, 138, 242 BGB) auf ihre Wirksamkeit hin zu untersuchen.

Aus Sicht eines Lieferanten liegt der angestrebte Erfolg z.B. darin, ein Absatzgeschäft mit dem in sein Ladengeschäft eingetretenen Kunden für die von ihm angebotenen Waren zu tätigen. Grundsätzlich hat er hierfür mehrere Alternativen, diesen Absatzerfolg zu erreichen. Er kann dem Kunden die Ware verkaufen, schenken, oder mit einer anderen eintauschen. Er kann sich aber auch als Lieferant an einem Leasinggeschäft beteiligen. Denkbar sind noch diverse andere Absatzmöglichkeiten, wie z.B. der finanzierte Kauf oder der Mietkauf.

Voraussetzung ist aber immer, dass diese Alternativen für den Lieferanten auch tatsächlich bestehen. Besteht keine Möglichkeit einer alternativen Gestaltungshandlung, kann kein unzulässiges Umgehungsgeschäft vorliegen.

Da das Vorliegen der bloßen Gestaltungsmöglichkeit nicht vom Willen des vermeintlich Umgehenden abhängt, handelt es sich um ein objektives Abgrenzungskriterium.

ii. Gestaltungsbewusstsein

Auch auf der subjektiven Seite lässt sich ein solches Kriterium finden. Dabei geht es hier ganz entschieden nicht um die schon oben angesprochene Frage nach einem subjektiven Element, das sich auf die Intention des Umgehenden bezieht und auf die Ansicht zurückgeht, bei der Gesetzesumgehung handele es sich um ein eigenes Rechtsinstitut.[637] Vielmehr soll an dieser Stelle der Frage nachgegangen werden, inwieweit eine Umgehung eine willensgesteuerte Gestaltungshandlung voraussetzt. In der einschlägigen Literatur zum Thema Gesetzesumgehung und auch in der Rechtsprechung wird seit Langem darüber diskutiert, wie dieses „subjektive Element“ als Abgrenzungskriterium zwischen unzulässiger Umgehung und zulässiger Rechtsgestaltung ausgestaltet ist.[638] Dabei führen die Zwänge, die sich auf der einen Seite aus der strikten Ablehnung einer Umgehungsabsicht sowie dem möglichst objektiven Schutz des Verbrauchers ergeben, sowie auf der anderen Seite die Erkenntnis, dass es ohne ein Minimum an Subjektivem auch nicht geht, zu einer erstaunlichen dogmatischen und vor allem begrifflichen Vielfalt.[639]

Zu Beginn der Debatte wurde das Problem auf die Ablehnung eines auf die Intention des Umgehenden gerichteten Umgehungsvorsatzes beschränkt.[640] Schon bald setzte sich aber die Erkenntnis durch, dass es jenseits der Umgehungsabsicht auch im Anwendungsbereich von Auslegung und Analogie ein subjektives Moment geben muss.[641] Deshalb wurde z.B. angeführt, der Tatbestand der umgangenen Norm müsse bewusst, also durch eine vom Willen gesteuerte Handlung,

---

637 Siehe oben: Seite 111f.

638 Vgl. nur Benecke, 153ff; Schurig, FS Ferid, 375, 403ff. jeweils mwN; BGHZ 110, 230, 233f.

639 Siehe nur den *„objektiven Zweck“* bei gleichzeitig ausdrücklicher Ablehnung jeder Umgehungsabsicht in dem Leasingurteil vom 21.12.2005, NJW 2006, 1066; oder das *„definitorische Minimum“* nach Schurig, FS Ferid, 375, 398; Siehe zusammenfassend oben, Seite 111ff. mwN, insb. Fn. 560.

640 Siehe oben: Seite 111ff.

641 Schurig, FS Ferid, 375, 404.

herbeigeführt oder vermieden worden sein.[642] Ein anderer Ansatz, auch aus der Rechtsprechung, geht dahin, in dem Bemühen um eine klarere Abgrenzung zur Umgehungsabsicht auf einen Umgehungszweck abzustellen.[643] Eine Umgehung setze danach voraus, dass die jeweilige Gestaltung zu dem Zweck gewählt werde, den Eintritt der umgangenen Rechtsfolge zu verhindern. Danach soll zwar eine Absicht nicht erforderlich sein, aber ein bewusstes und zielgerichtetes Handeln. An dem Umgehungszweck fehle es daher, wenn das Ergebnis der Gesetzesumgehung unbewusst oder zufällig eingetreten sei.[644] Diese Ansicht wurde allerdings schon oben argumentativ entkräftet.[645] Ein zielgerichtetes Handeln setzt immer auch eine entsprechende Absicht voraus. Daran ändert auch der Versuch nichts, den Begriff des Umgehungszwecks durch Umschreibung oder Verklausulierung zu verdecken und ganz ausdrücklich die Umgehungsabsicht als solche abzulehnen. An anderer Stelle wird die Umgehungsabsicht zwar ausdrücklich verneint, aber gleichzeitig gefordert, dass der Umgehende (Unternehmer) den Willen haben muss, durch anderweitige Gestaltung die Anwendung der verbraucherschützenden Normen zu vermeiden.[646] Dieser Ansatz unterscheidet sich ganz erheblich von der Ansicht, die auf den Umgehungszweck abstellt. Denn Anknüpfungspunkt des subjektiven Moments ist hier die anderweitige Gestaltung als Tatbestandsvoraussetzung. Auch wenn durch ein Abstellen auf die Vermeidung der verbraucherschützenden Normen dieser Ansatz etwas zu weit geht, birgt er erhebliches Potential, auf das sogleich noch einzugehen ist.

Die Diskussion verdeutlicht Folgendes: Genauso wie es heute herrschende Meinung ist, dass es einer Umgehungsabsicht für ein unzulässiges Umgehungsgeschäft nicht bedarf, ist es in der einschlägigen Literatur Konsens, dass ein wie auch immer definiertes subjektives Element nicht gänzlich unerheblich sein kann.[647]

Im Rahmen von § 475 I 2 BGB kommt hinzu, dass der Verbraucherschutz, hier also die Anwendung von § 475 I 1 BGB, grundsätzlich objektiv zu gewährleisten ist, also unabhängig von jedweder Absicht des Verkäufers, seiner Kenntnis über die Verbrauchereigenschaften des Käufers und den Umständen, zu denen

642 Schurig, FS Ferid, 375, 398.

643 BGHZ 110, 230, 233f; BGH NJW 2006. 1066f; So auch eingehend Benecke, 156f.

644 Benecke, 157.

645 Siehe oben: Seite 120ff, insbesondere Fußnote 614.

646 Palandt/*Grüneberg*, § 312k, Rn. 3.

647 Vgl. Benecke, 153ff, insb. 159; Erhardt, 35; wohl auch Koziolek, 37; Schurig, FS Ferid, 375, 398 und 404; Sieker, 44; aber auch Palandt/*Grüneberg*, § 312k, Rn. 3.

es zum Vertragsschluss gekommen ist.[648] Dabei bestimmt sich allerdings die Verbrauchereigenschaft aus dem objektiven Empfängerhorizont des Unternehmers.[649] Daraus ergibt sich, dass die Suche nach einem subjektiven definitorischen Minimum für die Annahme einer anderweitigen Gestaltung in Bezug auf § 475 I 2 BGB sowohl durch die Grundsätze der Gesetzesumgehung, als auch durch die objektive Anwendung von (Verbraucher-)Schutzgesetzen beschränkt wird. Beide Punkte stellen also Prämissen dar, die bei einem Lösungsversuch stets beachtet werden müssen.[650]

In diesem Zusammenhang wurde schon häufiger darauf verwiesen, welche Schwierigkeiten die Frage nach dem ‚Subjektiven' im Rahmen der Umgehungsproblematik bereitet.[651] Zu weit, und damit den oben genannten Prämissen zuwiderlaufend, ist es aber, den Willen des Umgehenden auf die Vermeidung der Anwendung von verbraucherschützenden Normen zu beziehen. Denn dann befindet man sich unweigerlich in der Diskussion über die für die Umgehungsproblematik abzulehnende Umgehungsabsicht. Der Wille, gerade die Anwendung der verbraucherschützenden Vorschriften zu vermeiden, hat die Intention des Umgehenden zum Gegenstand und ist daher als subjektives definitorisches Minimum nicht geeignet. Es verhält sich insoweit nicht anders als bezüglich des Umgehungszwecks. Hinzu kommt, dass sich für denjenigen, der sich auf das Umgehungsverbot berufen möchte, enorme Beweisschwierigkeiten und eine ungünstige Beweislastverteilung ergeben.[652] Damit wäre der objektive Verbraucherschutz nicht mehr gewährleistet. Richtet sich der Wille des Umgehenden auf die Vermeidung der zu umgehenden Normen, können also die aufgestellten Prämissen nicht eingehalten werden.

Schon früh wurde jedoch festgestellt, dass die willentliche Tatbestandsverwirklichung „*selbstverständlich*" für jede Gesetzesumgehung erforderlich ist. Der

648 Vgl. nur Oxe, 101 und vor allem Tamm, 416f. mwN.

649 PWW/*D. Schmidt*, § 474, Rn. 5.

650 Die Missachtung der Prämisse, den Verbraucherschutz objektiv zu gewährleisten, müssen sich Schulz, 142 und Oberfeuchtner, 143ff. und 168 vorhalten lassen. Auch wenn es nur zu einer analogen Anwendung der §§ 474ff. BGB kommen soll, ist der Verbraucherschutz an sich von objektiver Natur.

651 Erhardt, 35; vgl. hierzu auch die, diese Schwierigkeiten besonders aufzeigenden, Ausführungen bei Benecke, 153ff.

652 Siehe hierzu eindrücklich BGHZ 110, 230ff. In der oben, auf Seite 115ff. näher dargestellte Entscheidung zur Umgehung eines Vorkaufsrechts ist der Umgangene nämlich an der Nichterweislichkeit dieses Willens (dort: Zwecks) beim Umgehenden gescheitert.

einer Gesetzesumgehung zugrunde liegende Sachverhalt, sei eine vom Willen geleitete menschliche Handlung.[653] Auch heute wird, wohl wegen der Selbstverständlichkeit nur vereinzelt, darauf verwiesen, dass die anderweitige Gestaltung vom Willen getragen sein muss.[654] Die Gestaltungshandlung muss demnach bewusst erfolgt sein. Auf die Intention des Gestaltenden oder die weiteren äußeren Umstände der Gestaltung kommt es dabei aber gerade nicht an. Im Anwendungsbereich des § 475 I 2 BGB ist diese Handlung zwar nicht auf Willenserklärung und Rechtsgeschäft beschränkt,[655] wird aber hauptsächlich dadurch verwirklicht. Korrespondierend mit dem objektiven definitorischen Minimum, nämlich der Möglichkeit, eine alternative Gestaltungshandlung vorzunehmen, muss diese Gestaltungshandlung von einem entsprechenden Bewusstsein getragen sein. Dieses ist nicht etwa auf die Umgehung bestimmter Normen gerichtet, oder auf einen bestimmten Zweck, sondern allein auf die Möglichkeit der Vornahme einer alternativen Gestaltungshandlung. Darin ist das subjektive definitorische Minimum zu sehen.

Die Feststellung, dass die Gestaltungshandlung willensgetragen sein muss, bedarf für eine praxistaugliche Abgrenzung aber der Konkretisierung. Nach gerade Gesagtem umfasst dieser Wille jedenfalls den aus der Rechtsgeschäftslehre bekannten Begriff des Handlungswillens. Der historische BGB-Gesetzgeber hat im Bereich der Willenserklärung entsprechend der psychologischen Erkenntnisse der damaligen Zeit drei Formen des Willens vorausgesetzt. Dies sind Handlungswille, Erklärungsbewusstsein und Geschäfts- oder Rechtsfolgewille.[656] Handlungswille ist dabei das Bewusstsein zu handeln, also der bewusste, auf die Vornahme eines äußeren Verhaltens gerichtete Willensakt.[657] Danach fehlt dem Handelnden der notwendige Wille, wenn er aus Reflex, im Schlaf oder als Ohnmächtiger handelt. In diesem Fall fehlt es an einer Willenserklärung; der Handelnde kann sich nicht rechtlich binden, beispielsweise ein Rechtsgeschäft vornehmen. Auch eine anderweitige Gestaltung setzt einen Handlungswillen voraus. Ohne diesen kann der vermeintlich Umgehende keine Umgehungshandlung vornehmen. Allerdings spielt dieser Wille bei der Abgrenzung keine Rolle, denn ohne Handlungswillen gibt es überhaupt kein rechtlich relevantes Verhalten, das den Umgehenden verpflichten könnte.

---

653 Westerhoff, 134.

654 Palandt/*Grüneberg*, § 312k, Rn. 3, zum Umgehungsbegriff aus den Verbraucherschutzvorschriften, die insoweit gleich gehalten sind.

655 Siehe oben: Seite 130ff.

656 Brox/Walker, Rn. 84; Larenz/Wolf, 436.

657 Brox/Walker, Rn. 84.

Eine weitergehende Anlehnung an die Rechtsgeschäftslehre ist nicht ohne weiteres möglich, aber auch nicht erforderlich. Denn die Umgehung kann, wie ausgeführt, nicht nur durch ein auf Willenserklärungen beruhendes Rechtsgeschäft herbeigeführt werden, sondern auch durch rechtsgeschäftsähnliche oder tatsächliche Handlungen. Eine Beschränkung auf die zur Willenserklärung entwickelten subjektiven Elemente ist daher nicht erforderlich. Die Umgehung ist insoweit weitergehend, als es eine Willenserklärung ist. Das Problem des subjektiven Elements bei einer verbotenen Gesetzesumgehung stellt eine eigene, von der Willenserklärung gelöste, Problematik dar. Diese Problematik kann und muss daher auch losgelöst von anderen, ähnlichen Rechtsinstituten behandelt werden.

Wie schon auf der objektiven Seite ergibt sich auch auf der subjektiven Seite das definitorische Minimum aus der Formulierung des Gesetzes. Der Umgehende braucht das Bewusstsein über die Möglichkeit einer alternativen Gestaltungshandlung; das Gestaltungsbewusstsein. Darunter ist das Wissen zu verstehen, ein Rechtsgeschäft anderweitig gestalten zu können. Fehlt dem vermeintlich Umgehenden dieses Bewusstsein als Minimalanforderung für das Vorliegen eines unzulässigen Umgehungsgeschäfts nach § 475 I 2 BGB, liegt Selbiges nicht vor.

Diese Ausgestaltung des subjektiven definitorischen Minimums steht mit den beiden oben aufgestellten Prämissen in Einklang. Das Gestaltungsbewusstsein setzt keinen auf die Intention des Umgehenden abstellenden Umgehungsvorsatz voraus. Das Wissen über die Möglichkeit der alternativen Gestaltungshandlung kann ein Umgehender auch haben, wenn er sich um das Umgehen eines Gesetzes keine Gedanken macht. Insoweit ist das Gestaltungsbewusstsein also enger als die oben dargestellten Ansichten, wonach der Tatbestand der umgangenen Norm bewusst vermieden werden müsse,[658] oder der Umgehende den Willen haben müsse, verbraucherschützende Normen zu vermeiden.[659] Für das Gestaltungsbewusstsein genügt schon das Wissen darum, dass die Gestaltung eines Rechtsgeschäfts, welches vielleicht, vielleicht aber auch nicht, zur Umgehung einer Norm führt, auch anderweitig möglich ist. Es ist also ganz unabhängig von einer Umgehung und bezieht sich allein auf die Gestaltungsmöglichkeit.

Das soeben definierte Gestaltungsbewusstsein hat unbestreitbar Ähnlichkeit zu dem aus der Rechtsgeschäftslehre bekannten Erklärungsbewusstsein, geht aber einerseits darüber hinaus und ist gleichzeitig auch enger. Das Erklärungsbewusstsein wird allgemein als das Bewusstsein des Handelnden darüber definiert,

---

658 Schurig, FS Ferid, 375, 398.

659 Palandt/*Grüneberg*, § 312k, Rn. 3.

dass sein Verhalten einen rechtserheblichen Erklärungstatbestand darstellt.[660] Es handelt sich also um den Willen, überhaupt am rechtgeschäftlichen Verkehr teilzunehmen.[661] Das Gestaltungsbewusstsein ist insoweit enger, als sich der Umgehende nicht nur der Tatsache bewusst sein muss, überhaupt ein rechtlich relevantes Verhalten zu betätigen, sondern dass er – ggf. neben einem Erklärungsbewusstsein für rechtlich relevantes Verhalten – das Bewusstsein haben muss, anderweitig gestaltend tätig werden zu können. Dies ist ein weiterer Grund, warum das Erklärungsbewusstsein kein taugliches Abgrenzungskriterium für die hier behandelte Problematik darstellt. Denn der vermeintlich Umgehende wird sich in der Regel darüber bewusst sein, dass er mit seinem Verhalten am Rechtsverkehr teilnimmt.

Weiter ist das Gestaltungsbewusstsein insofern, als es sich nicht auf die Rechtserheblichkeit des Handelns beschränkt. Vielmehr kann sich die Möglichkeit der Gestaltung auch auf alle anderen Handlungsformen erstrecken, ohne dass es auf die Rechtserheblichkeit ankäme. Häufig, und in den praktisch relevanten Fällen, werden sich Erklärungsbewusstsein und Gestaltungsbewusstsein überschneiden.

Gleichzeitig schränkt das Gestaltungsbewusstsein die Objektivität des Verbraucherschutzes nicht ein. Weder muss im Rahmen des Gestaltungsbewusstseins der Gestaltende Kenntnis über die Verbrauchereigenschaften seines Gegenübers haben, noch muss er dabei schon wissen, dass es sich um ein dem Verbraucherschutz unterliegendes Geschäft handelt. Insoweit weiß der vermeintlich Umgehende nur, dass er überhaupt die Möglichkeit hat, auf ein Rechtsgeschäft gestaltend einzuwirken. Hiergegen kann angeführt werden, der Verbraucher sei auch dann schutzwürdig, wenn dem Lieferanten das Bewusstsein darüber fehle, dass er anstatt zu verkaufen auch verleasen könne. Dies würde der Objektivität des Verbraucherschutzes entgegenstehen. Allerdings überspannt eine solche Argumentation die Reichweite des Verbraucherschutzes.

Kommt ein potentieller Leasingnehmer auf einen Leasinggeber zu, um diesen im Wege der Vertragsanbahnung durch Eigenbeschaffung, wie sie oben dargestellt ist,[662] mit der Suche nach einem tauglichen Leasinggut zu beauftragen, wird sich der Leasinggeber zum Abschluss des Liefervertrags an einen Lieferanten wenden. Wenn nun der Leasinggeber als solcher nicht erkennbar ist und der Lieferant auch sonst keine Kenntnis über die Tätigkeit des Leasinggebers

660 Brox/Walker, Rn. 85; Flume, 46.

661 Larenz/Wolf, 437.

662 Siehe oben: Seite 44ff.

als solcher hat, schließt er aus seiner Sicht einen gewöhnlichen Kaufvertrag ab. Dabei beschränken Lieferant und Leasinggeber im Rahmen dieses Unternehmergeschäfts die Gewährleistung wirksam, z. B. weil der Kaufgegenstand eine gebrauchte Sache ist. Der Leasinggeber verleast diese Sache anschließend an den Leasingnehmer und tritt diesem die Gewährleistungsrechte gegen den Lieferanten ab. Nach Auftreten eines Mangels wendet sich der Leasingnehmer an den Lieferanten und macht unter Verweis auf § 475 I 2 BGB seine Gewährleistungsrechte geltend.[663]

Nach hier vertretener Auffassung kann sich der Leasingnehmer in einem solchen Fall nicht an den Lieferanten halten, da dem Lieferanten bei Vertragsschluss mit dem Leasinggeber das Bewusstsein darüber gefehlt hat, überhaupt an einem Leasinggeschäft als Alternative zu dem aus seiner Sicht vorliegenden gewöhnlichen Kauf mitgewirkt zu haben. Ihm fehlt insoweit das oben näher definierte Gestaltungsbewusstsein. Folgt man der Argumentation, wonach der Verbraucher trotz fehlendem Gestaltungsbewusstsein des Lieferanten wegen der Objektivität des Verbraucherschutzes auch in einem solchen Fall geschützt sein muss, lässt sich eine Haftung des Lieferanten nicht vermeiden. Der Lieferant würde dann von einer Person in Anspruch genommen, die er sich nicht als Vertragspartner ausgesucht hat, aus Ansprüchen, die er vermeintlich wirksam ausgeschlossen und dementsprechend bei der Preisbildung nicht kalkuliert hat. Zwar muss ein Schuldner immer mit der Abtretung der gegen ihn gerichteten Ansprüche an Dritte rechnen. Allerdings kann er grundsätzlich davon ausgehen, dass sich durch die Abtretung nur die Person des Gläubigers und nicht etwa die Natur und der Umfang der Ansprüche ändert. In vorstehend beschriebener Fallkonstellation würde der Lieferant so ohne eigenes Zutun und sogar ohne eigenes Wissen als Haftender in ein Leasinggeschäft einbezogen. Er sähe sich dadurch Ansprüchen ausgesetzt, mit denen er weder rechnen konnte noch musste.

Nach Auffassung des Verfassers sind damit die Grenzen des ohnehin sehr weiten Verbraucherschutzes überschritten. Ein objektiver Schutz des Verbrauchers ist nicht gleichbedeutend mit einem grenzenlosen Schutz des Verbrauchers. Ein so verstandener Verbraucherschutz schränkt die Privatautonomie über Gebühr ein. Der Lieferant muss beim Abschluss des Absatzgeschäfts wenigstens ein Gestaltungsbewusstsein in oben beschriebenem Sinne haben, um unter den Anwendungsbereich des § 475 I 2 BGB zu fallen. Andernfalls sieht sich der Lieferant Ansprüchen ausgesetzt, die für ihn weder vorhersehbar noch kalkulierbar waren.

663 Denkbar ist eine solche Fallkonstellation z. B. auch beim Vorratskauf des Leasinggebers, siehe hierzu das Fallbeispiel unten, auf Seite 159ff.

Bei vorhandenem Gestaltungsbewusstsein hätte er das Absatzgeschäft daher gegebenenfalls nicht oder jedenfalls nicht zu diesen Bedingungen abgeschlossen. Vor diesem Hintergrund liegt ein Vergleich mit einem unzulässigen Vertrag zulasten Dritter nahe. Denn die Haftung des Lieferanten gegenüber dem Leasingnehmer ergibt sich letztlich allein aus dem Leasingvertrag zwischen Leasingnehmer und Leasingeber. Ohne den Leasingvertrag ergäbe sich kein Anspruch gegen den Lieferanten. Der Leasingvertrag zwischen Leasinggeber und Leasingnehmer wirkt daher gegenüber dem Lieferanten haftungsbegründend.

Dass auch die Rechtsprechung den Verbraucherschutz nicht als grenzenlos ansieht, zeigt sich z.B. in den Fällen, in denen der Verbraucher nach außen als Unternehmer auftritt. Richtigerweise ist dabei nach den allgemeinen Grundsätzen auf den objektiven Empfängerhorizont des Verkäufers abzustellen.[664] Darf dieser davon ausgehen, dass es sich bei seinem Vertragspartner um einen Unternehmer handelt, kann sich der Käufer, der tatsächlich Verbraucher ist, hierauf nicht berufen. Der Verbraucherschutz ist demnach keineswegs absolut, sondern kennt durchaus Grenzen. Das Gestaltungsbewusstsein in oben dargestelltem Sinne beschreibt eine weitere Grenze des Verbrauchschutzes und wahrt den das deutsche Zivilrecht prägenden Grundsatz der Privatautonomie.

iii. Zwischenergebnis

Das Umgehungsverbot nach § 475 I 2 BGB setzt daher voraus, dass der Gestaltende zum einen die objektive Möglichkeit einer alternativen Gestaltungshandlung hatte und zum anderen die Gestaltungshandlung von einem Gestaltungsbewusstsein getragen ist. Treten dann die Voraussetzungen der umgangenen Norm, hier also § 475 I 1 BGB hinzu und führt eine teleologische Gesetzesinterpretation zur Anwendbarkeit der umgangenen Norm, liegt ein unzulässiges Umgehungsgeschäft vor. Bei dem herausgearbeiteten definitorischen Minimum handelt es sich demnach um Mindestanforderungen, die in der Person des Umgehenden vorliegen müssen, damit von einer unzulässigen Gesetzesumgehung ausgegangen werden kann.

Objektives und subjektives definitorisches Minimum im Sinne von § 475 I 2 BGB sind nach obigen Ausführungen mit dem Begriff der anderweitigen Gestaltung untrennbar verbunden. Obwohl es für das hier behandelte Problem keine Rolle spielt, müsste es sich bei den anderen normierten Umgehungsverboten, die den Begriff der anderweitigen Gestaltung zum Gegenstand haben, wie z.B. § 312k Satz 2 BGB,

664 So: PWW/*D. Schmidt*, § 474, Rn. 5; OLG Hamm, MDR 2012, 895; lediglich auf die Täuschung des Verbrauchers und den Grundsatz „*venire contra factum proprium*" abstellend: BGH NJW 2005, 1045.

ebenso verhalten. Ob diese Regeln jedoch auch für das allgemeine Umgehungsverbot Anwendung finden können, ist für diese Arbeit nicht relevant und wird daher auch nicht vertieft.

b) Anwendbarkeit des § 475 I 2 BGB auf Leasinggeschäfte

Nachdem die wesentlichen Grundlagen zum Umgehungsverbot des § 475 I 2 BGB erörtert wurden, kann nun zur Frage Stellung genommen werden, ob und wie sich § 475 I 2 BGB auch auf Leasinggeschäfte anwenden lässt. Da die Rechtsprechung zur Frage der Anwendbarkeit des Umgehungsverbots nach § 475 I 2 BGB auf Leasinggeschäfte in dem Leasingurteil, wie oben gezeigt,[665] bisher keinen befriedigenden Lösungsansatz aufgezeigt hat, ist der Blick auf die Literatur zu richten. Im oben aufgeführten Schrifttum zu diesem Problemkreis[666] wird § 475 I 2 BGB häufig als Einfallstor für eine Anwendung der Verbrauchsgüterkaufvorschriften verwendet, um den Verbraucherschutz sicherzustellen. Dabei fehlt aber häufig eine dogmatisch tragfähige, sich in das oben herausgearbeitete Konzept von der Gesetzesumgehung einfügende, Begründung. Aufgrund dessen ist es nicht einfach, die teilweise guten Argumente in einer auch dogmatisch befriedigenden Weise mit dem Problem zu verknüpfen.

Neben diesen eher Einzelaspekte des komplexen Problems betrachtenden Literaturmeinungen haben sich aus der jüngeren Literatur einige Autoren ausführlich damit befasst und versucht, umfassende Lösungswege aufzuzeigen. Erstaunlicherweise wurde dabei unter anderem der Versuch unternommen, erneut die Frage nach der Rechtsgrundlage für Leasing aufzuwerfen. Es gilt nun herauszufinden, inwieweit diese Ansätze im Kontext mit der hier zugrunde gelegten These bei der Beantwortung der Frage nach einem Umgehungsgeschäft bei Leasingverträgen helfen oder zu einem eigenen Ansatz beitragen können. Diese fundierteren und grundlegenden Beiträge zum Thema kommen – wohl geprägt vom Leasingurteil des BGH – sowohl aus dem Leasingrecht[667] als auch aus dem Verbrauchsgüterkaufrecht.[668]

---

665 Siehe oben: Seite 120ff.

666 Siehe oben: Seite 74ff.

667 Oberfeuchtner, Finanzierungsleasing und Verbraucherschutz; Oxe, Der Leasingnehmer als Verbraucher; Schulz, Finanzierungsleasing unter Verbraucherbeteiligung.

668 Erhardt, Vermeidung und Umgehung im Verbrauchsgüterkauf, Diss. 2009. Daneben ist auch Soyka, Der Verbrauchsgüterkauf, Diss. 2011, zu nennen, die allerdings auf das Umgehungsproblem keinen Schwerpunkt gelegt hat und nur wenig zu der hier bearbeiteten Problematik beitragen kann.

(1) Moderne Ansätze

Die aus dem Leasingrecht kommenden, vorgenannten Beiträge sind sämtlich aus dem Jahr 2010 und werden hier als ‚moderne Ansätze' bezeichnet. Dies geht weniger darauf zurück, dass sie der zeitlich jüngeren Literatur zuzuordnen sind als vielmehr auf die Tatsache, dass sie – unabhängig voneinander – sämtlich von einem sehr modernen Norm- und Systemverständnis geprägt sind. Die Ansätze sind innovativ und lassen sich von systematischen und dogmatischen Zwängen nicht in ein Korsett pressen. Vielmehr liegen ihnen nachvollziehbare und meist in sich schlüssige Wertungsmaßstäbe und Interessenabwägungen zugrunde, wie sie sich auch in moderneren Werken zur Rechtstheorie finden.[669] Gemein ist diesen Ansätzen auch, dass sie sich – mehr oder weniger ausführlich begründet – gegen eine Lösung des Problems über die Anwendung von § 475 I 2 BGB entschieden haben.

Oberfeuchtner sieht die Lösung in der grundsätzlichen Haftung des Leasinggebers.[670] Die Verbrauchsgüterkaufvorschriften könnten im Verhältnis zwischen Leasingnehmer und Lieferant mangels entsprechender Vertragsbeziehung keine Anwendung finden. Der Leasinggeber habe daher grundsätzlich die Pflicht, dem Leasingnehmer im Wege der Abtretungskonstruktion die verbraucherschützenden Rechte aus §§ 474ff. BGB durch entsprechende Vereinbarungen mit dem Lieferanten zu verschaffen. Dabei seien diese grundsätzlich vollumfänglich zu verschaffen. Es bestehe eine wertungsmäßige Identität zwischen Verbraucherkauf und -leasing.[671] Eine anderweitige Gestaltung über den Umfang der zu verschaffenden Rechte zwischen Leasingnehmer und Leasingeber sei möglich, wenn dies ausdrücklich vereinbart würde und der Leasinggeber hierfür ein berechtigtes Interesse nachweise.[672] Fehle es an einer solchen, anderweitigen Vereinbarung, müsse bei der Inhaltskontrolle nach § 307 BGB als Mindestmaßstab auf §§ 474ff. BGB abgestellt werden.[673] Könne der Leasinggeber diesen Schutz nicht durch die Abtretung sicherstellen, scheitere die Abtretungskonstruktion wegen einer unangemessenen Benachteiligung, und der Leasinggeber hafte dem Leasingnehmer wie ein Vermieter.[674] Dies gelte sowohl, wenn der Leasinggeber das Leasingobjekt bereits erworben hat, bevor der Leasingnehmer auf ihn zugekommen sei, als

---

669 Vgl. etwa Martinek, Moderne Vertragstypen; Stoffels, Gesetzlich nicht geregelte Schuldverhältnisse oder Heermann, Drittfinanzierte Erwerbsgeschäfte.

670 Oberfeuchtner, 182ff.

671 Oberfeuchtner, 186.

672 Oberfeuchtner, 189.

673 Oberfeuchtner, 188f.

674 Oberfeuchtner, 182ff.

auch dann, wenn der Leasingnehmer sich direkt an den Lieferanten wendet, ohne überhaupt mit dem Leasinggeber Kontakt gehabt zu haben. Bestehe eine enge Beziehung zwischen Leasinggeber und Lieferant, rechtfertige sich die Haftung des Leasinggebers trotz fehlenden Kontakts aus dem Gedanken einer Wissenszurechnung des Lieferantenwissens nach § 166 BGB über die Verbraucherstellung des Leasingnehmers. Bestehe diese enge Beziehung nicht, müsse der Leasinggeber gleichwohl wie ein Vermieter einstehen, könne sich im Gegenzug aber über den Weg der c.i.c. an den Lieferanten halten. Dieser habe in einem solchen Fall die Pflicht, den Leasinggeber über die Verbraucherstellung des Leasingnehmers aufzuklären.[675] Grundsätzlich sei darüber hinaus nicht ausgeschlossen, dass der Lieferant ein Leasinggeschäft tätige, um so die Verbrauchsgüterkaufvorschriften zu umgehen. Dann fände § 475 I 2 BGB Anwendung, wobei die Anforderungen hieran aber streng und nur ausnahmsweise anzunehmen seien.[676]

Vom Grundsatz betrachtet ist gegen diesen Ansatz nichts zu sagen. Insbesondere die mietrechtliche Haftung des Vermieters bei Scheitern der Abtretungskonstruktion ist konsequent und entspricht im Wesentlichen der auch hier vertretenen Auffassung. Ob eine abweichende Vereinbarung zwischen Leasinggeber und -nehmer über den Umfang der zu verschaffenden Gewährleistungsrechte einer AGB-rechtlichen Inhaltskontrolle wirklich standhalten würde, muss vor dem Hintergrund des nahezu absoluten Verbraucherschutzes bezweifelt werden. Weitergehenden Bedenken begegnet hingegen die umfassende Fokussierung auf die Haftung des Leasinggebers. Versuchen manche Auffassungen – zu unrecht, dazu sogleich mehr – den Leasinggeber mit allen Mitteln und umfassend vor einer Inanspruchnahme, bisweilen auch als Sekundärschuldner, zu schützen, tendiert der Ansatz von *Oberfeuchtner* genau in die andere Richtung und schützt den Lieferanten über Gebühr. Dabei lässt er zwei hier als besonders wichtig erachtete Grundsätze außer Acht: Zum einen ist es dem Leasinggeschäft immanent, dass der Lieferant als der Sachnähere grundsätzlich die Haftung wegen Gewährleistung übernehmen soll. Dies ist gerade Sinn und Zweck der Abtretungskonstruktion und damit Ausfluss des Parteiwillens. Zum anderen wird der objektiv und unabhängig von jeder Kenntnis oder Unkenntnis von Leasinggeber und Lieferant zu gewährleistende Verbraucherschutz hiernach zu wenig beachtet.

Nach *Schulz* gibt es keine originäre Einstandspflicht des Leasinggebers für den Fall des Scheiterns der Abtretungskonstruktion.[677] Darüber hinaus versagt er,

675 Oberfeuchtner, 182ff.
676 Oberfeuchtner, 152f.
677 Schulz, 131.

unter Verweis auf den Umstand, dass es sich bei dem Leasinggeschäft nicht um einen Kaufvertrag handele, die direkte Anwendung der Verbrauschgüterkaufvorschriften.[678] Mit dem BGH verneint er das Vorliegen eines Umgehungsgeschäfts, da das Leasinggeschäft objektiv nicht den Zweck habe, die Gewährleistungspflicht des Lieferanten zu umgehen. Allerdings fänden die §§ 474ff. BGB analog Anwendung.[679] Wegen der vergleichbaren Sachverhalte und Interessenlagen sei der Leasingnehmer gleich einem Käufer zu schützen. Da das Leasinggeschäft nicht gesetzlich normiert sei, bestehe auch eine Regelungslücke. Fraglich sei daher weniger das Schutzniveau des Leasingnehmers, als vielmehr der Pflichtige, der dieses Schutzniveau sicherzustellen habe.[680] Danach hafte grds. der Leasinggeber, und zwar nach den §§ 474ff. BGB (!) in analoger Anwendung.[681] Eine Haftung des Lieferanten komme nur in Betracht, wenn dieser Kenntnis von der Verbraucherstellung des Leasingnehmers habe.[682] Zwar sei es zutreffend, dass die Kenntnis über die Verbrauchereigenschaft für eine Anwendung der §§ 474ff. BGB keine Rolle spiele, allerdings stelle sich hier nicht mehr die Frage nach der Anwendbarkeit der Verbrauchsgüterkaufvorschriften, sondern nur noch die nach dem Pflichtigen. Dazu tauge die Kenntnis des Lieferanten als Differenzierungskriterium allemal.[683] Hafte der Leasinggeber, könne sich dieser gegenüber dem Lieferanten über §§ 478f. BGB schadlos halten, die ebenfalls analog Anwendung fänden.[684]

Diese Argumentation beschreitet gleich in mehrfacher Hinsicht einen Sonderweg. So finden, wie ausgeführt, die §§ 474ff. BGB nicht, auch nicht über § 475 I 2 BGB direkt, wohl aber analog, Anwendung. Darüber hinaus hafte der Leasinggeber als Sekundärschuldner ebenfalls nach den §§ 474ff. BGB und nicht etwa nach Mietrecht. Schließlich sei bei der Frage, wer dem Leasingnehmer zur Haftung verpflichtet sei, auf die Kenntnis des Lieferanten abzustellen. Diese sehr auf die Interessenlage fokussierte Argumentation bleibt an entscheidenden Stellen ungenau. So wird beispielsweise nicht deutlich, warum in Ansehung von § 475 I 2 BGB eine analoge Anwendung der § 474ff. BGB vorzunehmen ist und insb. eine Regelungslücke besteht. Unverständlich ist auch die Annahme, dass der Leasinggeber zwar als Sekundärschuldner für den Fall des Scheiterns der Inanspruchnahme des Lieferanten haftet – was grundsätzlich zu begrüßen ist –, dass

678 Schulz, 135.
679 Schulz, 135ff.
680 Schulz, 138ff.
681 Schulz, 111.
682 Schulz, 142ff.
683 Schulz, 142.
684 Schulz, 143f.

sich diese Haftung dann allerdings nach §§ 474ff. BGB und nicht nach Mietrecht richtet.[685] Denn wird, wie von *Schulz* selbst, das Leasinggeschäft als atypischer Mietvertrag eingeordnet,[686] steht § 306 II BGB einer kaufrechtlichen Mängelhaftung im Weg. Will man mit einer subjektiven Komponente argumentieren, ist es jedoch konsequent, dies nicht in Bezug auf die Anwendung der §§ 474ff. BGB zu tun, sondern vielmehr mit der Frage nach dem richtigen Schuldner zu verknüpfen. Denn die Kenntnis als subjektives Element kann im Zusammenhang mit Verbraucherschutzrechten, wonach ein objektiver Schutz zu gewähren ist, keine Berücksichtigung finden.[687] Wegen der dogmatischen Unschärfen[688] kann diese Argumentation nicht wesentlich zur Lösung des Problems beitragen, obgleich die Ausführungen zur Interessenlage durchaus beachtenswert sind.

Nach kurzer Betrachtung kommt *Oxe* zu dem Ergebnis, dass eine direkte Anwendung der Verbrauchsgüterkaufvorschriften ausgeschlossen sei und auch ein Umgehungsgeschäft nicht vorliege.[689] Weder sei der Leasingnehmer wirtschaftlich als Käufer anzusehen noch sei die Problematik mit den Fällen des sogenannten Agenturgeschäfts vergleichbar. Die Frage der Gewährleistungshaftung des Leasingnehmers richte sich vielmehr allein nach § 307 I, II Nr. 2 BGB, da kein anderer Prüfungsmaßstab, insb. nicht der des Verbrauchsgüterkaufs, zu ermitteln sei.[690] Komme es danach wegen unzureichend abgetretener Gewährleistungsrechte zu einer unangemessenen Benachteiligung des Leasingnehmers, halte der Gewährleistungsausschluss im Rahmen der Abtretungskonstruktion einer AGB-rechtlichen Inhaltskontrolle nicht stand. Der Leasingnehmer habe sich dann an den Leasinggeber zu wenden,[691] wobei sich der Haftungsmaßstab interessengerechter nach dem des Kaufrechts orientiere.[692] Konsequenterweise rückt *Oxe* daher von der Einordnung des Leasingvertrages als atypischem Mietvertrag ab. Darüber hinaus bestehe eine Haftung des Lieferanten nach §§ 280 I, 241 II, 311 III BGB, wenn der Leasingnehmer ausschließlich Kontakt zu diesem

685 Schulz, 111ff.
686 Schulz, 33.
687 Siehe hierzu oben: Seite 106ff.
688 Vgl. Schulz, insb. 136ff. und 142ff.
689 Oxe, 98ff.
690 Oxe, 115f.
691 Oxe, 149ff.
692 Oxe, 153f.

gehabt habe.[693] Der Innenausgleich zwischen Leasinggeber und Lieferant erfolge im Falle des Bestehens aus einem Rahmenvertrag, anderenfalls aus c.i.c.[694]

Die konsequente Anwendung von § 307 I, II Nr. 2 BGB ist ein sicher schwieriger und stets mit großem Aufwand verbundener, gleichwohl aber gangbarer Weg. Die Annahme der Haftung des Leasinggebers nach Kaufrecht muss sich die gleichen grundsätzlichen Argumente wie *Schulz* entgegenhalten lassen. Hinzu kommen hier die – nachfolgend noch umfassend erörterten[695] – Probleme und Gegenargumente, die gegen eine andere typologische Verortung des Leasingvertrages als beim atypischen Mietvertrag sprechen. Darüber hinaus ist zweifelhaft, ob die bloße Kenntnis des Lieferanten von der Verbraucherstellung des Leasingnehmers bereits ein Vertrauensverhältnis im Sinne des § 311 III BGB begründen kann. Sieht man hiervon ab, ist auch dieser Beitrag eine taugliche Möglichkeit, um sich dem Problem zu nähren. Dies gilt insbesondere für die konsequente Anwendung des § 307 I, II Nr. 2 BGB.

Zusammenfassend bleibt festzuhalten, dass alle drei Beiträge sich, entsprechend ihrer modernen Ansätze, überwiegend auf Wertungen und Interessenlagen ausrichten. Dies führt stellenweise zu einer sehr stark apodiktischen[696] Argumentation, die sich aus einer bestimmten Interessenlage ergibt und ohne dogmatisches Fundament auskommt. Dies mag vor dem Hintergrund der nach diesen Ansätzen, insbesondere den von *Oberfeuchter* und *Schulz*, ausschließlich im Wege der Einzelfallbetrachtung zu suchenden Lösung angebracht sein. Will man aber das Problem auf einer etwas abstrakteren und dogmatischeren Basis lösen, sind diese Ansätze nur eingeschränkt verwertbar. So ist es beispielsweise in rechtlicher Hinsicht wegen § 306 II BGB nur schwer zu begründen, den Leasingvertrag einerseits als atypischen Mietvertrag einzuordnen und andererseits die Eigenhaftung des Leasinggebers bei Scheitern der Abtretungskonstruktion auf das kaufrechtliche Gewährleistungsregime zu stützen. Weiter zu nennen ist das nicht hinterfragte Abstellen auf subjektive Komponenten, obschon der Verbraucherschutz objektiv und gerade unabhängig von einer subjektiven Komponente zu gewährleisten ist. Nach hier vertretener Auffassung haben die modernen Ansätze aber in erster Linie verkannt, dass die Abtretungskonstruktion dann nicht scheitert, wenn der Leasingnehmer über die Anwendung von § 475 I 2 BGB geschützt ist.

---

693 Oxe, 154ff.

694 Oxe, 1157f.

695 Siehe sogleich unter Seite 145ff. und 152ff.

696 Im Sinne von ‚… das muss so sein…' oder ‚…kann es nicht sein, dass…'.

(2) Der sui generis-Ansatz

Um der Frage nach dem Vorliegen eines Umgehungsgeschäfts beim Leasing auf den Grund zu gehen, wurde der Versuch unternommen, auf Grundlage der sui generis-Theorie[697] die Kategorie des „*Verbrauchsgüterleasings*" ins Leben zu rufen.[698] Dabei ergeben sich durch die geänderte Rechtsgrundlage für Leasing neue Möglichkeiten für einen Ansatz. Einer der wichtigsten Unterschiede der sui generis-Theorie im Vergleich zu einer mietrechtlichen Rechtsgrundlage ist das Fehlen jeglicher Gewährleistungspflichten des Leasinggebers gegenüber dem Leasingnehmer. Stattdessen bestehe eine nicht-synallagmatische, selbstständige Nebenpflicht des Leasinggebers zur abtretungs- oder ermächtigungsweisen Überlassung der liefervertraglichen Gewährleistungsansprüche gegen den Lieferanten. Darüber hinaus wird bei der sui generis-Theorie die Finanzierungs- mit der Gebrauchsüberlassungsfunktion zumindest gleichgestellt.

Nach dieser Ansicht soll der Leasinggeber bereits aufgrund der fehlenden Gewährleistungspflicht in keinem Fall haften müssen. Vielmehr werde der Leasingnehmer durch den sui generis-Ansatz in gewährleistungsrechtlicher Hinsicht so gestellt, als hätte er direkt mit dem Lieferanten kontrahiert. Seien die Gewährleistungsrechte nicht im Umfang der §§ 474ff. BGB an den Leasingnehmer übertragen worden, könne sich der Leasingnehmer im Rahmen von § 475 I 2 BGB nur direkt an den Lieferanten halten. Dafür spreche auch ein Wertungsgleichlauf mit der schon vor der Schuldrechtsreform diskutierten Situation, die sich heute aus § 310 I 2 2. HS BGB ergibt. Bei der Kontrolle von Lieferanten-AGB müsse danach auf die Gewohnheiten und Gebräuche des Handelsverkehrs angemessen Rücksicht genommen werden. Vor der Schuldrechtsreform stellte sich die Frage, auf welche Person im Leasingdreieck sich die Inhaltskontrolle beziehen sollte: den kaufmännischen Leasinggeber oder den nichtkaufmännischen Leasingnehmer. Dabei sei überwiegend, unter Heranziehung interessengerechter Auslegung sowie des Rechtsgedankens aus § 166 I BGB, auf den Leasingnehmer abgestellt worden.[699] Zwar habe § 475 I 2 BGB in seinem Anwendungsbereich die AGB-Kontrolle nach §§ 307ff. BGB weitgehend verdrängt, allerdings bestehe eben noch die angesprochene Wertungsparallele. Auch danach könne sich der Leasingnehmer direkt an den Lieferanten halten. Da der Leasinggeber im Übrigen nicht nach § 475 I 1 BGB haften könne, verbliebe nur der Lieferant, an den sich der Leasingnehmer als wirtschaftlichen Verkäufer wenden könne. Der Leasinggeber habe

697 Siehe zum sui generis-Ansatz oben: Seite 29ff.

698 Omlor, ZGS 2008, 220ff.

699 So argumentiert auch Staudinger/*Stoffels*, Leasing, Rn. 225.

demnach die (Neben-)Pflicht, dem Leasingnehmer die Rechte aus §§ 474ff. BGB zu verschaffen. Gelinge dies dem Leasinggeber nicht, müsse sich der Leasingnehmer unmittelbar an den Lieferanten halten, der ihm dann nach den §§ 474ff. BGB verpflichtet sei.[700]

Diese Ansicht kann mithilfe des sui generis-Ansatzes zahlreiche bis dahin gegen eine Anwendung der Verbrauchsgüterkaufvorschriften angeführte Begründungen aus dem Weg räumen[701] und ist durchaus beachtenswert. Allerdings muss sich diese Vorgehensweise erhebliche Kritik bei der Begründung für die Anwendung der Verbrauchsgüterkaufvorschriften gefallen lassen.

So leuchtet schon bei Betrachtung der Interessenlage nicht ein, warum der Lieferant ggf. für ein Fehlverhalten des Leasinggebers einstehen soll. Nach dieser Ansicht muss der Lieferant immer gegenüber dem Leasingnehmer haften, auch wenn der Leasinggeber für die unvollständige Übertragung der Gewährleistungsrechte auf den Leasingnehmer verantwortlich ist. Ob der Lieferant dann bei dem Leasinggeber Regress nehmen kann, wird nicht weiter ausgeführt. Selbst wenn man das unterstellen würde, kommt es zu einer unnötigen Verlagerung von Prozess- und Insolvenzrisiken. Genauso wenig geht diese Auffassung darauf ein, ob dem Leasingnehmer ein allgemeiner Schadensersatzanspruch wegen einer vertraglichen (Neben-) Pflichtverletzung gegen den Leasinggeber zusteht, wenn dieser die Gewährleistungsrechte nicht vollständig abtritt. Da die Abtretung der Gewährleistungsrechte eine Vertragspflicht des Leasinggebers sein soll, müsste bei einer Verletzung dieser Pflicht dem Leasingnehmer auch ein entsprechender Ersatzanspruch gegen den Leasinggeber zustehen.

Darüber hinaus geht diese Ansicht nicht auf die unterschiedlichen Leasingmodelle oder die Art der Vertragsanbahnung ein. Zieht man das Beispiel heran, bei dem der Leasingnehmer sich direkt an den Leasinggeber wendet und in den Beschaffungsvorgang nicht im Mindesten eingreift, fällt es schwer, eine Haftung des Lieferanten zu begründen. Zwar muss der Lieferant grundsätzlich immer mit der Abtretung von Ansprüchen rechnen, die andere gegen ihn haben. Hat er aber z.B. bei einem Kaufvertrag mit einem Unternehmer zulässigerweise die Gewährleistungshaftung ausgeschlossen oder beschränkt, darf er davon ausgehen, aus diesem Geschäft nicht weiter in Anspruch genommen zu werden. Weiß der Lieferant nicht, dass der Leasinggeber ein solcher ist und er an einem Leasinggeschäft mitwirkt, ist die mit dieser Ansicht wegen der Anwendung der Verbrauchsgüterkaufvorschriften allein konsequente Annahme einer unbeschränkten Haftung

700 Omlor, ZGS 2008, 220, 226.
701 Omlor, ZGS 2008, 220, 221ff.

des Lieferanten im Hinblick auf eine Interessenabwägung nicht nachvollziehbar. Dieser wird mit einer Inanspruchnahme konfrontiert, die er weder erkennen noch kalkulieren konnte. In diesem Zusammenhang ist diese Auffassung, die an sich sehr gründlich auf die gegen eine Anwendung der §§ 474ff. BGB vorgebrachten Argumente eingeht, im Hinblick auf die vielfältigen Leasingmodelle und Möglichkeiten der Vertragsanbahnung und -gestaltung auffallend undifferenziert. Lediglich der Verweis auf die Ungleichbehandlung des Eintrittsmodells zu den anderen Arten der Vertragsanbahnung wird aufgezeigt.[702] So wird das rechtlich sehr relevante Leasing durch Eigenbeschaffung nicht angesprochen. Will man die oben herausgearbeiteten Voraussetzungen von § 475 I 2 BGB, „*Möglichkeit einer alternativen Gestaltungshandlung*" und „*Gestaltungsbewusstsein*", mit in diese Überlegung einbeziehen, wäre eine Haftung des Lieferanten in einem solchen Fall ausgeschlossen und der Leasingnehmer stünde, aufgrund des ebenfalls bestehenden Haftungsausschlusses, gegenüber dem Leasinggeber rechtlos.

Auch lässt die Herleitung der Haftung des Lieferanten nach den §§ 474ff. BGB, insbesondere in Bezug auf das Umgehungsverbot, die nötige dogmatische Tiefe vermissen. Das Ergebnis stützt sich überwiegend darauf, dass die Haftung des Leasinggebers, auch eine subsidiäre, wegen der nach dem sui generis-Ansatz fehlenden Gewährleistungspflicht ausscheidet. Warum dann der Lieferant nach den §§ 474ff. BGB zu haften hat, wird recht unscharf mit Wertungsparallelen und der Anwendung des „*Rechtsgedankens*" aus § 475 I 2 BGB begründet.[703] Weshalb § 475 I 2 BGB nicht direkt, aber immerhin dem Rechtsgedanken nach angewendet werden soll, bleibt unklar. Gerade diese Unschärfe in Bezug auf den Haftungsgrund des Lieferanten ist die große Schwäche dieses Ansatzes. Im Endeffekt stützt auch diese Ansicht die Haftung des Lieferanten nur auf eine wirtschaftliche Betrachtungsweise, wonach der Leasingnehmer wie ein Käufer zu stellen und der Lieferant ihm gegenüber als wirtschaftlicher Verkäufer anzusehen ist.[704] Dem Variantenreichtum des Leasings ist mit dieser Begründung jedenfalls nicht Rechnung getragen, und die Argumentation bzgl. der Anwendung der Verbrauchsgüterkaufvorschriften kann über weite Strecken nicht überzeugen.

Neben diesen inhaltlichen Bedenken bestehen solche vor allem in Bezug auf die sui generis-Theorie als Rechtsgrundlage für Leasing. Allerdings: Obwohl die sui generis-Theorie mit all ihren unterschiedlichen Ausprägungen schon seit einer langen Zeit hartnäckig den Streit über die ‚richtige' Rechtsgrundlage von

702 Siehe zu den verschiedenen Möglichkeiten der Vertragsanbahnung oben: Seite 36ff.
703 So neben Omlor auch Stagl, ZIP 2009, 846, 852.
704 Omlor, ZGS 2008, 220, 224.

Leasing aufrecht hält,[705] gibt es erstaunlich wenig, was von den Vertretern anderer Rechtsgrundlagen gegen sie vorgebracht wird. Konnten alle weiteren Theorien und Ansätze über die Rechtsgrundlage bei Leasing über die Jahre relativ gut auf einer argumentativen Basis widerlegt werden, scheint der sui generis-Ansatz resistent gegen solche Versuche. Das liegt nicht zuletzt an der unzureichenden Argumentation ihrer Gegner. So wird gegen den sui generis-Ansatz mehrfach vorgebracht, dass durch ihn der Leasingvertrag einer effektiven AGB-rechtlichen Inhaltskontrolle entzogen werde, da das gesetzliche Leitbild des Mietvertrages wegfalle.[706] Durch den Verzicht auf eine Anlehnung an zwingendes Recht ergäben sich mehr Probleme, als durch die Schaffung eines neuen Vertragstypus ausgeräumt werden könnten.[707] Es gebe keine verlässlichen Anhaltspunkte mehr für die Fälle lückenfüllender und ergänzender Vertragsauslegung oder für die Frage, wann eine überraschende oder unangemessene AGB-Klausel vorliege. Die vor allem für die Rechtsprechung komfortable und gut handhabbare Anlehnung an die gesetzlichen Bestimmungen, z.B. in § 307 II Nr. 1 BGB oder § 306 II BGB, fiele dann ebenso weg wie die sich daraus ergebende Rechtssicherheit für die beteiligten Parteien.[708] In der Tat zeigt auch das Urteil des BGH vom 21.12.2005, dass im Zweifel immer eine am Mietrecht orientierte Lösung herauskommt.[709] Eine solche Argumentation ist aber vor allem eins, nämlich bequem. Allerdings ist die Juristerei kein Ort für Bequemlichkeit, und der Gesetzgeber hat gerade durch § 307 I und II Nr. 2 BGB das nötige, wenngleich etwas aufwändigere, Handwerkszeug zur Verfügung gestellt, um auch bei einem neuen Vertragstypus eine wirkungsvolle AGB-Kontrolle durchzuführen.[710] Dies hat nicht zuletzt *Oxe* in ihrer Ausarbeitung eindrucksvoll dargelegt.[711] Darüber hinaus könnte mit einer auf das Fehlen einer gesetzlichen Leitbildfunktion gerichteten Argumentation gegen den sui generis-Ansatz jedem neuen Vertragstypen der Boden entzogen werden.[712] Ein solcher Verstoß gegen den Grundsatz der Vertragsfreiheit wäre genauso wenig

705 Siehe hierzu die Ausführungen bei Gitter, Gebrauchsüberlassungsverträge, 305ff.

706 MüKo/*Koch*, Leasing, Rn. 30; v. Westphalen/*v. Westphalen*, Kap. B, Rn. 7; Wolf/Eckert/Ball, 9. Auflage 2004, Rn. 1673.

707 Wolf/Eckert/Ball, 9. Auflage 2004, Rn. 1673.

708 MüKo/*Koch*, Leasing, Rn. 30; v. Westphalen/*v. Westphalen*, Kap. B, Rn. 7.

709 BGH NJW 2006, 1066ff.

710 Vgl. zur Durchführung der AGB-Kontrolle bei gesetzlich nicht geregelten Verträgen ausführlich Stoffels, 357ff.

711 Oxe, Der Leasingnehmer als Verbraucher.

712 Ähnlich MüKo/*Koch*, Leasing, Rn. 30.

hinnehmbar wie der dadurch bedingte, totale Ausfall der Rechtsentwicklung. Daher ist zumindest dieses Gegenargument gegen die sui generis-Theorie als Rechtsgrundlage für Leasing zwar bequem, aber nicht wirklich tragfähig.

Ein weiteres und etwas schärferes Schwert gegen eine auf der sui generis-Theorie beruhende Rechtsgrundlage ist wieder der Verweis auf das Steuerrecht und den damit verknüpften Parteiwillen beim typischen Leasingvertrag.[713] Der Steuergesetzgeber macht die mit dem Leasingvertrag verbundenen steuerlichen Vorteile von der Wahl der Vertragsgestaltung abhängig; und diese ist nach schuldrechtlichen Kriterien als Miete zu qualifizieren.[714] Sicherlich kann man mit einigem Argumentationsaufwand auch begründen, warum es in steuerlicher Hinsicht gleichgültig ist, ob man dem Leasing einen Mietvertrag oder einen Vertrag eigener Art zugrunde legt. Allerdings darf dabei nicht außer Acht gelassen werden, dass es den Parteien bei einem Leasingvertrag vor allem auf die steuerrechtliche Einordnung ankommt. Sie schließen im Zweifel lieber einen atypischen Mietvertrag, bei dem die steuerrechtliche Einordnung sichergestellt ist, als dass sie einen dogmatisch bestens begründeten Vertrag eigener Art abschließen, sich aber einem steuerrechtlichen Zuordnungsrisiko aussetzen. Auf diese Weise gibt der Parteiwille durch das steuerrechtlich Gewollte zumindest ein Stück weit auch die rechtliche Einordnung von Leasing als (atypischem) Mietvertrag vor.[715] Der Unterschied zwischen dem sui generis-Ansatz und einem auf Mietrecht basierenden Ansatz ist eher ein wissenschaftlicher als ein inhaltlicher. Beide Ansichten nähren sich einander an, und Unterschiede bestehen überwiegend in der dogmatischen Herleitung.

Jedoch gibt es noch einen Aspekt, der gerade im Hinblick auf das hier behandelte Problem entscheidend gegen die Anwendung des sui generis-Ansatzes spricht. Dieser Ansatz läuft dem Grundsatz über die Relativität von Schuldverhältnissen in nicht hinnehmbarer Weise zuwider. Einerseits beharrt man auf zwei dem Leasinggeschäft zugrunde liegenden Verträgen, dem Leasing- und dem Liefervertrag.[716]

---

713 Ausführlich: v. Westphalen/*v. Westphalen*, Kap. B, Rn. 10ff.

714 Wolf/Eckert/Ball, 9. Auflage 2004, Rn. 1674; Siehe zur steuerrechtlichen Einordnung die Ausführungen oben: 10ff.

715 I. E. auch Wolf/Eckert/Ball, 9. Auflage 2004, Rn. 1674.

716 Martinek/Stoffels/Wimmer-Leonhardt/*Martinek*, § 4, Rn. 53, der unter Rn. 60 mit Verweis auf den unkonventionellen Ansatz von Heermann, Drittfinanzierte Erwerbsgeschäfte, Tübingen 1998 selbst ausführt, dass die Durchbrechung des „*Dogmas*" der Relativität der Schuldverhältnisse, welches er auch als „*Schallmauer der vertragsrechtlichen Dogmatik*" bezeichnet, ein bisher unüberwindbares Hindernis darstellt.

Auf der anderen Seite wird der Lieferant aber so sehr in den Leasingvertrag mit einbezogen, dass er sogar dann haften soll, wenn der Leasinggeber eine seiner Pflichten, und sei es nur eine Nebenpflicht, verletzt.[717] Hält man an zwei strikt getrennten Verträgen fest, kann man allein mit dieser Argumentation jedenfalls keine Anwendung der Verbrauchsgüterkaufvorschriften begründen.[718] Dabei ist zu beachten, dass die Relativität der Schuldverhältnisse gerade Ausfluss des originären Parteiwillens ist.[719] Daher gilt für die Vertreter der sui generis-Theorie: Entweder betrachtet man das Leasinggeschäft als eine rechtliche Einheit,[720] dann verstößt man eklatant gegen den Grundsatz der Relativität der Schuldverhältnisse und konstruiert einen Vertrag, den die Parteien, insbesondere der Lieferant, vielleicht gar nicht abschließen wollen.[721] Oder man hält an der Selbstständigkeit der Schuldverhältnisse fest und riskiert die Bedeutungslosigkeit, da so nicht die Probleme bei der Anwendung des § 475 I 2 BGB gelöst werden. Von der Tatsache abgesehen, dass der Leasinggeber schon von vorneherein als Haftungsinstanz wegfällt, ergibt sich durch einen so verstandenen sui generis-Ansatz kein Mehrwert gegenüber anderen Rechtsgrundlagen. Die Argumentation über die Haftung des Lieferanten nach §§ 474ff. BGB bleibt genauso oberflächlich und unpräzise wie bei allen Ansichten, die dem Leasingnehmer eine „*Käuferstellung*" einräumen oder den Lieferanten als „*Quasiverkäufer*" ansehen wollen. Argumentiert wird lediglich mit der Anwendung von Rechtsgedanken oder einer interessengerechten Auslegung ohne ein darüber hinausgehendes dogmatisches Fundament.[722] Wie sich zeigt, muss man dazu nicht die Rechtsgrundlage des Leasings bemühen. Eine wirklich neue Erkenntnis über die Anwendung der Verbrauchsgüterkaufvorschriften ergibt sich aus der Annahme des sui generis-Ansatzes jedenfalls nicht. Völlig zurecht verweist *Schulz* daher darauf, dass die Vertreter der sui generies-Theorie das Qualifikationsproblem nicht lösen, sondern es vielmehr umgehen.[723] Insbesondere die in dieser Arbeit behandelten Fragen können mit einem sui generis-Ansatz nicht besser gelöst werden als mit einem mietrechtlichen. Ergibt sich also kein Mehrwert aus

717 Omlor, ZGS 2008, 220226.

718 So zutreffend auch Stagl, ZIP 2009, 846, 853.

719 So selbst Stagl, ZIP 2009, 846, 848, der seinerseits Vertreter eines sui generis-Ansatzes ist.

720 H. Beckmann, WuB I J 2. – 1.06, 373, 374.

721 Siehe hierzu den unkonventionellen Versuch von Heermann, Drittfinanzierte Erwerbsgeschäfte, Tübingen 1998.

722 Omlor, ZGS 2008, 220ff.

723 Schulz, 33.

dieser neben den tradierten Vertragstypen stehenden Rechtsgrundlage für Leasing, muss doch in Bezug auf die obigen Ausführungen gefragt werden, ob es dann wirklich notwendig ist, auf eine gesetzliche Leitbildfunktion wie dem Mietrecht zu verzichten.[724]

Im Allgemeinen müssen sich die auf der sui generis-Theorie fußenden Ansichten entgegenhalten lassen, dass sie zu sehr dem Schutz des Leasinggebers und dessen ungefährdeter Vollamortisation verschrieben sind.[725] Der Leasinggeber ist eben Unternehmer und in den allermeisten Fällen wohl auch Kaufmann. Ihm gegenüber darf die Gewährleistung beschränkt oder, z. B. im Falle eines Gebrauchtwagenkaufs, sogar vollständig ausgeschlossen werden. Der Leasinggeber, der sich seiner formalen Käuferstellung sehr wohl bewusst sein wird, hat sich darauf nun einmal eingelassen. Es gibt kein Grund, ihn – zumal als Profi auf seinem Geschäftsgebiet – sodann von jedem geschäftlichen Risiko freizustellen. Zwar ist nach den Grundprinzipien des Leasings der Leasinggeber überwiegend als Financier anzusehen. Wenn die gewählte Vertragskonstruktion aber scheitert, trägt auch der Leasinggeber die sich aus diesem Scheitern ergebenden Risiken. Allein die Vermeidung dieser Risiken rechtfertigen nicht die teilweise erheblichen argumentativen Verrenkungen, Kompromisse und dogmatischen Unschärfen, die mit diesen Auffassungen einhergehen.[726]

Will man also an dem sui generis-Ansatz trotz der aufgeführten Bedenken festhalten, muss man, zumindest in Bezug auf das hier behandelte Problem über die Anwendbarkeit der Verbrauchsgüterkaufvorschriften bei Leasing, tiefer gehende Überlegungen anstellen. Vielleicht kann dabei diese Arbeit helfen, aber sie wird sich dem Grunde nach an einer von der Rechtsgrundlage gelösten Argumentation orientieren, die wohl noch am ehesten durch den atypischen Mietvertrag als Rechtsgrundlage gekennzeichnet ist. Für diese Arbeit ist das Ausweichen auf eine Rechtsgrundlage, der ein Vertrag eigener Art zugrunde liegt, nicht erforderlich. Das behandelte Problem kann dadurch nicht besser gelöst werden, und bei einer Gesamtbetrachtung bringt eine mietrechtliche Rechtsgrundlage für Leasing den größeren Nutzen.

724 Ähnlich auch MüKo/*Koch*, Leasing, Rn. 31, der sich jedoch gerade für die andere Seite entscheidet, aber dann einen Analogieschluss zum Mietrecht zieht. Warum dann ein Vertrag eigener Art notwendig sein soll, bleibt unklar.

725 So bspw. Omlor, ZGS 2008, 220ff; Stagl, ZIP 2009, 846ff.

726 So auch eingehend Oberfeuchtner, 158: „*...vom Ergebnis her gedacht...*“.

(3) Der Geschäftsbesorgungsansatz

Eine andere Ansicht, die sowohl dogmatisch als auch normativ ausgesprochen gut und sehr tragfähig begründet ist,[727] sucht die Lösung ebenfalls in der Rechtsnatur des Leasinggeschäfts.[728] Zunächst stellt dieser Ansatz fest, dass der Leasingnehmer nach der Rechtsprechung des BGH viel besser steht, als ein Käufer stünde, da der Leasingnehmer sich auf die mietrechtliche Gewährleistung gegenüber dem Leasinggeber berufen könne.[729] Bei der Frage nach dem Vorliegen eines Umgehungsgeschäfts differenziert sie zwischen absatzförderndem und reinem Finanzierungsleasing. Nachdem in Bezug auf das absatzfördernde Leasing herausgearbeitet wurde, dass im rein unternehmerischen Rechtsverkehr die mietrechtliche Haftung bestehen bleibt, ändert sich dies bei der Beteiligung eines Verbrauchers. Unter Hinweis auf die Rechtsprechung des BGH zum Umgehungsgeschäft bei Agenturgeschäften und einer wirtschaftlichen Betrachtungsweise wird eine Umgehung der Verbraucherrechte angenommen. Zur Begründung der Anwendung des § 475 I 2 BGB wird dabei eine Lösung auf Basis des von *Canaris* entwickelten Geschäftsbesorgungsansatzes herangezogen.[730] Danach liegt dem Leasingvertrag im Wesentlichen ein typengemischter Vertrag aus geschäftsbesorgungs- und darlehnsvertraglichen Elementen zugrunde. Der Leasinggeber besorge dann lediglich ein Geschäft für den Leasingnehmer. Dieser sei in materieller Hinsicht der wahre Geschäftsherr. Da in § 475 I 2 BGB dieses Prinzip ausdrücklich anerkannt werde, handele es sich bei einem Leasingvertrag um ein Umgehungsgeschäft. Liege dann eine Konstellation wie diese hier zugrunde, müsse sich der Leasingnehmer sowohl bei absatzförderndem, als auch bei reinem Finanzierungsleasing an den Lieferanten halten.[731] Legt man diese, dem Wesen nach einem Kommissionsgeschäft sehr ähnliche Rechtgrundlage dem Leasingvertrag zugrunde, lässt sich die Anwendung der Verbrauchsgüterkaufvorschriften in der Tat sehr gut begründen.

---

727 Höpfner, ZBB 2006, 200ff; Martinek/Stoffels/Wimmer-Leonhardt/*Matusche-Beckmann*, § 52, Rn. 93, die im Wesentlichen auf Höpfner verweist; Siehe hierzu auch schon oben: Seite 80ff.

728 Dass diese Ansicht, obwohl bereits Anfang der 1980er Jahre entwickelt, nicht veraltet ist, lässt sich schon daran ersehen, dass die erste Stellungnahme von Reinicke / Tiedtke (Reinicke/Tiedtke, BB 1982, 1142, 1144f) nach 22 Jahre noch nahezu wörtlich in der aktuellen Auflage ihres gemeinsamen Buches zum Kaufrecht Verwendung findet (Reinicke/Tiedtke, Rn. 1677ff).

729 Höpfner, ZBB 2006, 200, 202.

730 Siehe oben: Seite 32f.

731 Höpfner, ZBB 2006, 200, 202ff.

Allerdings steht und fällt diese Ansicht auch mit der Vertretbarkeit der Rechtsgrundlage. Ergeben sich aus diesem Ansatz zwar durchaus noch andere, erwähnenswerte Argumente, kann er jedenfalls nicht bestehen, ohne dass man den Geschäftsbesorgungsansatz von *Canaris* akzeptiert. Die Annahme des Umgehungsgeschäfts wird gerade daraus hergeleitet, dass der Leasinggeber nur ein Geschäft für den Leasingnehmer besorgt und dieser der wahre Geschäftsherr ist, an dessen Verbrauchereigenschaften sich die übertragenen Gewährleistungsrechte messen lassen müssen.

Dem Geschäftsbesorgungsansatz widmen sich zahlreiche Darstellungen in der Literatur mit mehr oder weniger gut begründeten Stellungnahmen, die diesen Ansatz zwar in der Regel als dogmatisch ausgesprochen gelungen darstellen, im Ergebnis aber meist ablehnen.[732] Und hier muss gesagt werden: zu Recht. Der Geschäftsbesorgungsansatz krankt an einem grundsätzlichen Problem. Er wird den tatsächlichen Interessen der Parteien und dem tatsächlichen Sinn und Zweck eines Leasingvertrags nicht gerecht. Dies offenbart sich vor allem bei einer steuerrechtlichen Sicht auf die Dinge.[733] Schon die ersten Erwiderungen auf diesen Ansatz haben festgestellt, dass bei einem Geschäftsbesorgungsansatz § 39 II AO anwendbar und eine Zurechnung des Leasingguts zum Vermögen des Leasingnehmers die Folge wäre.[734] Der Geschäftsbesorgungsansatz kann dieses steuerrechtliche Fiasko auch nicht umgehen. Zwar wurde ein Rettungsversuch unternommen,[735] dieser muss allerdings als gescheitert angesehen werden.[736] Durch den Grundgedanken, der Leasingnehmer sei der Geschäftsherr und der Leasinggeber besorge lediglich ein Geschäft für diesen, ist der Weg zu einer Zurechnung des Leasingguts zum Vermögen des Leasinggebers verbaut. Unabhängig davon, dass der Leasinggeber sehr wohl ein eigenes Interesse an dem Leasinggut hat, also kein Geschäft für fremde Rechnung vorliegt,[737] würde der Geschäftsbesorgungsansatz an der steuerrechtlichen Zurechnung scheitern. Nicht nur, dass dieser Ansatz den Leasingnehmer immer näher in eine Käuferposition drängt und daraus eine

---

732 So ausdrücklich Martinek/Stoffels/Wimmer-Leonhardt/*Martinek*, § 4, Rn. 39f; Siehe dazu beispielhaft die Darstellung der Gegenansichten oben mit weiteren Literaturnachweisen: Seite 35f.

733 Siehe hierzu die steuerrechtlichen Ausführungen oben: Seite 10ff.

734 Vgl. nur Reinicke/Tiedtke, BB 1982, 1142, 1144f; Gitter, Gebrauchsüberlassungsverträge, 304.

735 Canaris, AcP 1990, 410, 457ff.

736 Vgl. nur die Erwiderungen von: Martinek, 83ff; Reinicke/Tiedtke, Rn. 1677ff; Flume, DB 1991, 265ff; von Westphalen, 4. Auflage, Rn. 65ff.

737 Martinek/Stoffels/Wimmer-Leonhardt/*Martinek*, § 4, Rn. 40.

Zurechnung zum wirtschaftlichen Eigentum folgt. Er bürdet dem Leasinggeber auch noch eine treuhänderische Bindung auf, die zwar

> „rein sprachlich nicht einfach als ‚Treuhandverhältnis' bezeichnet werden kann",

wohl aber Folge eines, bei einem typengemischten Vertrag möglichen, treuhandähnlichen Einschlags sein soll.[738] Kumuliert man diese Wesensmerkmale des Geschäftsbesorgungsansatzes, kann kein Weg an der Zurechnung der Leasingsache zum wirtschaftlichen Eigentum des Leasingnehmers vorbeiführen.[739] Wenn nicht bereits die treuhänderische Bindung zur Anwendung des § 39 II Nr. 1 Satz 2 AO führt, dann ist zumindest § 39 II Nr. 1 Satz 1 AO wegen der Fokussierung auf den Leasingnehmer als Geschäftsherr einschlägig. Zudem muss berücksichtigt werden, dass die Leasingerlasse des Bundesfinanzministeriums nach ihrer Formulierung davon ausgehen, dass bei Leasing ‚eigentlich' eine Zurechnung des Leasinggegenstands zum wirtschaftlichen Eigentum des Leasingnehmers erfolgt. Nur wenn die strengen Voraussetzungen der Erlasse eingehalten werden, wird ‚ausnahmsweise' der Gegenstand dem Leasinggeber zugerechnet. Dieses Regel-Ausnahme-Verhältnis, dem wohlgemerkt ein mietrechtlicher Ansatz zugrunde liegt,[740] macht deutlich, wie nahe Leasing bereits am Rand der Zurechnung zum Leasingnehmer steht. Würde dann auch noch der Leasingnehmer zum Geschäftsherrn erklärt, wäre diese Grenze überschritten. Anders formuliert: Hätte dem anfänglichen Verständnis von Leasing der Geschäftsbesorgungsansatz zugrunde gelegen, wäre es wahrscheinlich nie zu einer Ausnahme der Zurechnung zum wirtschaftlichen Eigentum beim Leasing gekommen. Das Verständnis dieses Ansatzes von Leasing widerspricht den Vorstellungen des Fiskus, die sich in § 39 II AO manifestiert haben.

Jedoch leugnet der Geschäftsbesorgungsansatz teilweise die steuerrechtliche Relevanz für eine rechtliche Einordnung des Leasings.[741] Dem muss entgegengetreten werden. Modernes Leasing ist ein Vertragstypus, der aus dem Steuerrecht entstanden ist. Vor allem das Ausnutzen der steuerlichen Gegebenheiten ist Sinn

---

738 Canaris, AcP 1990, 410, 460f.

739 So auch: Reinicke/Tiedtke, BB 1982, 1142, 1144f; Gitter, Gebrauchsüberlassungsverträge, 304; Martinek/Stoffels/Wimmer-Leonhardt/*Martinek*, § 4, Rn. 40.

740 Die Erlasse sprechen z.B. von „*Grundmietzeit*", „*Mietverlängerungsoptionen*" oder „*Mietvertrag*". Siehe zu den Leasingerlassen bereits oben: Seite 12ff.

741 Canaris, AcP 1990, 410, 457ff; wobei schon die Überschrift c) „*Die Irrelevanz des Steuerrechts … für die zivilrechtliche Qualifikation des Finanzierungsleasings*" erkennen lässt, dass der Autor die besondere Prägung des Leasings durch das Steuerrecht verkennt bzw. verdrängt.

und Zweck dieser Vertragsform. Dies gilt jedenfalls für den unternehmerischen Geschäftsverkehr, bei dem Leasing auch ganz überwiegend zur Anwendung kommt. Den Parteien eines Leasingvertrages kommt es genau darauf an, sie zu nutzen. Es entspricht nicht nur deren Interesse; in der Wahl des Leasings als Vertragsform manifestiert sich geradezu der Wille der Parteien, etwas in steuerlich relevanter Weise zu tun. Betrachtet man Leasing von einer unvoreingenommenen Warte, verliert es, zumindest im unternehmerischen Bereich, einen großen Teil seiner Daseinsberechtigung, wenn die gewollte steuerliche Ausgestaltung wegfällt.[742] Es bleibt festzuhalten, dass es der Geschäftsbesorgungsansatz zwar schafft, einen hervorragenden rechtlichen Rahmen zur Handhabung eines Gebrauchsüberlassungsvertrags mit Finanzierungselementen zu bilden, aber nicht die Rechtsnatur von Leasing bestimmen kann. Aus diesem Grund ist ein Lösungsansatz, der allein oder weit überwiegend aus der Tatsache resultiert, dass dem Leasinggeschäft ein Geschäftsbesorgungsvertrag mit darlehnsrechtlichen Bezügen zugrunde liegt, nicht geeignet, die Frage nach dem Vorliegen eines Umgehungsgeschäfts zu beantworten.

(4) Wirtschaftliche Betrachtungsweise

(a) Grundüberlegung

Ein weiterer Ansatz bezieht sich direkt auf § 475 I 2 BGB. Da der Leasingnehmer unter Zugrundelegung einer wirtschaftlichen Betrachtungsweise wie ein Käufer anzusehen sei, müsse es sich bei dem Leasinggeschäft um ein Umgehungsgeschäft handeln.[743] Bereits sehr früh, und schon vor dem Urteil des BGH zum Umgehungsgeschäft, wurde vertreten, dass

> „wirtschaftlich betrachtet […] bei dieser Konstellation ‚eigentlich' der Leasingnehmer der Käufer und die Leasinggesellschaft nur zu Finanzierungszwecken eingeschaltet"

sei.[744] Eine weitergehende Begründung blieb jedoch aus. Der Gedanke wurde allerdings häufig und insbesondere nach dem Leasingurteil vom 21.12.2005 aufgegriffen und vertieft.[745] Dazu trug vor allem auch das Urteil des BGH zum

742 Abgesehen vielleicht von einigen speziellen Konstellationen, die vor allem im sale and lease back-Bereich angesiedelt sein dürften.

743 Höpfner, ZBB 2006, 200ff; Woitkewitsch, VuR 2006, 440f; ders. in v. Westphalen/*Woitkewitsch*, Kap L. Rn. 65ff; Wolf/Eckert/Ball, Rn. 1879f.

744 Wolf/Eckert/Ball, 9. Auflage 2004, Rn. 1818.

745 Vgl. nur: H. Beckmann, WuB I J 2. – 1.06, 373, 376; Müller-Sarnowski, DAR 2007, 72, 74; v. Westphalen, ZIP 2006, 1653, 1655; mit Verweisen auf Wolf/Eckert/Ball, Rn. 1879f.

Umgehungsgeschäft bei Agenturgeschäften mit Gebrauchtwagen bei, in dem der BGH sich erstmals intensiv mit dem damals neu eingeführten Umgehungsgeschäft nach § 475 I 2 BGB auseinandersetzen musste.[746] Dabei stellt er ebenfalls auf eine wirtschaftliche Betrachtungsweise ab und kam in einem späteren Urteil zur Verallgemeinerungsfähigkeit dieser Vorgehensweise im Zusammenhang mit Umgehungsgeschäften.[747] Die darauf folgenden Veröffentlichungen aus dem Schrifttum übertrugen diese Rechtsprechung auf Leasing und vertieften die an eine wirtschaftliche Betrachtungsweise zu stellenden Anforderungen.[748] Verirrte sich der wirtschaftliche Ansatz bisweilen noch in dogmatischen Zwängen aus der Rechtsnatur des Leasings,[749] konkretisierte sich bald eine fundierte Meinung, die, anders als andere, die wirtschaftliche Betrachtung auch anstellte.[750]

Der Ansicht *Woitkewitschs* liegen folgende Erwägungen zugrunde: Angelehnt an das Urteil zum Agenturgeschäft bestimme sich das Vorliegen eines Umgehungsgeschäfts nach der Verteilung des wirtschaftlichen Risikos bei dem Verkauf. Habe der Leasingnehmer das wirtschaftliche Risiko des Liefervertrages zu tragen, sei er im Zweifel als Käufer der Sache anzusehen. Dann würde das Leasinggeschäft zu einer unzulässigen Beschränkung der Verbraucherrechte führen und stelle somit ein Umgehungsgeschäft im Sinne des § 475 I 2 BGB dar. Kommt eine wirtschaftliche Betrachtung also zu dem Ergebnis, dass der Leasingnehmer das eigentliche Risiko des Rechtsgeschäfts trägt, muss in der hier zugrunde gelegten Konstellation von einem Umgehungsgeschäft ausgegangen werden.[751]

Nach diesem Ansatz trägt der Leasingnehmer bei einem Finanzierungsleasinggeschäft, dem Willen der Vertragsparteien entsprechend, das tatsächliche Risiko des Verkaufsgeschäfts.[752] Er ist gegenüber dem Leasinggeber, bei erlasskonformem Leasing, zur Vollamortisation verpflichtet, muss also das für die Leasingsache eingesetzte Kapital sowie den kalkulierten Gewinn leisten. Wie die Vollamortisation des LG sichergestellt wird, ist dabei eine Frage

746 BGH NJW 2005, 1039ff; Siehe dazu schon oben: Seite 117ff.

747 BGHZ 170, 67.

748 Höpfner, ZBB 2006, 200ff; Woitkewitsch, VuR 2006, 440f; ders. in v. Westphalen/*Woitkewitsch*, Kap L. Rn. 65ff.

749 Höpfner, ZBB 2006, 200ff; Siehe hierzu auch die Ausführungen oben: Seite 152ff.

750 Woitkewitsch, VuR 2006, 440f; ders. in v. Westphalen/*Woitkewitsch*, Kap L. Rn. 65ff; wobei auch *Höpfner* in Höpfner, ZBB 2006, 200, 203 zuzugeben ist, dass er eine wirtschaftliche Betrachtung anstellt.

751 **A. A.** Oxe, 97ff, die sowohl die Anlehnung an die Rechtsprechung zum Agenturgeschäft, als auch eine entsprechende wirtschaftliche Risikobewertung verneint.

752 Vgl. Woitkewitsch, VuR 2006, 440, 441.

der Vertragsgestaltung.[753] Darüber hinaus muss er nach der leasingtypischen Vertragsgestaltung die Sach- und Preisgefahr des Leasingguts tragen. Der Leasinggeber hingegen hat trotz der Kaufpreiszahlung kein nennenswertes Risiko. Er bleibt zu jeder Zeit Eigentümer der Sache und hat vor Vertragsschluss eine umfangreiche Bonitätsprüfung hinsichtlich des Leasingnehmers angestellt.[754] Legt man diese wirtschaftliche Betrachtung zugrunde, kann der Leasingnehmer in wirtschaftlicher Hinsicht tatsächlich als Käufer der Sache angesehen werden.[755] Gegenteilige Auffassungen in Bezug auf die wirtschaftliche Stellung des Leasingnehmers als Käufer sind vorhanden, entbehren allerdings einer tragfähigen Begründung.[756]

(b) Bedenken gegen eine wirtschaftliche Betrachtungsweise

Diese wirtschaftliche Betrachtungsweise dient dabei häufig nur als eines von mehreren Argumenten, um die Anwendbarkeit von § 475 I 2 BGB zu begründen.[757] Als weiteres Argument wird beispielsweise die Einflussnahme des Lieferanten auf den Entschluss des Verbrauchers genannt.[758] In der Tat ist das Zugrundelegen einer wirtschaftlichen Betrachtungsweise bei einem Leasingvertrag im Zusammenhang mit den Verbrauchsgüterkaufvorschriften nicht unproblematisch. Berücksichtigt werden muss dabei nämlich immer, dass Leasing, jedenfalls das erlasskonforme, bereits einer wirtschaftlichen Betrachtungsweise unterzogen ist.[759] Eine solche muss nämlich im Rahmen von § 39 AO bei der steuerrechtlichen Beurteilung von Leasing angestellt werden.[760] Insofern stellt § 39 AO nichts anderes als eine Konkretisierung der im Steuerrecht ohnehin geltenden, wirtschaftlichen Betrachtungsweise dar.[761] Danach wird gemäß

---

753 Siehe hierzu oben: Seite 36ff.

754 So auch Woitkewitsch, VuR 2006, 440, 441.

755 Vgl. Woitkewitsch, VuR 2006, 440, 441.

756 Cholstinina, NJ 2006, 318; MüKo/*Koch*, Leasing, Rn. 68; Oxe, 98f, wonach der Leasinggeber das Risiko des Leasinggeschäfts trage. Allerdings beschränkt sich dies nach den eigenen Ausführungen von *Oxe* lediglich auf das Bonitätsrisiko, welches überdies durch das (natürlich insolvenzfeste) Eigentum am Leasinggut abgesichert ist. Auf die Gefahrtragung, die insb. auch durch die Leasingerlasse vorgegeben wird und die Risikoverteilung maßgeblich bestimmen, gehen die Gegenansichten überhaupt nicht ein.

757 Woitkewitsch, VuR 2006, 440, 441; Höpfner, ZBB 2006, 200, 203.

758 Woitkewitsch, VuR 2006, 440.

759 Siehe oben: Seite 10ff.

760 Klein/*Ratschow*, § 39, Rn. 2.

761 Tipke/Kruse, § 39, Rn. 27.

§ 39 II AO das Leasinggut dem Leasinggeber als wirtschaftlichem Eigentümer zugerechnet, sofern sich der Leasingvertrag im Rahmen der Leasingerlasse bewegt.[762] Will man die wichtige steuerrechtliche Zuordnung nicht gefährden, darf bei einer wirtschaftlichen Betrachtungsweise in Bezug auf das Vorliegen eines Umgehungsgeschäfts nicht von dieser Zuordnung des wirtschaftlichen Eigentums zum Vermögen des Leasinggebers abgewichen werden.[763] Dabei hilft auch kein Verweis auf eine fehlende Bindungswirkung zwischen Steuer- und Zivilrecht. Denn es wirkt reichlich konstruiert und sinnwidrig, den sowieso schon künstlichen Begriff der wirtschaftlichen Betrachtungsweise im Steuer- und Zivilrecht auch noch unterschiedlich anzuwenden. Argumentiert man daher auf Basis einer wirtschaftlichen Betrachtungsweise, kommt man nicht umhin, den Leasinggeber als wirtschaftlichen Eigentümer anzusehen.

Führt man die Überlegungen zur Anwendung einer wirtschaftlichen Betrachtungsweise im Kontext einer einheitlichen zivil- und steuerrechtlichen Anwendung allerdings zu Ende, kann dem Argument einer unzulässigen unterschiedlichen Auslegung des Begriffs der wirtschaftlichen Betrachtungsweise der Boden entzogen werden. Es wird dabei nicht verkannt, dass der Begriff der wirtschaftlichen Betrachtungsweise einer einheitlichen Auslegung bedarf. Berücksichtigt werden muss aber der Anknüpfungspunkt für die wirtschaftliche Betrachtungsweise. Bei der steuerrechtlichen Zurechnung des Eigentums nach § 39 AO wird in dessen Absatz zwei darauf abgestellt, ob der Eigentümer durch einen Anderen (den dann wirtschaftlichen Eigentümer) für die gewöhnliche Nutzungsdauer von der Einwirkung auf das Wirtschaftsgut wirtschaftlich ausgeschlossen wird. Im Steuerrecht wird demnach auf eine quasi-dingliche Rechtslage abgestellt, die sich auf den Nutzungszeitraum bezieht. Auf der zivilrechtlichen Seite des Leasinggeschäfts ist der Anknüpfungspunkt für eine wirtschaftliche Betrachtungsweise hingegen der Erwerbsvorgang, mithin das Verpflichtungsgeschäft. Hierbei bezieht sich die wirtschaftliche Betrachtungsweise also allein auf den Zeitpunkt des Vertragsschlusses. Demnach liegt einem erlasskonformen Leasinggeschäft keine unterschiedliche wirtschaftliche Betrachtungsweise zugrunde. Vielmehr ist der Zeitpunkt, an dem eine wirtschaftliche Betrachtung angestellt wird, ein anderer. Für das Steuerrecht ist es irrelevant, ob der Leasingnehmer beim Erwerbsvorgang in wirtschaftlicher Hinsicht als Käufer angesehen werden muss oder der Leasinggeber. Den Fiskus interessiert nur, ob der Leasingnehmer dem Leasinggeber

762 Siehe oben: Seite 10ff.

763 Diesen Konflikt hat auch Bernstein, 275f. im Zusammenhang mit der Wirtschaftlichkeitstheorie bereits erkannt, die in Bezug auf die Umgehungsproblematik zu § 6 AbzG vertreten wurde, und den Konflikt nicht auflösen konnte.

während der Leasingvertragslaufzeit in wirtschaftlicher Hinsicht ein durch die Leasingerlasse definiertes Minimum an Eigentum belässt oder es soweit aushöhlt, dass die Eigentümerstellung des Leasinggebers nur auf dem Papier existiert.[764] Die Frage nach der Anwendung der Verbrauchsgüterkaufvorschriften richtet sich aber allein nach dem Erwerbsvorgang als solchem. Legt man diese Differenzierung zwischen dem steuer- und zivilrechtlichen Anknüpfungspunkt zugrunde, kann von einem ‚Verbrauch' des Begriffs der wirtschaftlichen Betrachtungsweise im Hinblick auf ein Umgehungsgeschäft bei Leasing keine Rede sein. Der Begriff der wirtschaftlichen Betrachtungsweise wird hier nicht widersprüchlich verwendet.

(c) Modifizierung der wirtschaftlichen Betrachtungsweise

Die unreflektierte Anwendung des auf einer wirtschaftlichen Betrachtungsweise basierenden Ansatzes birgt aber eine nicht zu unterschätzende Konsequenz: Unabhängig vom Leasingmodell und der Art der Vertragsanbahnung würde allein unter Heranziehung einer wirtschaftlichen Betrachtungsweise bei jedem Finanzierungsleasingvertrag ein Umgehungsgeschäft im Sinne des § 475 I 2 BGB vorliegen. Dass der Leasingnehmer die Sach- und Preisgefahr trägt und dem Leasinggeber zur Vollamortisation verpflichtet ist, ist dem Finanzierungsleasing immanent.[765] Der Leasingnehmer müsste sich dann immer an den Lieferanten halten und die Abtretungskonstruktion hätte stets Bestand. Diese Lösung wäre auf alle Leasingmodelle und auf alle Arten der Vertragsanbahnung anwendbar, da schließlich allen die Abtretungskonstruktion und die leasingtypische Risikoverteilung zugrunde liegen. In der Tat halten es einige Autoren für notwendig, bei jedem Leasinggeschäft die Verbrauchsgüterkaufvorschriften über den Weg des Umgehungsgeschäfts anzuwenden.[766] Nur so könne die Verbrauchsgüterkaufrichtlinie

764 Diese Vorgehensweise stellt auch keinen Widerspruch zu der ablehnenden Argumentation im Rahmen der Stellungnahme zum Geschäftsbesorgungsansatz dar, vgl. Seite 152ff. Dieser Ansatz scheitert in erster Linie daran, dass der Leasingnehmer als Geschäftsherr des Liefervertrages angesehen werden muss und der Leasinggeber eine treuhänderische Funktion gegenüber dem Leasingnehmer innehat. Darauf beziehen sich die auf das Steuerrecht bezogenen Gegenargumente. Durch den Geschäftsbesorgungsansatz muss das wirtschaftliche Eigentum dauerhaft dem Leasingnehmer zugeordnet werden. Die Zurechnung beschränkt sich gerade nicht auf den Erwerbsvorgang.

765 Siehe oben: Seite 36ff.

766 Omlor, ZGS 2008, 220, 225f; Martinek/Stoffels/Wimmer-Leonhardt/*Matusche-Beckmann*, § 52, Rn. 93; Staudinger/*Stoffels*, Leasing, Rn. 225ff.

richtig umgesetzt werden,[767] bzw. nur so könne der Verbraucherschutz effektiv zur Anwendung kommen.[768]

Damit wird der Komplexität des Problems jedoch nicht ausreichend Rechnung getragen. Gegen die generelle Annahme eines Umgehungsgeschäfts spricht zunächst die Tatsache, dass die Vertragsform Leasing weitaus älter ist, als es die Verbrauchsgüterkaufvorschriften sind.[769] Die Verbrauchsgüterkaufvorschriften würden dann zwangsläufig das Ende der Vertragsform *Leasing* bedeuten, zumindest unter Beteiligung eines Verbrauchers. Es ist aber nicht davon auszugehen, dass es im Sinne des EU- oder BGB-Gesetzgebers ist, alle Verbraucher vom Investitionsmodell des Leasings abzuschneiden.

Darüber hinaus ist eine solche undifferenzierte Betrachtungsweise nicht interessengerecht.[770] Kauft der Leasinggeber beim Lieferanten beispielsweise ein Kfz aus eigenem Antrieb, ohne dass der Leasingnehmer in irgendeiner Form an Abschluss oder Ausgestaltung des Liefervertrages beteiligt ist, und weiß der Lieferant nicht einmal, dass der Leasinggeber als ein solcher handelt, geht dieser von einem normalen zweiseitigen Kaufvertrag über ein Kfz aus. Im unternehmerischen Verkehr können Lieferant und Leasinggeber nun die Gewährleistungsrechte im Rahmen des Zulässigen beschränken. So können sie etwa bei einem Neuwagenkauf das Wahlrecht des Käufers bei der Nacherfüllung beschränken oder bei einem Gebrauchtwagenkauf die Gewährleistung gänzlich ausschließen.[771] Beides ist im unternehmerischen Verkehr durchaus denkbar, wäre aber gegenüber einem Verbraucher als Käufer unwirksam. Nach Anwendung der reinen wirtschaftlichen Betrachtungsweise wäre der Lieferant trotz alledem dem Leasingnehmer zur Gewährleistung wegen § 475 I 1 BGB i. V. m. § 475 I 2 BGB verpflichtet. Denn nach wirtschaftlicher Betrachtungsweise ist der Leasingnehmer immer noch als Käufer anzusehen, da sich an der oben beschriebenen Ausgangssituation nichts geändert hat. Um den Lieferanten in einer solchen Konstellation – berechtigterweise – zu schützen, lehnen viele Autoren, die grundsätzlich eine Haftung des Lieferanten beim Verbraucherleasing befürworten, die Inanspruchnahme desselben mit unterschiedlichen, meist auf einer Interessenabwägung beruhenden, Argumenten ab.[772]

767 Martinek/Stoffels/Wimmer-Leonhardt/*Matusche-Beckmann*, § 52, Rn. 93.

768 Staudinger/*Stoffels*, Leasing, Rn. 225ff.

769 Soergel/*Wertenbruch*, § 475, Rn. 128.

770 Siehe unten: Seite 170ff.

771 Siehe hierzu auch das Beispiel oben zum Gestaltungsbewusstsein: Seite 136ff.

772 Nur beispielhaft: Erhardt, 108 (Unkenntnis des Lieferanten); Höpfner, ZBB 2006, 200, 202f. (Absatzförderung); v. Westphalen, ZIP 2006, 1653, 1655ff. (Bei Unkenntnis

Die Haftung des Lieferanten ist in dieser Konstellation aber nicht nur nicht interessengerecht, sondern sie ist auch – unter Berücksichtigung der obigen Ausführungen – nicht richtig. Sie lässt nämlich die oben aufgestellten Mindestvoraussetzungen für die Anwendung des § 475 I 2 BGB außer Acht.[773] Der Lieferant muss objektiv die Möglichkeit der alternativen Gestaltungshandlung und subjektiv ein Gestaltungsbewusstsein haben. Fehlt es an einer dieser Voraussetzungen, liegt ein Umgehungsgeschäft nicht vor. Der Lieferant kann mithin kein Umgehungsgeschäft tätigen, wenn er nicht die Möglichkeit eines gestaltenden Eingriffs hatte. Genauso wenig kann er den Umgehungstatbestand verwirklichen, wenn er sich über die Gestaltungsmöglichkeit nicht bewusst ist. Zumindest das Gestaltungsbewusstsein fehlt dem Lieferanten bei obigem Beispiel. Der Lieferant geht von einem normalen Veräußerungsgeschäft mit einem Kaufmann und Unternehmer aus. Dass hierin ein Leasinggeschäft zu sehen ist, an dem er sich beteiligt, weiß der Lieferant nicht, warum ihm das Gestaltungsbewusstsein fehlt. Ein Umgehungsgeschäft, bei dessen Anwendung es auf die wirtschaftliche Betrachtung ankäme, liegt daher nicht vor. Der ohne Gestaltungsbewusstsein handelnde Lieferant kann dem Leasingnehmer nicht nach § 475 I 2 BGB verpflichtet sein.

Die wirtschaftliche Betrachtungsweise ist, wie oben gezeigt,[774] ein gangbarer Weg, um die Umgehungsproblematik bei Leasinggeschäften mit Verbrauchern zu lösen und außerdem auf einer Linie mit dem von der Rechtsprechung zum Umgehungsgeschäft beim Verbrauchergüterkauf eingeschlagenen Weg.[775] Will man deshalb an diesem Lösungsansatz festhalten, bedarf die in Wissenschaft und Rechtsprechung entwickelte wirtschaftliche Betrachtungsweise der Modifikation durch das oben herausgearbeitete definitorische Minimum des unter § 475 I 2 BGB normierten Umgehungsverbots. Mithilfe der modifizierten wirtschaftlichen Betrachtungsweise ist dann eine grundsätzliche Anwendbarkeit des Umgehungsverbots nach § 475 I 2 BGB auf Leasinggeschäfte anzunehmen.

(5) Zwischenergebnis

Zusammenfassend findet das Umgehungsverbot nach § 475 I 2 BGB also auf Leasinggeschäfte Anwendung, wenn der Leasingnehmer zum einen wirtschaftlich als Käufer anzusehen ist – was wie gezeigt bei Finanzierungsleasing immer der

---

des Lieferanten wegen § 242 BGB); v. Westphalen/*Woitkewitsch*, Kap. L, Rn. 75ff, 89; Woitkewitsch, VuR 2006, 440f. (Initiator des Leasinggeschäfts); Wolf/Eckert/Ball, Rn. 1879f (Kenntnis des Lieferanten).

773 Siehe oben: Seite 128ff.

774 Siehe oben: Seite 155.

775 BGH NJW 2005, 1039ff; BGHZ 170, 67.

Fall ist – und zum anderen der Lieferant objektiv die Möglichkeit alternativer Gestaltungshandlungen hat und sich dieser Gestaltungsmöglichkeit auch bewusst ist. Liegen diese Voraussetzungen vor und dem Leasingnehmer stehen nicht die Rechte aus §§ 474ff. BGB zu, haftet der Lieferant wegen eines Verstoßes gegen das Umgehungsverbot nach § 475 I 2 BGB. Da der Leasingnehmer dann nicht rechtlos steht, bleibt die Abtretungskonstruktion wirksam und der Leasinggeber von der Haftung befreit. Fehlt es an einer der genannten Voraussetzungen, kann sich der Leasingnehmer auch nicht an den Lieferanten halten; er stünde dann rechtlos, mit der Konsequenz, dass die Abtretungskonstruktion wegen § 307 BGB scheitert und der Leasinggeber nach mietrechtlicher Gewährleistung haften muss.[776] Dies gilt sowohl für den Fall, dass die Gewährleistungsrechte nicht vollständig übertragen werden, als auch dann, wenn die übertragenen Rechte nicht vollumfänglich den Anforderungen der §§ 474ff. BGB entsprechen. Denn jede Abweichung stellt eine unangemessene Benachteiligung im Sinne des § 307 BGB dar.[777] Rechtsfolge bleibt wegen § 306 II BGB gleichwohl die mietrechtliche Haftung des Leasinggebers.[778] Der Leasingnehmer als Verbraucher ist in jedem Fall ausreichend geschützt. Das Anknüpfen an eine wirtschaftliche Betrachtungsweise hat seinen Ursprung in dem Urteil des BGH zum Agenturgeschäft und folgt der Zweckmäßigkeit dieses Vorgehens im Hinblick auf Umgehungsgeschäfte beim Verbrauchsgüterkauf. Die oben aufgeworfene These kann folglich als argumentativ untermauert gelten. Allerdings ist eine pauschale Einordnung nur schwer möglich. Zumindest in der Rechtspraxis ist stets eine nach dem Einzelfall differenzierende Betrachtung erforderlich.[779]

Andere Lösungen, insbesondere solche, die sich auf andere Rechtsgrundlagen oder eine subjektive Komponente beim Lieferanten beziehen, sind dagegen nicht oder nur sehr eingeschränkt tragfähig.

---

776 Im Ergebnis ebenso: Erhardt, 107f; Staudinger/*R. M. Beckmann*, vor § 433, Rn. 162ff; v. Westphalen/ *Woitkewitsch*, Kap. L, Rn. 75ff.

777 So auch Staudinger/*R. M. Beckmann*, vor § 433, Rn. 159 mwN.

778 Anders wohl Oberfeuchtner, 175ff, der zwar bei scheitern der Abtretungskonstruktion ebenfalls von der Haftung des Leasinggebers ausgeht, dann aber – vor dem Hintergrund des § 306 II BGB dogmatisch nicht nachvollziehbar – auf das Gewährleistungsregime des Kaufrechts abstellt. Allerdings kommt er nur wenig später ebenfalls zu dem Ergebnis, dass ein scheitern der Abtretungskonstruktion bei Einordnung des Leasings als atypischer Mietvertrag nur eine Haftung nach Mietrecht zur Folge haben kann, vgl. Seite 177f.

779 So auch: v. Westphalen/*Woitkewitsch*, Kap L; Rn. 75; Soergel/*Wertenbruch*, § 475, Rn. 128; wohl auch Omlor, ZGS 2008, 220, 226 Fn. 59, wenn auch undeutlicher.

Die hier so bezeichneten ‚modernen' Ansätze bieten zwar durchweg umfassende eigene Lösungsansätze an, ihnen fehlt aber das dogmatische Fundament, welches sie zugunsten einer interessenorientierten Argumentation vernachlässigen. Dabei können dogmatische Wiedersprüche nicht immer zufriedenstellend aufgelöst werden. Sieht man darüber hinweg, bilden sie gleichwohl, insbesondere in Bezug auf die – zum Teil sehr unterschiedlich bewertete – Interessenlage einen gangbaren Weg, die hier behandelte Problematik zu bewältigen. Folgt man wie hier allerdings der These, nach der bei Anwendung des § 475 I 2 BGB der Leasingnehmer nicht rechtlos gestellt ist und die Abtretungskonstruktion dann wirksam bleibt – was beispielsweise auch von *Oxe* ausdrücklich erkannt wird[780] –, entwickelt sich die weitere Untersuchung in eine gänzlich andere Richtung. Diese in einem sehr frühen Stadium der Untersuchung zur Lösung des Problems vorzunehmende Weichenstellung hat zur Folge, dass die individuellen Lösungsvorschläge dieser modernen Ansätze nur sehr eingeschränkt Einfluss auf den Gang der hier vorgenommenen Untersuchung haben können. Dies gilt im Übrigen auch für die jeweiligen Beiträge der modernen Ansätze untereinander.

Die Ansicht, die dem Leasing einen geschäftsbesorgungsvertraglichen Ansatz zugrunde legt lässt den durch den Leasingvertrag perpetuierten Parteiwillen außer Betracht. Insbesondere die steuerrechtlichen Konsequenzen aus dieser Auffassung stehen dem, was die Parteien mit ihrem Handeln bewirken wollen, entgegen. Darüber hinaus ist der Geschäftsbesorgungsansatz – obgleich gut begründet – nicht geeignet, ein Leasinggeschäft zu regeln.

Die auf einen Vertrag sui generis als Rechtsgrundlage für Leasing gestützte Ansicht zum Vorliegen eines Umgehungsgeschäfts vermag zur Lösung des Problems nicht beizutragen. Aus ihr ergibt sich im Gegensatz zum Geschäftsbesorgungsansatz kein neues Argument. Wird also dem mietrechtlichen Ansatz gefolgt, und es spricht nach oben Gesagtem einiges dafür dieser Ansicht zu folgen, muss ein anderer Weg auf der Suche nach dem Maßstab für die Anwendbarkeit eines Umgehungsgeschäfts eingeschlagen werden.

In Bezug auf die anderen in der Literatur vorgeschlagenen Lösungen für diesen Problemkreis kommt man nicht umhin festzustellen, dass sich viele Autoren, gerade in jüngeren Beiträgen, sehr stark auf die Interessenlage fokussieren. Ist gegen die Berücksichtigung von Interessenlagen und -abwägungen und die Argumentation damit grundsätzlich nichts zu sagen, bleibt in vielen Fällen die Dogmatik auf der Strecke.

780 Oxe, 100.

c) *Abgrenzung unzulässige Umgehung – zulässige Rechtsgestaltung beim Leasinggeschäft*

Kann damit das Umgehungsverbot nach § 475 I 2 BGB unter den genannten Voraussetzungen auf Leasinggeschäfte angewendet werden, ist es erklärtes Ziel dieser Arbeit, auch den Versuch zu unternehmen, die verschiedenen Vertragsmodelle und möglichen Arten der Vertragsanbahnung dahingehend einzuordnen, bei welcher Konstellation von einer Haftung des Leasinggebers und wann von der Haftung des Lieferanten auszugehen ist, wenn dem Leasingnehmer Gewährleistungsrechte vorenthalten werden. Die Vielgestaltigkeit des Leasings und die niedrigen Schwellen des definitorischen Minimums machen grundsätzlich eine Einzelfallbetrachtung notwendig, die die Grenzen der verschiedenen Leasingmodelle überschreitet.[781] Hat beispielsweise der Leasinggeber dem Lieferanten in dem Fallbeispiel, welches der BGH-Entscheidung zugrunde lag, schon vor Vertragsschluss des Liefervertrages offenbart, dass er bereits einen Leasingvertrag mit einem Verbraucher abgeschlossen hat, ändert dies nichts an der Einordnung des Leasinggeschäfts als ein solches mittels Eigenbeschaffung durch den Leasingnehmer.[782] Dennoch hat der Lieferant nun die Möglichkeit und das Bewusstsein darüber, sich auf das Leasinggeschäft einzustellen, es also auch zu gestalten. Dies führt folglich zu einer Haftung des Lieferanten, obwohl das Vertragsmodell bzw. die Art der Vertragsanbahnung zunächst auf eine Haftung des Leasinggebers hingedeutet hat. Eine zwingende abstrakte und allgemeingültige Einordnung der verschiedenen Modelle ist daher nicht möglich. Die Frage nach dem Vorliegen eines Umgehungsgeschäfts kann immer nur anhand einer Einzelfallbetrachtung beantwortet werden.[783]

Auf rechtsdogmatischer Ebene ist die Antwort auf die zu Beginn der eigenen Stellungnahme aufgeworfene These damit gefunden. Wendet man die vorstehend herausgearbeitete, modifizierte wirtschaftliche Betrachtungsweise mit den an die anderweitige Gestaltung gestellten Voraussetzungen an, kann, soweit ersichtlich, jeder Sachverhalt im Zusammenhang mit der hier in Rede stehenden Konstellation einer sachgerechten und dogmatisch tragfähigen Lösung zugeführt werden.

Will man aber dem weiteren, wohlgemerkt aber nachrangigen Ziel dieser Arbeit näher treten und eine Einordnung der verschiedenen Leasingmodelle und Arten der Vertragsanbahnung kategorisieren, genügt das bisher gefundene

---

781 Für eine konsequente Einzelfallbetrachtung auch Schulz, 142, der sich mit dem Verweis auf die Einzelfallbetrachtung allerdings einer vertieften Auseinandersetzung mit der Thematik entzieht; für eine Einzelfallbetrachtung auch Oberfeuchtner, 153.

782 Siehe dazu oben: Seite 44.

783 So auch Staudinger/*R. M. Beckmann*, vor § 433, Rn. 161.

Ergebnis nicht. Denn die modifizierte wirtschaftliche Betrachtungsweise ist dogmatische Grundlage der Lösung und kein Mittel der Einordnung und Kategorisierung. Man kann daher, wie dies bisweilen auch von anderen Autoren praktiziert wird, gleichwohl nach einem Kriterium suchen, anhand dessen es gelingen kann – vielleicht im Sinne eines ersten Anscheins – die verschiedenen Leasingmodelle und Arten der Vertragsanbahnung danach zu unterscheiden, ob sie ein unzulässiges Umgehungsgeschäft oder eine zulässige Rechtsgestaltung darstellen. Dafür muss in einem weiteren, von der vorstehend gefundenen Lösung zu unterscheidenden Schritt, nach einem Abgrenzungskriterium gesucht werden, mithilfe dessen sich eine Einteilung der Leasingmodelle bzw. Arten der Vertragsanbahnung vornehmen lässt. Hierzu bedarf es eines, dem Leasing immanenten Abgrenzungskriteriums. Ein Abgrenzungskriterium also, welches sich aus dem Leasinggeschäft ergibt und welches einen Rückschluss auf die oben gefundene dogmatische Lösung zulässt. Anhand dieses Abgrenzungskriteriums soll versucht werden, eine Einordnung der verschiedenen Leasingmodelle bzw. Arten der Vertragsanbahnung vorzunehmen.

(1) Abgrenzungskriterien

In der einschlägigen Literatur gibt es zahlreiche Versuche, eine Abgrenzung zwischen verschiedenen Leasingkonstellationen im Hinblick auf die Anwendung des Umgehungsverbots herbeizuführen.[784] Zwar liegen diesen Abgrenzungsversuchen nicht die obigen Erwägungen zur modifizierten wirtschaftlichen Betrachtungsweise zugrunde, aber ggf. lassen sich aus ihnen Erkenntnisse in Bezug auf die Frage gewinnen, wann die Voraussetzungen einer anderweitigen Gestaltung vorliegen.

Dabei könnte zunächst auf das Wissen des Lieferanten über die Verbrauchereigenschaften des Leasingnehmers abgestellt werden. Danach soll immer dann, wenn der Lieferant weiß, dass der Leasingnehmer Verbraucher ist, ein Umgehungsgeschäft vorliegen.[785] Abgestellt würde also auf eine subjektive Sicht des Lieferanten. Gegen ein solches Vorgehen spricht aber die Beweislastverteilung im Falle eines Prozesses. Der Leasingnehmer wäre dann gegenüber dem Lieferanten beweispflichtig, dass dieser von seiner Verbrauchereigenschaften wusste. Ist dies nicht schriftlich festgehalten, z.B. durch das entsprechende Vertragsformular, würde dies dem Verbraucher in den seltensten Fällen gelingen. Darüber hinaus

784 Siehe hierzu Fußnote 772 jeweils mwN.

785 H. Beckmann, WuB I J 2. – 1.06 374f; Müller-Sarnowski, DAR 2007, 72, 73; Wolf/Eckert/Ball, Rn. 1879f.

spricht gegen das Wissen des Lieferanten als Abgrenzungskriterium die Gefahr unbilliger Ergebnisse. Denn nach den oben dargestellten Grundsätzen kann trotz fehlendem Wissen von der Verbrauchereigenschaft des Leasingnehmers der Lieferant letztlich haften. Das Abstellen auf das Wissen kann demnach auch auf eine falsche Einordnung hinauslaufen. Allerdings stellt die Kenntnis des Lieferanten immer ein starkes Indiz für das Vorliegen eines Umgehungsgeschäfts dar.

Nach einer anderen Vorgehensweise kann bei der Differenzierung zwischen den verschiedenen Arten der Leasinggeschäfte in Bezug auf ein Umgehungsgeschäft danach unterschieden werden, ob das Leasinggeschäft ein absatzförderndes oder ein reines Finanzierungsleasing ist.[786] Bei absatzförderndem Leasing sollen Leasinggeber und Lieferant von vorneherein zusammenarbeiten und dem Leasingnehmer ein auf ihre Produkte abgestimmtes „Komplettpaket" anbieten. Kennzeichnend für diese Art des Leasings sei das planmäßige, auf Dauer angelegte und gemeinschaftliche Vorgehen von Leasinggeber und Lieferant. Typischerweise liege dieser Spielart des Leasings ein Rahmenvertrag zwischen Leasinggeber und Lieferant zugrunde. Der Lieferant könne so seine Ware einem größeren Kundenkreis anbieten, der Leasinggeber seine Finanzprodukte besser absetzen.[787] Dies führe dazu, dass absatzförderndes Finanzierungsleasing ein verbundenes Geschäft im Sinne des § 358 BGB sei. Ein solches absatzförderndes Finanzierungsleasing liege insbesondere beim indirekten Herstellerleasing vor, wo sich durch die konzernrechtliche Verflechtung von Leasinggeber und Lieferant ohne Weiteres eine wirtschaftliche Einheit ergäbe. Der Leasingnehmer habe dann nur wenig Verhandlungsspielraum. Im Gegensatz dazu wähle der Leasingnehmer beim reinen Finanzierungsleasing sowohl Leasinggeber, als auch Lieferant aus und schließe aus eigenem Entschluss einen Leasingvertrag.[788] Kennzeichnend für das reine Finanzierungsleasing sei, dass zwar auch dabei eine vorherige Vertragsbeziehung zwischen Leasinggeber und Lieferant bestanden haben könne, aber gerade keine dauerhafte und planmäßige Kooperation bestehe. Der Leasingnehmer habe bei einer solchen Konstellation größere Gestaltungsmöglichkeiten.

Zwar soll nach diesem Ansatz ein Umgehungsgeschäft sowohl im Falle des reinen, als auch im Falle des absatzfördernden Finanzierungsleasings vorliegen. Ungeachtet dessen könnte eine solche Differenzierung auch geeignet sein um herauszufinden, wann eine anderweitige Gestaltung vorliegt und wann nicht. Dies ist jedoch zu verneinen. Neben der Tatsache, dass eine solche Unterscheidung in

---

786 Höpfner, ZBB 2006, 200, 202, der allerdings für beide Fälle eine Anwendung des § 475 I 2 BGB annimmt.

787 Höpfner, ZBB 2006, 200, 202.

788 Höpfner, ZBB 2006, 200, 204.

der Praxis nur sehr schwer möglich ist, sprechen noch andere Argumente gegen eine Differenzierung nach diesen Kriterien. Sie lässt nämlich überhaupt keinen Rückschluss auf die Frage zu, ob der Lieferant ein Gestaltungsbewusstsein hatte oder nicht. Sowohl beim reinen als auch beim absatzfördernden Leasing sind Konstellationen denkbar, die dem Lieferanten die Möglichkeit zur Gestaltung einräumen und er sich dessen bewusst ist.

Nach einem anderen Ansatz ist als Abgrenzungskriterium zwischen der Haftung des Leasinggebers und des Lieferanten auf die Vorgehensweise des Leasingnehmers abzustellen.[789] Wurde das Abstellen auf den Leasingnehmer anfangs noch als

> „Maßstab für sog. ‚subjektive Elemente' des Liefervertrages"

betrachtet und der Leasingnehmer eher generalisierend als Anknüpfungspunkt für sämtliche Auslegungs- und Zurechnungsfragen angesehen,[790] hat sich dieser Gedanke später deutlich konkretisiert.[791] Wende sich danach der Leasingnehmer an einen Leasinggeber um sich über diesen das Leasinggut zu beschaffen, sei die Annahme eines Umgehungsgeschäfts fernliegend. Der Verbraucher trete von Anfang an als potentieller Leasingnehmer und nicht als Käufer auf. Es könne sein, dass der Leasinggeber das Leasinggut schon vor Abschluss des Leasingvertrages zu bestimmten Konditionen gekauft oder vorbestellt habe. Auch eine dauernde Geschäftsbeziehung mit Rahmenvertragsvereinbarungen und dadurch vorab geregelten Konditionen zwischen dem Leasinggeber und dem Lieferanten könnten bestehen. Dem Lieferanten sei dabei oftmals nicht bekannt, an wen der Leasinggeber das bei ihm gekaufte Leasinggut verlease. Umgekehrt liege ein Umgehungsgeschäft vor, wenn sich der Leasingnehmer, ggf. zunächst als Kaufinteressent unmittelbar an den Lieferanten wende und von diesem die maßgebliche Initiative zum Abschluss des Leasinggeschäfts ausgehe. Der Lieferant wisse aus dem zuvor abgehaltenen Gespräch über die Verbrauchereigenschaft des potenziellen Leasingnehmers Bescheid. Dies soll jedenfalls dann gelten, wenn der Lieferant den zunächst skeptischen Kunden zum Abschluss eines Leasingvertrages dränge und ggf. eine Provision einstreiche. Eine Begrenzung der kaufrechtlichen Gewährleistungsrechte durch den Umweg über das Leasinggeschäft stelle dann als

---

789 H. Beckmann, WuB I J 2. – 1.06; v. Westphalen/*Woitkewitsch*, Kap L, Rn. 75ff; *ders.* in Woitkewitsch, VuR 2006, 440f; ähnlich wohl auch Staudinger/*R. M. Beckmann*, vor § 433, Rn. 1162ff.

790 H. Beckmann, WuB I J 2. – 1.06, 374ff.

791 v. Westphalen/*Woitkewitsch*, Kap L, Rn. 75ff; *ders.* in Woitkewitsch, VuR 2006, 440f.

zielgerichtete Beschränkung der Verbraucherrechte ein unzulässiges Umgehungsgeschäft im Sinne des § 475 I 2 BGB dar.[792]

Die Bezugnahme dieses Ansatzes auf die Vorgehensweise des Leasingnehmers ist richtungweisend, wenn auch in der aufgeführten Art und Weise nicht auf den Punkt gebracht. Das Abstellen auf das zielgerichtete Handeln des Lieferanten, mit der damit unweigerlich verbundenen subjektiven Komponente, steht einer sachgerechten Lösung genauso im Weg wie die zu hohen Anforderungen, die dieser Ansatz an das Handeln des Lieferanten stellt. Der eigentliche Anknüpfungspunkt ist wesentlich einfacher zu finden und kann ohne Weiteres auf die Frage nach dem Vorliegen von Gestaltungsbewusstsein und -möglichkeit übertragen werden. Allein das Vorgehen des Leasingnehmers reicht aus, um sachgerecht zwischen den konkreten Leasingmodellen zu differenzieren. Denn durch die Vorgehensweise des Leasingnehmers definiert sich die Rolle von Lieferant und Leasinggeber. Der Leasingnehmer bestimmt durch sein Verhalten, ob die anderen, an dem Leasinggeschäft beteiligten Parteien durch ihre Reaktion ein Umgehungsgeschäft tätigen oder nicht. Wendet sich der Leasingnehmer unmittelbar an den Leasinggeber um einen Leasingvertrag abzuschließen, tritt er von Anfang an als Leasingnehmer auf. Je wichtiger bzw. stärker der Leasinggeber dadurch als selbstständige Vertragspartei wird, desto weniger Gestaltungsmöglichkeiten hat der Lieferant. Diese Grundaussage soll mithilfe eines Schaubilds erläutert werden.

Abb. 7: Lineares Leasinggeschäft

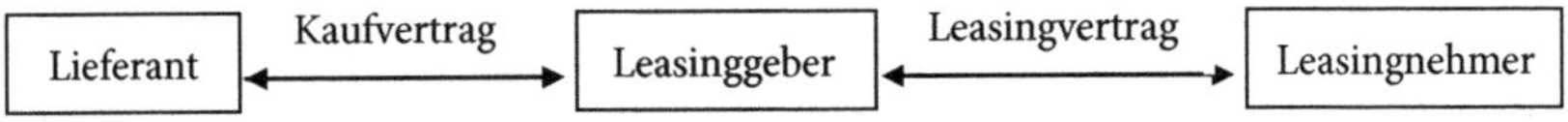

Kommt dem Leasinggeber im Leasinggeschäft somit eine starke Rolle zu, kann der Leasingnehmer sich nur über den Leasinggeber an den Lieferanten wenden. Leasingnehmer und Lieferant sind weit voneinander entfernt. Der Lieferant hat in einer solchen Konstellation kaum eine Möglichkeit, gestaltend auf das Leasingverhältnis einzuwirken. Weiß er beispielsweise überhaupt nicht, dass der Leasinggeber die Sache als Leasinggut einkauft, sondern geht er von einem schlichten Kaufvertrag zwischen Unternehmern aus, fehlt ihm das Gestaltungsbewusstsein.[793] Selbst wenn er wollte, könnte er es nicht zu seinen Gunsten ändern, da es ihm am Bewusstsein fehlt, überhaupt eine Gestaltung vornehmen zu können.

792 v. Westphalen/*Woitkewitsch*, Kap L, Rn. 75ff; *ders.* in Woitkewitsch, VuR 2006, 440f.
793 Ähnlich: Oberfeuchtner, 153 und 158.

Begibt sich der Leasingnehmer hingegen zum Lieferanten, stellt sich die Situation genau umgekehrt dar. Der Leasingnehmer weist dem Leasinggeber durch sein Vorgehen im Leasingdreieck eine schwache, dem Lieferanten hingegen eine sehr starke Rolle zu. Lieferant und Leasingnehmer stehen sich in diesem Fall näher als Leasingnehmer und Leasinggeber. Die folgende Abbildung soll das verdeutlichen.

Abb. 8: Trilaterales Leasinggeschäft

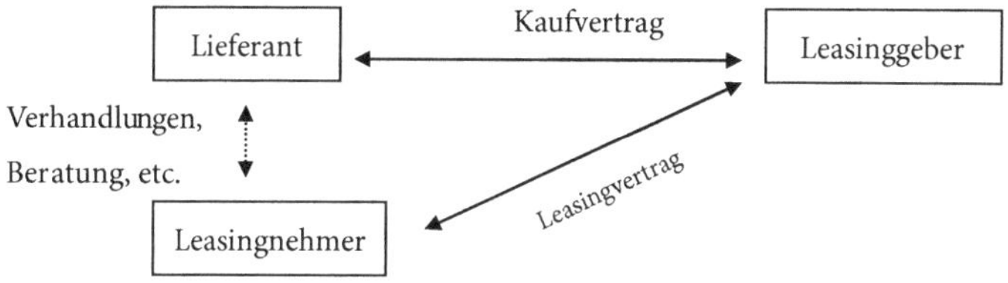

Hier hat der Leasingnehmer nur sehr wenig Kontakt zum Leasinggeber. Dieser soll dann lediglich Financier der Leasingsache sein und hat seinerseits, vom Vertragsabschluss einmal abgesehen, nur sehr wenige Möglichkeiten die Vertragsverhältnisse zu gestalten. Demgegenüber ist es der Lieferant, der mit dem potenziellen Leasingnehmer die Verträge aushandelt und somit die Möglichkeit der Gestaltung innehat. Hier ist er sich auch darüber bewusst, an einem Leasinggeschäft, also an einer anderweitigen Gestaltung, mitzuwirken. Der Leasingnehmer hat ihm die Gestaltungsmacht zugewiesen. Dabei spielt es gerade keine Rolle, ob der spätere Leasingnehmer als Käufer oder Leasingnehmer aufgetreten ist. Wichtig ist allein, dass es nun, im Gegensatz zum linearen Leasinggeschäft, der Lieferant ist, mit dem der Verbraucher in Kontakt getreten ist und in der Regel die Vertragsverhandlungen führt. Einigen sich die Parteien, aus welchen Gründen auch immer, auf den Abschluss eines Leasingvertrages, hat der Lieferant die Möglichkeit und das Bewusstsein, gestaltend auf das Leasinggeschäft einzuwirken. Ob er damit eine Umgehung bezweckt oder ihm die Möglichkeit der Gewährleistungsbeschränkung auch nur bewusst ist, spielt keine Rolle.[794]

794 Im Ergebnis ähnlich Erhardt, 106ff, der auf Rechtsfolgenebene ausführt, dass kein Umgehungsgeschäft vorliege, wenn der Lieferant keinen Kontakt zum Leasingnehmer gehabt habe. Dabei sind einige Grundüberlegungen mit den hier beschriebenen durchaus vergleichbar. Allerdings kommt *Erhard* für den Fall des fehlenden Kontakts zwischen Leasingnehmer und Lieferant zu der dogmatisch fraglichen Anwendung des § 475 I 2 BGB auch gegenüber dem Leasinggeber. Richtigerweise ist hier aber eine Lösung über § 307 BGB zu suchen. Auch Oberfeuchtner, 153ff. und 157ff. insb. 159 differenziert im Ansatz danach, an wen sich der Leasingnehmer gewandt hat

Die indizielle Abgrenzung zwischen der Haftung des Leasinggebers und des Lieferanten erfolgt demnach anhand der Vorgehensweise des Leasingnehmers. Vorbehaltlich einer Einzelfallprüfung kann durch dieses Abgrenzungskriterium in der Regel auf die Haftungsverteilung nach den oben herausgearbeiteten Voraussetzungen zwischen Leasinggeber und Lieferant geschlossen werden, wenn dem Verbraucher nicht alle Rechte aus § 475 I 1 BGB übertragen werden.

(2) Vorzugswürdigkeit einer auf das Vorgehen des Leasingnehmers bezogenen Abgrenzung – Interessenabwägung

Die Orientierung an dem Vorgehen des Leasingnehmers ist anderen Abgrenzungskriterien überlegen. Sie ermöglicht eine Differenzierung, die nicht willkürlich erscheint, sondern ist nach oben dargelegtem Verständnis schlüssig. Dies hat sie einigen der anderen vorgeschlagenen Abgrenzungskriterien, wie beispielsweise dasjenige, welches auf die Kenntnis oder eine Umgehungsabsicht des Lieferanten abstellt, voraus. Es sind durchaus Konstellationen denkbar, bei denen auch ein Lieferant, der keine Umgehungsabsicht hat, gleichwohl nach allgemeinem Verständnis ein Umgehungsgeschäft tätigt. Genauso haftet ein Verkäufer grundsätzlich nach den Verbrauchsgüterkaufvorschriften, auch wenn er davon ausgeht, der Käufer sei ein Unternehmer.[795] Ebenso verhält es sich mit der Abgrenzung nach dem Kriterium der Absatzförderung: Auch ein Lieferant, der einen nicht absatzfördernden Finanzierungsleasingvertrag abschließt, kann gegenüber einem Leasingnehmer ohne Weiteres ein Umgehungsgeschäft tätigen. Sowohl in rechtlicher als auch in tatsächlicher Hinsicht kann er ebenso wie bei einem absatzfördernden Finanzierungsleasingvertrag vorgegangen sein. In beiden Fällen ist der Schluss von der Kenntnis bzw. von der Absatzförderung auf das Umgehungsgeschäft nicht zwingend.

Zwar ist dies auch bei der hier entwickelten Lösung durchaus nicht immer der Fall. Ausnahmen sind, wie sogleich zu zeigen sein wird, denkbar und möglich. Allerdings ist dies einem solchen Abgrenzungskriterium auch immanent. Das Abgrenzungskriterium dient, wie oben ausgeführt,[796] nur der Erleichterung der Einteilung der Leasingmodelle und der Arten der Vertragsanbahnung. Will man den Einzelfall ausurteilen und dogmatisch richtig bewerten, ist mittels der

---

und knüpft daran unterschiedliche Rechtsfolgen. Vgl. zu den Rechtsfolgen der Anwendung von § 475 I 2 BGB näher unten, Seite 184f.

795 Anders, wenn der Käufer sich arglistig als Unternehmer ausgegeben hat, vgl. BGH NJW 2005, 1045ff.

796 Siehe oben: Seite 164ff.

modifizierten wirtschaftlichen Betrachtungsweise eine Lösung zu erarbeiten. Gleichwohl ist die oben gefundene Abgrenzung nach dem Vorgehen des Leasingnehmers mehr als andere Abgrenzungskriterien verallgemeinerungsfähig. Denn das Verhalten des Leasingnehmers ist eine Konstante, durch die sich letztlich die Handlungsmöglichkeiten der andern Beteiligten bestimmen.

Darüber hinaus ist das Ergebnis auch interessengerecht. Wendet sich der Leasingnehmer an den Leasinggeber, muss der Leasinggeber bei der Vertragsgestaltung mit dem Lieferanten darauf achten, die Verbraucherrechte zu vereinbaren. In der Regel erlaubt es die Marktmacht der Leasinggeber, entsprechende Verträge mit Lieferanten auszuhandeln.[797] Gelingt dies dem Leasinggeber nicht, oder lässt er sich auf einen – vollständigen oder teilweisen – Gewährleistungsausschluss ein, sei es auch unbewusst, scheitert die Abtretungskonstruktion und der Leasinggeber haftet dem Leasingnehmer aufgrund der mietrechtlichen Vorschriften. Anders ist dies nur dann, wenn der Lieferant Gestaltungsmöglichkeit und -bewusstsein hatte. Dann bleibt die Abtretungskonstruktion aufgrund der Haftung des Lieferanten nach § 475 I 2 BGB bestehen. Auch dies ist gerechtfertigt, da es dann am Lieferanten war, die Gewährleistung nicht zu beschränken.

Ob die mietrechtlichen oder die verbraucherspezifischen kaufrechtlichen Gewährleistungsansprüche die ‚besseren' sind, kann dahinstehen. Der Leasingnehmer kann sich jedenfalls nur auf die mietrechtlichen berufen und der unbeteiligte Lieferant ohne Gestaltungsmöglichkeit oder -bewusstsein bleibt von der Gewährleistung befreit. Dabei erfährt der Leasingnehmer als Verbraucher auch keine unbilligen Nachteile. Schließlich hat er sich ganz bewusst an den Leasinggeber gewandt und eben nicht an den Lieferanten als potenziellen Verkäufer. Auch wenn ihm der rechtliche Unterschied zwischen Kauf und Leasing nicht bekannt sein sollte, weiß er wohl, dass es sich rein tatsächlich nicht um einen gewöhnlichen Kauf handelt.

Wendet sich der zukünftige Leasingnehmer hingegen an den Lieferanten, steht es in dessen Verantwortungsbereich, dem Leasingnehmer ein verbrauchergerechtes Leasinggeschäft zu ermöglichen. Kann er dies nicht, liegt ein Umgehungsgeschäft vor. Der dann relativ unbeteiligte Leasinggeber kann sich gegenüber dem Leasingnehmer wegen der weiterhin bestehenden Abtretungskonstruktion auf seinen Haftungsausschluss berufen.

Richtigerweise haftet so in der Regel nur der, den sich der Leasingnehmer als direkten Ansprechpartner ausgesucht hat. Der jeweils andere ist im Hinblick auf

---

797 Vgl. v. Westphalen/*Woitkewitsch*, Kap L, Rn. 78.

die Gewährleistungshaftung befreit.[798] Hat der Lieferant zwar alle notwendigen Rechte im Liefervertrag vereinbart, der Leasinggeber tritt sie aber nicht vollständig an den Leasingnehmer ab, scheitert die Abtretungskonstruktion wegen der unvollständigen Abtretung und der Leasinggeber muss gegenüber dem Leasingnehmer haften. Der rechtstreue Lieferant hat seine Pflicht erfüllt und kann nicht in Anspruch genommen werden. Der Leasingnehmer ist stets und ausreichend entsprechend seiner Verbraucherstellung geschützt und er kann sich mit seinen Ansprüchen immer an denjenigen wenden, den er sich aus Sicht eines juristischen Laien als Vertragspartner herausgesucht hat. Wendet er sich direkt an den Leasinggeber, muss er zwar mit den mietrechtlichen Gewährleistungsrechten vorlieb nehmen. Wendet man die obige Vorgehensweise konsequent an, besteht aber hinsichtlich der Gewährleistung bei Leasinggeschäften für alle Beteiligten Rechtssicherheit. Derjenige, dem sich der Leasingnehmer zuwendet, ist für die Einhaltung der verbraucherspezifischen Rechte verantwortlich und der Leasingnehmer ist stets ausreichend geschützt. Letztlich handelt es sich hier um eine vom Leasingnehmer als Verbraucher bestimmte Risikozuweisung bzgl. der Wahrung des Verbraucherschutzes. Der vom Leasingnehmer als Ansprechpartner Erwählte trägt, unabhängig von den tatsächlichen Vertragsbeziehungen, die Verantwortung für und das Risiko aus der Verwirklichung des Verbraucherschutzes.

Auch im Verhältnis zwischen Leasinggeber und Lieferant ist die zuvor beschriebene Lösung interessengerecht: Derjenige, mit dem der Leasingnehmer tatsächlich Kontakt hatte, hat gegenüber dem jeweils anderen einen Wissensvorsprung. Er kannte den Leasingnehmer als Vertragspartner im Leasingdreieck. Entweder hat er von dessen Verbrauchereigenschaften gewusst oder er hätte es jedenfalls wissen müssen. Im Zweifel ist der jeweils andere über die Person des Leasingnehmers bis zur Inanspruchnahme völlig im Unklaren.

Aus vorstehenden Gründen ist nach der hier herausgearbeiteten Herangehensweise an den gestörten Leasingvertrag den unterschiedlichen Interessen aller Beteiligten in umfassender Hinsicht genüge getan.

(3) Zwischenergebnis

Die Frage nach dem Vorliegen eines Umgehungsgeschäfts beantwortet sich also grundsätzlich nach einer wirtschaftlichen Betrachtungsweise, die durch das Erfordernis eines Gestaltungsbewusstseins und einer objektiven Gestaltungsmöglichkeit als Voraussetzung von § 475 I 2 BGB modifiziert wird. Kommen

798 Im Ergebnis ebenso: Erhardt, 107f; Staudinger/*R. M. Beckmann*, vor § 433, Rn. 162ff; v. Westphalen/*Woitkewitsch*, Kap. L, Rn. 75ff.

die weiteren Voraussetzungen des § 475 I 1 BGB als umgangene Norm hinzu, liegt ein unzulässiges Umgehungsgeschäft vor. Bei der Frage, wie sich bei den unterschiedlichen Leasingmodellen bzw. Arten der Vertragsanbahnung ein solches unzulässiges Umgehungsgeschäft von einer zulässigen Rechtsgestaltung abgrenzen lässt, kann zunächst auf das Vorgehen des Leasingnehmers abgestellt werden. Wendet er sich an den Lieferanten, um den Erwerbsvorgang einzuleiten, spricht einiges dafür, dass ein Umgehungsgeschäft vorliegt. Wendet er sich hingegen direkt an den Leasinggeber, scheitert häufig die Abtretungskonstruktion und der Leasinggeber muss nach mietrechtlicher Gewährleistung haften. Ausnahmen von dieser Indizwirkung sind möglich und lassen sich durch eine Anwendung der modifizierten wirtschaftlichen Betrachtungsweise lösen.

Diese Vorgehensweise führt darüber hinaus zu einem Ergebnis, das den berechtigten Interessen der am Leasinggeschäft beteiligten Parteien Rechnung trägt. Zum einen, und das darf wohl als das gewichtigste Ergebnis gewertet werden, ist der Verbraucher entsprechend seiner Schutzbedürftigkeit immer ausreichend geschützt. Zum anderen bleibt gleichwohl die Abtretungskonstruktion als Ausdruck des Parteiwillens bei Vorliegen eines Umgehungsgeschäfts aufrechterhalten und es muss nur immer derjenige haften, der für das Versagen des ordentlichen Vertragsablaufs unter Berücksichtigung der Verbrauchereigenschaften des Leasingnehmers verantwortlich ist.

(4) Umgehungsgeschäfte bei den einzelnen Leasingmodellen

Nachdem nun die Grundlagen für eine Einordnung herausgearbeitet und überprüft wurden, kann nun die Subsumtion der einzelnen Leasingmodelle bzw. Arten der Vertragsanbahnung unter die Voraussetzungen des Umgehungsverbots nach § 475 I 2 BGB vorgenommen werden.

(a) Vorüberlegung

Zu Beginn der Subsumtion stellt sich jedoch noch eine wichtige Vorfrage. Leasing ist ein Rechtsgebiet, welches sich mehr als andere durch ein hohes Maß an vertraglicher Gestaltungsmöglichkeit auszeichnet. Zwar gibt das Steuerrecht einen Rahmen für die Gestaltung erlasskonformer Leasingverträge vor,[799] aber zum einen ist selbst dieser Rahmen sehr weit und zum anderen besteht keine Pflicht für die Parteien, sich an die steuerrechtlichen Vorgaben zu halten.[800] Wie kann man also Leasinggeschäfte daraufhin untersuchen, ob sie ein unzulässiges

799 Siehe oben: Seite 10ff.

800 Siehe oben: Seite 36.

Umgehungsgeschäft darstellen, wenn man nicht jeden Leasingvertrag einer Einzelfallprüfung unterwerfen will? Grundsätzlich und insbesondere in der Prozesspraxis ist diese Einzelfallprüfung anhand der modifizierten wirtschaftlichen Betrachtungsweise wohl unumgänglich.

Allerdings kann man trotzdem versuchen, das oben gefundene Abgrenzungskriterium auf Fallgruppen anzuwenden, die sich durch jahrelange Kautelarpraxis, unter Einfluss von Rechtsprechung und Lehre, herausgebildet haben. Dies hat zur Folge, dass die nachfolgende Einordnung sich nicht auf einen konkreten Leasingvertrag bezieht, sondern lediglich auf die jeweiligen, typisierten Grundmodelle, wie sie in der Praxis am häufigsten vorkommen. Dabei ist eine Abweichung im Einzelfall stets möglich. Die Einordnung unter eine Fallgruppe kann nur ein Anhaltspunkt für die Beantwortung der Frage sein, ob das konkrete Leasinggeschäft ein Umgehungsgeschäft im Sinne des § 475 I 2 BGB darstellt. Die einzelnen Fallgruppen wurden bereits oben dargestellt und die dort vorgenommene Einteilung soll auch hier beibehalten werden.[801]

Freilich ist nicht jede Fallgruppe auch eine taugliche Fallgruppe, um daran das Vorliegen eines Umgehungsgeschäfts abzugrenzen. Die Frage etwa, ob ein Voll-[802] oder ein Teilamortisationsvertrag[803] gegeben ist, sagt überhaupt nichts über das Vorliegen eines Umgehungsgeschäfts aus. Demgegenüber kann bei der Frage der Vertragsanbahnung sehr gut eine Abgrenzung erfolgen.[804] Auch die Besonderheiten bei einem Hersteller- oder Händlerleasing[805] sind einer Überprüfung in Bezug auf ein Umgehungsgeschäft zugänglich. Darauf soll sich daher die folgende Untersuchung beschränken.

(b) Einordnung des Leasings durch Eigenbeschaffung

Zunächst soll ein Finanzierungsleasingvertrag betrachtet werden, der durch die Initiative des Leasingnehmers zustande kommt. Er sucht selbst den Leasinggeber aus und wünscht, einen Leasingvertrag zu den ausgehandelten Bedingungen abzuschließen. Er konkretisiert das Leasinggut und überlässt den kompletten Anschaffungsvorgang dem Leasinggeber.[806] Im Wesentlichen muss diese Art

801 Siehe oben: Seite 36ff.
802 Siehe oben: Seite 36.
803 Siehe oben: Seite 37f.
804 Siehe oben: Seite 41ff.
805 Siehe oben: Seite 48ff.
806 Siehe zu dieser Art der Vertragsanbahnung schon oben: Seite 44ff.

der Vertragsanbahnung auch dem Urteil des BGH vom 21.12.2005 zugrunde gelegen haben.[807]

Geht also der Leasingnehmer wie beschrieben vor und hat mit dem Lieferanten nicht in vertragserheblicher Weise Kontakt gehabt,[808] ist auch ein Umgehungsgeschäft grundsätzlich nicht anzunehmen. Es liegt ein lineares Leasinggeschäft vor, bei dem der Leasingnehmer dem Leasinggeber eine starke, dem Lieferanten eine schwache Rolle im Leasinggeschäft zugewiesen hat. Wirtschaftlich betrachtet ist der Leasingnehmer in dieser Konstellation nach den oben beschriebenen Kriterien als Käufer anzusehen. Auch hier trägt er die Sach- und Preisgefahr und ist dem Leasinggeber zur Vollamortisation verpflichtet. Allerdings fehlt es an der Gestaltungsmöglichkeit für den Lieferanten. Er hat weder eine Gestaltungsmöglichkeit, noch ein Gestaltungsbewusstsein. Vielmehr geht der Lieferant davon aus, einen schlichten Kaufvertrag abzuschließen. Der Lieferant hat keinerlei Möglichkeiten, das Leasinggeschäft zu gestalten. Zudem hat der Leasingnehmer den Leasinggeber als seinen ersten Ansprechpartner erwählt. Dem Leasinggeber kommt daher die Aufgabe zu, den Vertrag so zu gestalten, dass er den Anforderungen an § 475 I 1 BGB genügt. Der Leasingnehmer hat ihn durch sein Verhalten mit der Wahrung seiner Verbraucherinteressen in die Pflicht genommen. Kann er diese nicht durchsetzen, steht er gegenüber dem Leasingnehmer im Gewährleistungsfall in der Haftung, da die Abtretungskonstruktion dann nach § 307 II Nr. 1 BGB unwirksam ist. Der Leasingnehmer erhält keinen adäquaten Ausgleich für den Gewährleistungsverzicht im Verhältnis zum Leasinggeber.

Wählt der Leasingnehmer diese Art der Vertragsanbahnung ist also grundsätzlich davon auszugehen, dass es sich um eine zulässige Rechtsgestaltung handelt und ein Umgehungsgeschäft im Sinne des § 475 I 2 BGB nicht vorliegt. Tritt demnach ein Gewährleistungsfall ein und dem Leasingnehmer wurden vom Leasinggeber nicht die nach den Verbrauchsgüterkaufvorschriften notwendigen Gewährleistungsrechte verschafft, bleibt der Lieferant von einer Haftung befreit

807 Ganz abschließend kann diese Frage nicht beantwortet werden, da der Tatbestand in dem abgedruckten Urteil sich hierzu nicht weiter äußert, vgl. NJW 2006, 1066ff, ebenso H. Beckmann, WuB I J 2. - 1.06, 374.

808 Er könnte vorher durchaus bereits, ggf. nur zufällig, Kontakt mit dem Lieferanten gehabt haben. So z.B., wenn er sich über den später zu leasenden Gegenstand erkundigt oder, bei einem Kfz als Leasinggut, eine Probefahrt beim Lieferanten durchführt. Auch im BGH-Urteil hat sich der Leasingnehmer offenbar den Gebrauchtwagen des Lieferanten schon vorher näher angesehen. Inwieweit es dabei zu einer vertragserheblichen Kommunikation zwischen Leasingnehmer und Lieferanten gekommen ist, ist nicht bekannt.

und der Leasinggeber haftet. Trotz der völlig unterschiedlichen Herangehensweise im Vergleich zum BGH-Urteil vom 21.12.2005,[809] kommt man hier zu einem übereinstimmenden Ergebnis. Auch ein Teil der Stimmen aus dem Schrifttum kommt, soweit sie einer differenzierenden Anwendung von § 475 I 2 BGB folgen, trotz unterschiedlichster Ansätze zu dem Ergebnis, dass in einem solchen Fall ein Umgehungsgeschäft nicht gegeben ist.[810]

Anders ist diese Art der Vertragsanbahnung zu beurteilen, wenn der Lieferant – aus welchen Gründen auch immer – die Möglichkeit und das Bewusstsein hat, seinerseits gestaltend auf das Leasinggeschäft einwirken zu können. Dies ist etwa dann der Fall, wenn der Leasingnehmer vor seinem Gang zum Leasinggeber Kontakt mit dem Lieferanten aufgenommen und in sein Vorhaben einbezogen hat. Denkbar ist auch, dass der Leasinggeber den Lieferanten von sich aus in die Vertragsanbahnung bzw. -verhandlung mit dem Leasingnehmer einbezieht, z.B. beim Gebrauchtwagenleasing, um den Leasingnehmer das Leasingfahrzeug vorzuführen und den Preis und damit die Leasingkonditionen zu verhandeln. Dann liegt eine Ausnahme vor, die zu einer Haftung des Lieferanten nach § 475 I 2 BGB führt.

(c) Einordnung des Vorverhandlungsmodells

Anders ist die Situation beim sogenannten Vorverhandlungsmodell einzuordnen.[811] Dort kommt der Leasingnehmer auf den Lieferanten zu und verhandelt die Bedingungen des Liefervertrages mit diesem aus. Haben sich Lieferant und Leasingnehmer auf die Konditionen verständigt, wird der Vertragsentwurf dem Leasinggeber zusammen mit dem ebenfalls schon vorausgefüllten Leasingvertrag übersandt. Der Leasinggeber prüft dann die Verträge und die Bonität des Leasingnehmers und nimmt die beiden Vertragsangebote an.

Durch die Wahl des Leasingnehmers, sich dem Lieferanten direkt zu stellen, hat er dessen Rolle im Leasinggeschäft festgelegt und es ist von einem trilateralen Leasinggeschäft auszugehen. Der Lieferant hat hier sowohl die objektive Gestaltungsmöglichkeit als auch ein Gestaltungsbewusstsein, wobei sich in dieser Konstellation die Gestaltungsmöglichkeit und das Gestaltungsbewusstsein sowohl auf den Leasing-, als auch auf den Liefervertrag beziehen. Geht der Leasingnehmer auf diese Weise vor, stärkt er die Stellung des Lieferanten im Leasingdreieck.

809 BGH NJW 2006, 1066ff.

810 Woitkewitsch, VuR 2006, 440f; Erhardt, 108; v. Westphalen/*Woitkewitsch*, Kap. L, Rn. 77; **a. A.**: z.B. Höpfner, ZBB 2006, 200ff; Omlor, ZGS 2008, 220ff.

811 Siehe dazu oben: Seite 41ff.

Der Lieferant wirkt beim Abschluss des gesamten Leasinggeschäfts mit und nur er steht dem Leasingnehmer direkt gegenüber. Darüber hinaus besteht für den Lieferanten kein Zweifel, dass sich das anbahnende Absatzgeschäft als Leasinggeschäft darstellt. Gleichzeitig hat der Leasingnehmer dem Leasinggeber durch sein Verhalten automatisch eine schwache Rolle in diesem Geschäft zugewiesen. Er soll lediglich die Finanzierung sicherstellen. Eine eigene Mitwirkung des Leasinggebers wird auf die Prüfung der Verträge und der Bonität sowie den Abschluss der Verträge beschränkt.

Wird nun die Gewährleistung in einer nicht den Verbrauchsgüterkaufvorschriften entsprechenden Art und Weise im Liefervertrag vereinbart – sei es aufgrund eines Irrtums, eines Fehlers oder aus Absicht – und die Abtretung durch den Leasinggeber ist vollständig, liegt die Ursache dafür immer beim Lieferanten. Er hatte durch das Vorgehen des Leasingnehmers die Gestaltungsmöglichkeit erhalten. Bei einem Fehlgebrauch dieser Möglichkeit liegt folglich ein Umgehungsgeschäft vor. Damit hat der Leasingnehmer einen adäquaten Ersatz für die ausgeschlossene mietrechtliche Gewährleistung erhalten und die Abtretungskonstruktion bleibt bestehen. Der Leasinggeber muss daher keine gewährleistungsrechtliche Inanspruchnahme fürchten, und seine Pflichten beschränken sich auf seine Finanzierungs- und Überlassungspflichten.

In der Literatur wurde darauf abgestellt, bei dieser Art der Vertragsanbahnung liege jedenfalls dann ein Umgehungsgeschäft vor, wenn der spätere Leasingnehmer zunächst als potentieller Käufer aufgetreten ist und es erst durch die Einwirkungen des Lieferanten zum Abschluss eines Leasinggeschäfts gekommen ist.[812] In der Tat hat der Lieferant dann am intensivsten im Sinne von § 475 I 2 BGB anderweitig gestaltet. An der Ausgangslage ändert sich aber auch dann nichts, wenn der Leasingnehmer von Anfang an als Leasingnehmer gegenüber dem Lieferanten aufgetreten ist. In diesem Fall hat es der Lieferant erst recht in der Hand, gestaltend auf das Leasinggeschäft einzuwirken. Er ist derjenige, den sich der Leasingnehmer als primären Ansprechpartner ausgesucht hat. Der Leasinggeber bleibt in der zweiten Reihe. Darin ist der entscheidende Unterschied zu der Vertragsanbahnung durch Eigenbeschaffung des Leasingnehmers zu sehen. Dort steht der Leasinggeber dem Verbraucher direkt gegenüber und er muss sich um die Wahrung der verbraucherspezifischen Rechte bemühen. Anknüpfungspunkt ist dort aber nicht der Verbrauchsgüterkauf, sondern die Inhaltskontrolle der Abtretungskonstruktion durch § 307 BGB.

---

812 Siehe v. Westphalen/*Woitkewitsch*, Kap. L, Rn. 79.

(d) Einordnung des Eintrittsmodells

Das Eintrittsmodell als Art der Vertragsanbahnung kann mit den beiden bereits beschriebenen Arten der Vertragsanbahnung nicht verglichen werden. Die obigen Ausführungen im Zusammenhang mit der Frage über das Vorliegen eines Umgehungsgeschäfts finden hier keine Anwendung. Das Problem ergibt sich bei dieser Art der Vertragsanbahnung nicht. Beim Eintrittsmodell hat der Leasingnehmer bereits einen Kaufvertrag mit dem Lieferanten geschlossen, in den der Leasinggeber dann aufgrund der Zustimmung des Lieferanten oder wegen einer Klausel im Liefervertrag eintreten kann.[813] Der Leasingvertrag kommt dabei zunächst unabhängig vom Liefervertrag zustanden und dieser ist – und das ist der entscheidende Unterschied – bereits voll wirksam mit dem späteren Leasingnehmer als Käufer zustande gekommen. In diesem Fall ergeben sich keine Besonderheiten im Vergleich mit einem ganz gewöhnlichen Verbrauchsgüterkauf.[814] Der spätere Leasingnehmer ist im Hinblick auf den Liefervertrag zunächst Käufer, sodass es sich bei dem Vertrag, in den der Leasinggeber eintritt, um einen Verbrauchsgüterkaufvertrag handelt. Durch den Eintritt des Leasinggebers bleibt die Identität des Liefervertrages als Verbrauchsgüterkaufvertrag bestehen.[815] Der neue Vertragspartner erlangt die rechtliche Stellung, die der Ausscheidende innehatte.[816] Demnach haftet der Lieferant bei einem Mangel der Sache immer im Rahmen der §§ 474ff. BGB, und zwar ohne den Umweg über § 475 I 2 BGB. Vielmehr ist § 475 I 1 BGB direkt anwendbar.[817] Da die Identität des Vertrages auch nach der Übernahme des Vertrages durch den Leasinggeber aufrechterhalten bleibt, können Lieferant und Leasinggeber wegen § 475 I 1 BGB auch nicht nachträglich die Gewährleistung ausschließen.[818] Schließen Leasingnehmer und Lieferant zunächst einen Vertrag, der nicht alle Rechte des § 475 I 1 BGB zum Gegenstand hat, kann der Haftungsausschluss oder die Haftungsbeschränkung auch nicht durch

813 Näheres siehe oben: Seite 42f.

814 So auch Erhardt, 96f, mwN und Oberfeuchtner, 144f.

815 v. Westphalen/*Woitkewitsch*, Kap L, Rn. 51; Erhardt, 97.

816 BGH NJW 1995, 2290, 2291; v. Westphalen/*Woitkewitsch*, Kap L, Rn. 51; Erhardt, 97 mwN.

817 So auch: H. Beckmann, WuB I J 2. – 1.06, 373, 375; Godefroid, BB 2003, Beilage 5, 2, 8; Höpfner, ZBB 2006, 200, 205; Müller-Sarnowski, DAR 2007, 72, 74f; Oberfeuchtner, 144f; Omlor, ZGS 2008, 220, 222f; Stoffels, LMK 2006, 170499; v. Westphalen, DAR 2006, 620, 621; Erhardt, 96f; Martinek/Stoffels/Wimmer-Leonhardt/*Matusche-Beckmann*, § 52, Rn. 94; v. Westphalen/*Woitkewitsch*, Kap L, Rn. 47ff; MüKo/*Koch*, Leasing, Rn. 70; Staudinger/*R. M. Beckmann*, vor § 433, Rn. 148.

818 v. Westphalen/*Woitkewitsch*, Kap L, Rn. 61.

den Eintritt des Leasinggebers als Unternehmer von der Unwirksamkeit geheilt werden; jedenfalls nicht ohne die Zustimmung des Leasingnehmers.[819] Sollte der Leasinggeber die verbraucherspezifischen Gewährleistungsrechte jedoch nicht vollumfänglich an den Leasingnehmer abtreten, scheitert die Abtretungskonstruktion und der Leasinggeber haftet nach mietrechtlicher Gewährleistung. Denn hier hat der Leasinggeber die verbraucherspezifischen Gewährleistungsrechte schließlich durch den Liefervertrag erhalten. Diese muss er auch unbedingt, vorbehaltlos und uneingeschränkt an den Leasingnehmer weitergeben, will er die Abtretungskonstruktion aufrechterhalten.[820]

Dass beim Eintrittsmodell der Leasingnehmer in den Genuss der kaufrechtlichen Verbraucherrechte kommt, ist relativ unbestritten. Daher verwundert es nicht, wenn argumentiert wurde, da sich der Leasingnehmer im Rahmen des Eintrittsmodells gegenüber dem Lieferanten stets auf die Verbrauchsgüterkaufvorschriften berufen kann, müsse dies auch für alle andern Finanzierungsleasingverträge gelten.[821] Allerdings kann durch diesen Vergleich allein nicht die Anwendbarkeit der Verbrauchsgüterkaufvorschriften auf die problematisierten Konstellationen außerhalb des Eintrittsmodells begründet werden. Es kann sich allenfalls um ein Hilfsargument, nicht aber um die Grundlage für diese Annahme handeln. Das Eintrittsmodell nimmt somit im Zusammenhang mit der Frage nach der Anwendbarkeit der Verbrauchsgüterkaufvorschriften eine Sonderstellung ein.

(e) Einordnung des indirekten Hersteller- bzw. Händlerleasings

Das indirekte Hersteller- oder Händlerleasing stellt keine eigene Art der Vertragsanbahnung dar, sondern allenfalls eine (Unter-) Kategorie des Leasings.[822] Der Unterschied zu einem „normalen" Finanzierungsleasingvertrag liegt lediglich in der besonderen Stellung des Leasinggebers als konzernzugehöriges oder jedenfalls -verbundenes Unternehmen des Lieferanten. Da es sich bei dem Leasinggeber um eine rechtlich selbstständige Vertragspartei im Leasinggeschäft handelt, kann sich auch an der rechtlichen Ausgangslage – im Gegensatz zum direkten Hersteller- bzw. Händlerleasing – nichts ändern. In den allermeisten Fällen wird im Rahmen des Hersteller- und Händlerleasings eine Variante des Vorverhandlungsmodells zum Vertragsschluss führen. Es handelt sich um ein, sogar besonders ausgeprägtes, trilaterales Leasinggeschäft. Hier gelten dann

819 So auch Erhardt, 97 mwN.

820 Siehe oben: Seite 97.

821 Siehe hierzu schon oben: 88f; so z.B. Godefroid, BB 2003, Beilage 5, 2, 8.

822 Siehe oben: Seite 53.

obige Ausführungen entsprechend mit der Besonderheit, dass gerade in einem Fall des indirekten Hersteller- oder Händlerleasings davon auszugehen ist, dass sich der Lieferant seiner Gestaltungsmöglichkeit bewusst ist. Die Möglichkeit, statt eines Kaufvertrages ein Leasinggeschäft durchzuführen, ist Bestandteil des Geschäftsmodells des Lieferanten und geübte Praxis. Die Konzerne verwenden die enge Bindung zwischen Lieferant und Leasinggeber und die sich daraus ergebenden Vorteile ggf. als Marketinginstrument, und der Lieferant wird darauf eingerichtet sein, umgehend ein Leasinggeschäft einleiten zu können. Hier ist die Verantwortung des durch den Leasingnehmer als Ansprechpartner erwählten Lieferanten ganz besonders hoch.

Das indirekte Hersteller- und Händlerleasing, bei dem in der Regel das Instrument des Leasings zur Absatzförderung gezielt eingesetzt wird, ist wohl als Hauptgrund anzusehen, warum die Rechtsprechung des BGH im Leasing-Urteil auf ein derart umfassendes Echo gestoßen ist und zahlreiche Autoren der Auffassung sind, diese Rechtsprechung könne nicht generell auf Leasinggeschäfte angewandt werden.[823] Der häufig anzutreffende Reflex, § 475 I 2 BGB gerade beim Hersteller- und Händlerleasing anzunehmen, auch wenn die dogmatische Begründung zu wünschen übrig lässt, ist nachvollziehbar. Denn der Verbraucher sieht sich hier meist großen Konzernen mit erheblicher Marktmacht und einem ausgeklügelten System aus geschulten Lieferanten und umfassenden AGB gegenüber.[824] Darüber hinaus gibt es ein besonderes Näheverhältnis zwischen Leasinggeber und Lieferant, das, zumindest grundsätzlich, erweiterte Möglichkeiten für eine anderweitige Gestaltung zulasten des Verbrauchers bietet. Die Schutzbedürftigkeit des Verbrauchers dürfte daher gerade beim direkten Hersteller- und Händlerleasing am größten, die Gestaltungsmöglichkeit und das Gestaltungsbewusstsein hier beim Lieferanten am ausgeprägtesten sein.

(f) Anwendung der Verbrauchsgüterkaufvorschriften bei Andienungs- oder Optionsrechten

Schließlich stellt sich die Frage, wie die Verbrauchsgüterkaufvorschriften auf den Fall Anwendung finden, dass die Parteien ein Andienungs- oder Optionsrecht vereinbart haben.[825] Diese Konstellation hat mit der oben ausgeführten Problematik nichts gemein. Lediglich der Ursprung des Kaufvertrages liegt auch hier in

823 So z.B.: Höpfner, ZBB 2006, 200, 202; Jaggy, BB 2003, Beilage 5, 14, 15; v. Westphalen, DAR 2006, 620, 621f; v. Westphalen/*Woitkewitsch*, Kap L, Rn. 84ff.

824 Vgl. hierzu die Analyse bei Höpfner, ZBB 2006, 200, 202.

825 Siehe oben: Seite 39ff.

einem Leasinggeschäft. Der Vollständigkeit halber soll hier kurz auf diese Konstellationen eingegangen werden.

Wird am Ende des Leasinggeschäfts von der Option bzw. dem Andienungsrecht Gebrauch gemacht, kommt unzweifelhaft ein Kaufvertrag zwischen Leasingnehmer und Leasinggeber über das Leasinggut zustande. Das Leasinggut gilt nach Ablauf der Grundmietzeit immer als gebrauchte Sache, sodass vor der Einführung des neuen Schuldrechts die Gewährleistung wirksam auch zwischen einem Unternehmer und einem Verbraucher ausgeschlossen werden konnte.[826] Nach der Schuldrechtsmodernisierung stellt sich nun die Frage, inwiefern bei einer solchen Konstellation die Verbrauchsgüterkaufvorschriften Anwendung finden.[827] Es wird teilweise als unbefriedigend angesehen, wenn der Leasinggeber nach Ablauf des Leasingvertrages noch zur Sachmängelgewährleistung herangezogen werden soll.[828] Dadurch werde die Vollamortisation des Leasinggebers gefährdet, die der Leasingnehmer schließlich schuldet. Dies nehmen einige Stimmen in der Literatur zum Anlass, für diesen (Verbrauchsgüter-) Kauf Sonderregeln ins Leben zu rufen.[829] Dabei wird vertreten, der Leasinggeber könne sich bereits im Leasingvertrag einen ergänzenden Anspruch gegen den Leasingnehmer auf Vollamortisation für den Fall der Inanspruchnahme aufgrund kaufrechtlicher Gewährleistung vorbehalten.[830] Andernfalls sei der Vollamortisationsanspruch des Leasinggebers nicht mit dessen Gewährleistungspflicht vereinbar. Nur durch eine Vertragsgestaltung, wonach der Leasinggeber lediglich die Übertragung des Leasingguts schulde, sei das Problem zu vermeiden. Dann dürfe diese Vereinbarung allerdings nicht als Kaufvertrag angesehen werden und müsse den steuerlichen Vorgaben genügen.[831] Ebenso wird eine nachträgliche Anpassung der Leasingraten diskutiert.[832] Auch dadurch könne der Vollamortisationsanspruch gewahrt werden. Ein anderer Ansatz konstruiert einen antizipierten Gefahrübergang, wonach dieser bereits im Rahmen des Leasingvertrages stattgefunden haben soll.[833] Danach sei der Gefahrübergang bereits zu Beginn des Leasingvertrages eingetreten und für eine

---

826 Martinek/Stoffels/Wimmer-Leonhardt/*Beckmann*, § 7, Rn. 17ff.

827 Siehe hierzu ausführlich Oberfeuchtner, 146ff; und Oxe, 102ff. jeweils mwN.

828 Godefroid, BB 2003, Beilage 5, 2, 9; Weber, NJW 2003, 2348, 2350; Martinek/Stoffels/Wimmer-Leonhardt/*Beckmann*, § 7, Rn. 25.

829 MüKo/*Koch*, Leasing, Rn. 71; Godefroid, BB 2003, Beilage 5, 2, 9; Reinking, ZGS 2002, 229, 335; Weber, NJW 2003, 2348, 2350.

830 Godefroid, BB 2003, Beilage 5, 2, 9.

831 Godefroid, BB 2003, Beilage 5, 2, 9.

832 Weber, NJW 2003, 2348, 2350.

833 MüKo/*Koch*, Leasing, Rn. 71; Reinking, ZGS 2002, 229, 335.

Mängelhaftung nach § 434 I liege das Tatbestandsmerkmal des Gefahrübergangs nicht oder nicht mehr vor. Folglich sei eine Voraussetzung für einen Anspruch gegen den Leasinggeber nicht erfüllt oder bereits verjährt.[834] Darüber hinaus soll durch eine Vereinbarung über die Beschaffenheit der Mängel im Zeitpunkt der Options- oder Andienungsausübung die Gewährleistungspflicht vermieden werden.[835] Durch die Beschreibung der Mängel würde dann die Beschaffenheit der Kaufsache vereinbart, sodass diesbezüglich kein Mangel vorliegen würde. Schließlich wird versucht, eine weitere Drittverweisung, ähnlich der Abtretungskonstruktion, für die noch nicht verjährten Gewährleistungsrechte an den Lieferanten, zu vereinbaren.[836] Danach soll der Leasinggeber auch im Fall des Kaufvertrages nicht haften müssen, sondern der Lieferant.

Diese Sonderregeln für den Kaufvertrag im Rahmen eines Leasinggeschäfts sind jedoch abzulehnen.[837] Es ist nicht einzusehen, warum der Leasinggeber hier anders behandelt werden sollte als jeder andere Verkäufer auch. Wäre kein Andienungs- oder Optionsrecht vereinbart, würde der Leasingnehmer die Option nicht ziehen oder könnte der Leasinggeber das Leasinggut bei einem Andienungsrecht anderweitig besser verwerten, müsste er diesem Käufer gegenüber auch in vollem Umfang seinen Pflichten aus einem Kaufvertrag nachkommen. Würde er dann an einen Verbraucher veräußern, müsste er ohne jeden Zweifel nach den Vorschriften über den Verbrauchgüterkauf haften. Warum dies beim ehemaligen Leasingnehmer anders sein soll, erschließt sich nicht. Schließlich handelt es sich bei dem anschließenden Kaufvertrag um einen eigenständigen Vertrag, der mit dem Leasingvertrag nicht weiter verbunden ist. Die Rechte und Pflichten aus dem Kaufvertrag entstehen dann völlig unabhängig vom Leasingvertrag. Die Nachfolgeregelung soll zu einer Vollamortisation des Leasinggebers führen, wenn diese vertragsgemäß mit dem Ende der Grundmietzeit nicht erreicht ist. Andienungs- und Optionsrechte sollen dabei den Weg zur Vollamortisation erleichtern. Die Vollamortisationspflicht des Leasingnehmers kann aber nur soweit reichen, wie das Leasinggeschäft reicht. Hat der Leasingnehmer durch eine Abschlussrate die Vollamortisation des Leasinggebers sichergestellt oder gelingt dies etwa durch den Verkauf des Leasingguts, hat der Leasingnehmer seine diesbezügliche Pflicht erfüllt. Der Leasingnehmer ist nun Käufer. Eine weitere

834 Reinking, ZGS 2002, 229, 235.

835 Martinek/Stoffels/Wimmer-Leonhardt/*Beckmann*, § 7 Rn. 28.

836 Martinek/Stoffels/Wimmer-Leonhardt/*Beckmann*, § 7, Rn. 29.

837 Ebenso: Habersack, BB 2003, Beilage 6, 2, 6; Tiedtke/Möllmann, DB 2004, 583, 588; Beckmann, § 3, Rn. 226; Erhardt, 98; Oberfeuchtner, 149; Oxe, 106; v. Westphalen/*v. Westphalen*, Kap. J, Rn. 128f; v. Westphalen/ *Woitkewitsch*, Kap. L, Rn. 93.

Inanspruchnahme des Leasinggebers durch einen Erwerber liegt allein im Risiko des Leasinggebers.[838] Daran ändert sich auch nichts, wenn dieser Erwerber – mehr oder weniger zufällig – der frühere Leasingnehmer ist. Der vormalige Leasingnehmer hat keine andere Stellung inne, als dies ein beliebiger anderer Käufer auch hätte. Die sich aus der Weiterveräußerung ergebenden Risiken sind gerade solche Risiken, die dem Eigentum immanent sind. Warum diese auch auf den Leasingnehmer übertragen werden sollen, erschließt sich nicht, auch nicht aus den Leasingerlassen. Für eine Schlechterstellung des Leasingnehmers besteht kein Grund, zumal der Leasinggeber durch das Ausüben der Rechte nicht unerhebliche Ersparnisse gegenüber einer Drittveräußerung hat. Es werden Vertragskosten, Lager- und Überführungskosten sowie der Zeitaufwand eingespart.

Darüber hinaus muss beachtet werden, dass alle Ansätze, die den Leasinggeber schützen und die Rechte des Leasingnehmers bzw. späteren Käufers zu beschneiden versuchen, entweder ineffizient sind[839] oder eklatant gegen das Umgehungsverbot verstoßen.[840] Folglich handelt es sich bei einem Leasingvertrag mit Andienungs- oder Optionsrecht um einen herkömmlichen Kaufvertrag, auf den die kaufrechtlichen Vorschriften Anwendung finden. Ist der Käufer und einstige Leasingnehmer Verbraucher, sind darüber hinaus die besonderen Verbrauchsgüterkaufvorschriften anzuwenden.

(g) Zwischenergebnis

Eine Einordnung der verschiedenen Leasingmodelle in solche, in denen das Umgehungsverbot greift – und aufgrund eines unzulässigen Umgehungsgeschäfts der Lieferant dem Leasingnehmer zu Gewährleistung verpflichtet ist – und solche, in denen ein Umgehungstatbestand nicht vorliegt und wegen der daraus folgenden Unwirksamkeit der Abtretungskonstruktion der Leasinggeber haftet, ist durchaus möglich. Danach ist bei einem Leasinggeschäft, bei dem sich der Leasingnehmer direkt an den Leasinggeber wendet und dieser das Leasinggut selbst beschafft, eher davon auszugehen, dass kein Umgehungsgeschäft vorliegt und der Leasingnehmer sich, wenn der Lieferant aufgrund einer Haftungsbeschränkung nicht zu Gewährleistung verpflichtet ist, an den Leasinggeber halten muss. Hat der Leasingnehmer hingegen zunächst den Weg zum Lieferanten eingeschlagen und kommt über diesen das Leasinggeschäft zustande, ist in der

838 So auch v. Westphalen/*Woitkewitsch*, Kap. L, Rn. 94ff.

839 Martinek/Stoffels/Wimmer-Leonhardt/*Beckmann*, § 7, Rn. 29f.

840 MüKo/*Koch*, Leasing, Rn. 71; Godefroid, BB 2003, Beilage 5, 2, 9; Reinking, ZGS 2002, 229, 335; Weber, NJW 2003, 2348, 2350.

Regel der Lieferant zur Gewährleistung im Umfang der Gewährleistungsrechte aus § 475 I 1 BGB verpflichtet. Der Leasingnehmer ist dadurch ausreichend geschützt und die leasingtypische Abtretungskonstruktion hält einer Inhaltskontrolle stand. Der Leasinggeber bleibt dann von einer mietrechtlichen Gewährleistungshaftung befreit.

Allerdings kann diese Einordnung nur als ein Indiz im Sinne eines ersten Anscheins gewertet werden. Es sind durchaus Sachverhalte denkbar, die bei genauer Prüfung der Voraussetzungen des § 475 I 2 BGB zu einem anderen Ergebnis führen können. Eine Einzelfallprüfung ist daher immer erforderlich, wenn es Abweichungen von den typischen Leasingmodellen gibt. Diese Grundsätze finden auch auf das indirekte Hersteller- bzw. Händlerleasing Anwendung. Dort ist allerdings mit erhöhter Wahrscheinlichkeit von einer Haftung des Lieferanten wegen § 475 I 2 BGB auszugehen, da der Lieferant in dieser Konstellation nahezu immer Gestaltungsmöglichkeit und -bewusstsein hat.

Besonderheiten ergeben sich beim Eintrittsmodell. Dabei haftet der Lieferant stets im Umfang des § 475 I 1 BGB, da der Kaufvertrag mit einem Verbraucher geschlossen wurde und der Charakter des Kaufvertrages sich durch den Eintritt des Leasinggebers nicht ändert. Eine Anwendung von § 475 I 2 BGB ist daher entbehrlich. Abweichende Vereinbarungen zwischen Lieferant und Leasinggeber sind nicht möglich oder unwirksam. Der Leasingnehmer als Verbraucher ist immer ausreichend geschützt.

Andienungs- bzw. Optionsrechte aus dem Leasingvertrag ändern an der Haftung des Lieferanten nichts. Diese führen allerdings zu einem Verbrauchsgüterkauf zwischen Leasinggeber und Leasingnehmer, wenn das Andienungs- bzw. Optionsrecht ausgeübt wird. In diesen Fällen ist der Leasinggeber als Verkäufer dem Leasingnehmer zur verbraucherspezifischen Gewährleistung für gebrauchte bewegliche Sachen verpflichtet.[841]

3. Rechtsfolgen der Anwendung des § 475 I 2 BGB auf Leasingverträge

Findet § 475 I 2 BGB Anwendung, stellt sich die Frage nach der Rechtsfolge dieser Anwendung. Richtigerweise führt das unzulässige Umgehungsgeschäft zur vollen Anwendung der in § 475 I 1 BGB als zwingend normierten (Verbrauchsgüter-)Kaufvorschriften.[842] Das Leasinggeschäft rechtfertigt keine abweichende

841 Zur problemspezifischen Situation in anderen Ländern vergleiche die eingängigen Ausführungen bei Oberfeuchtner, 222ff.

842 Zum Umfang der Rechtsfolgen siehe oben: Seite 64ff.

bzw. einschränkende Anwendung. Leasingtypische Ausnahmen von den zwingenden Rechten aus § 475 I 1 BGB sind weder in der Sache angezeigt, noch dogmatisch haltbar.[843] Im Ergebnis ist daher jede Abweichung von den zwingenden Vorschriften unwirksam. Welche Auswirkungen die konsequente Anwendung von § 475 I 1 BGB auf typische, bei Leasinggeschäften verwendete Klauseln hat, wurde bereits ausführlich an anderer Stelle untersucht[844] und soll nicht Gegenstand dieser Arbeit sein.

Eine weitere Rechtsfolge der Anwendung von § 475 I 2 BGB auf Leasinggeschäfte ist die der These zugrunde gelegte und nunmehr belegte Annahme, dass die Abtretungskonstruktion im Leasingvertrag zwischen Leasingnehmer und Leasinggeber wirksam ist und einer Inhaltskontrolle standhält. Der Leasingnehmer ist durch die Haftung des Lieferanten nach §§ 474ff. BGB vollumfänglich geschützt und eine unangemessene Benachteiligung im Sinne des § 307 BGB wegen des mietrechtlichen Gewährleistungsausschlusses im Verhältnis zum Leasinggeber liegt nicht vor. Als Konsequenz bleibt der Gewährleistungsausschluss wirksam und der Leasinggeber kann unter keinem Gesichtspunkt zur Gewährleistung herangezogen werden.

843 So auch Müller-Sarnowski, DAR 2007, 72, 76; Omlor, ZGS 2008, 220, 222; v. Westphalen, DAR 2006, 620, 624; Erhardt, 107; v. Westphalen/*Woitkewitsch*, Kap. L, Rn. 104 sowie Reinking/Kessler/Sprenger, § 4, Rn. 19.

844 Vgl. nur v. Westphalen/*Woitkewitsch*, Kap. L, Rn. 102ff, mit der Prüfung von vielen praxistypischen Klauseln und weiteren Nachweisen; siehe auch Oxe, 109ff.

C. Zusammenfassung und Ergebnis

Die anfangs aufgeworfene Frage, ob und wenn ja unter welchen Umständen die Verbrauchsgüterkaufvorschriften auf Leasinggeschäfte Anwendung finden, ist nach den hier vertretenen Ansichten und nach vorstehender Herleitung wie folgt zu beantworten:

Bei einem Leasinggeschäft nach dem Eintrittsmodell finden die Verbrauchsgüterkaufvorschriften stets und unmittelbar Anwendung, da sich durch Übertragung des Liefervertrages auf den Leasinggeber an dessen Charakter als Verbrauchsgüterkauf nichts ändert. Ist im Leasingvertrag ein Andienungs- oder Optionsrecht vereinbart, finden die Verbrauchsgüterkaufvorschriften mit Eintritt der jeweiligen Bedingung im Vertragsverhältnis zwischen Leasinggeber und Leasingnehmer unmittelbar und vollumfänglich Anwendung.

Bei einem nicht nach dem Eintrittsmodell zustande gekommenen Leasinggeschäft, bei dem im Kaufvertrag zwischen Lieferant und Leasinggeber Gewährleistungsrechte ganz oder teilweise ausgeschlossen sind, und dem Leasingnehmer deswegen nur unvollständig im Rahmen der leasingtypischen Abtretungskonstruktion übertragen werden, kann der Leasingnehmer, der auch Verbraucher ist, entweder den Leasinggeber oder den Lieferanten in Anspruch nehmen und sich schadlos halten. Dabei ist wie folgt zu differenzieren:

Findet das Umgehungsverbot nach § 475 I 2 BGB Anwendung, muss sich der Leasingnehmer, wie in der zu Beginn der eigenen Stellungnahme aufgestellten These angenommen, an den Lieferanten halten, und der Rückgriff auf den Leasinggeber ist ihm wegen des dann wirksamen Gewährleistungsausschlusses im Leasingvertrag verwehrt.

Findet das Umgehungsverbot nach § 475 I 2 BGB keine Anwendung, kann sich der Leasingnehmer nicht an den Lieferanten halten und er stünde rechtlos. Aus diesem Grund scheitert die Abtretungskonstruktion wegen einer unangemessenen Benachteiligung des Leasingnehmers nach § 307 BGB und der Leasinggeber ist gemäß § 306 II BGB vollumfänglich zur mietrechtlichen Gewährleistung verpflichtet.

Das Umgehungsverbot nach § 475 I 2 BGB kann grundsätzlich auch auf Leasinggeschäfte Anwendung finden, da nach einer – an die von Rechtsprechung und Lehre zur Anwendung bei Agenturgeschäften angelehnten – wirtschaftlichen Betrachtungsweise der Leasingnehmer wie ein Käufer anzusehen ist. Es ist nicht erforderlich, dass der Lieferant eine wie auch immer geartete Umgehungsabsicht hat. Das Vorliegen eines Umgehungsgeschäfts ist von einem, auf die Umgehung bezogenen Willen des Lieferanten unabhängig. Vielmehr ist der Verbraucherschutz objektiv zu gewährleisten.

Im Konkreten setzt die Anwendung des § 475 I 2 BGB voraus, dass – nach einer modifizierten wirtschaftlichen Betrachtungsweise – der Lieferant als Verkäufer des Leasingguts objektiv die Möglichkeit einer anderweitigen Gestaltung hat und sich subjektiv über diese Gestaltungsmöglichkeit bewusst ist, also auch ein Gestaltungsbewusstsein hat. Liegen darüber hinaus die Voraussetzungen von § 475 I 1 BGB als der umgangenen Norm vor, ist der Lieferant gegenüber dem Leasingnehmer zur Gewährleistung verpflichtet.

Bei welchen Leasinggeschäften § 475 I 2 BGB Anwendung findet, richtet sich stets nach einer Untersuchung des Einzelfalls. Will man versuchen, die verschiedenen Leasingmodelle und Arten der Vertragsanbahnung in Bezug auf die Anwendung von § 475 I 2 BGB zu kategorisieren, bedarf es eines über das vorgenannte Ergebnis hinausgehenden Abgrenzungskriteriums. Als solches ist auf den Leasingnehmer abzustellen, der durch sein Vorgehen entweder eher ein lineares oder ein trilaterales Leasinggeschäft einleitet. Bei einem linearen Leasinggeschäft ist grundsätzlich nicht von einer Anwendung von § 475 I 2 BGB auszugehen, da dem Lieferanten dabei zumeist das Gestaltungsbewusstsein fehlt. Bei einem trilateralen Leasinggeschäft ist eher von einer Anwendung des § 475 I 2 BGB und der Haftung des Lieferanten auszugehen, da dieser in der Regel ein Gestaltungsbewusstsein und die Möglichkeit der anderweitigen Gestaltung hat. Als lineare Leasinggeschäfte sind häufig Leasinggeschäfte anzusehen, bei denen sich der Leasingvertrag durch Eigenbeschaffung durch den Leasingnehmer anbahnt. Trilaterale Leasinggeschäfte sind häufig solche nach dem Vorverhandlungsmodell, wozu in seiner besonderen Ausprägung insbesondere das indirekte Hersteller- und Händlerleasing zählt.

Fehlt es an den Voraussetzungen des § 475 I 2 BGB, haftet der Leasinggeber. Das Leasingurteil des BGH vom 21.12.2005 steht daher im Ergebnis in Einklang mit der hier gefundenen Lösung. Auch nach dem dort zugrunde liegenden Sachverhalt hat es sich wohl um ein lineares Leasinggeschäft gehandelt und es hat dem Lieferanten möglicherweise an Gestaltungsbewusstsein und / oder der Möglichkeit der anderweitigen Gestaltung gefehlt. Der dogmatischen Herleitung des BGH, insbesondere dem Abstellen auf den Zweck des Leasinggeschäfts, kann allerdings nicht gefolgt werden. Vielmehr ist auf die vom BGH in seinen Agenturgeschäftsurteilen entwickelte Grundsätze zurückzugreifen, die das hier gefundene Ergebnis stützen und als Grundlage für die dogmatische Herleitung der Anwendung der Verbrauchsgüterkaufvorschriften auf Leasinggeschäfte dienen können.

Anderen Ansätzen aus der Literatur stehen die sich aus der typologischen Einordnung ergebenden Zwänge entgegen, oder sie müssen sich entgegen halten lassen, dass sie auf Kosten der Dogmatik und Systematik bei der Problemlösung zu sehr auf Wertungen und Interessenabwägungen abstellen. Auch nach der hier vertretenen Lösung ist eine Einzelfallbetrachtung angezeigt. Allerdings wurde der Versuch unternommen, diese Einzelfallbetrachtung in einen dogmatischen Rahmen zu kleiden. Dieser Rahmen soll Grundlage der Einzelfallbetrachtung sein, ohne sich mit Verweis auf die Einzelfallbetrachtung der Dogmatik und Systematik zu entziehen.

Schriften zum Handels- und Wirtschaftsrecht

Herausgegeben von Michael Kling, Herbert Leßmann und Ralph Backhaus

Band 1 Thomas Häuser: Die Eigenmittel der Kreditinstitute und mögliche Erweiterungen. 2000.

Band 2 Susanne Koch: Schutz vor kommerzieller Markenverunglimpfung durch das Markengesetz. 2001.

Band 3 Andreas Lachmann: Haftungs- und Vermögensfolgen bei Sitzverlegung ausländischer Kapitalgesellschaften ins Inland. 2000.

Band 4 Markus Fischer: Die freie Benutzung beim Schreiben künstlerischer Literatur. 2001.

Band 5 Frank Zingel: Ausbietungsgarantien. Rechtliche Probleme eines Kreditsicherungsmittels. 2001.

Band 6 Stephan Marienfeld: Konzernproblematiken bei der Publikumspersonengesellschaft. Dargestellt an den Beispielen der Mehrheitsentscheidungen, des Beirates und der Treuhandkonstruktion. 2001.

Band 7 Tobias Menzel: Werbebeschränkungen im Sport. Eine wettbewerbsrechtliche Untersuchung verbandsrechtlicher Werbebeschränkungen am Beispiel des DFB. 2002.

Band 8 Thomas Ullrich: Unternehmensmitbestimmung in der kapitalistischen Kommanditgesellschaft auf Aktien. 2002.

Band 9 Sebastian Jungermann: Der Beweiswert elektronischer Signaturen. Eine Studie zur Verläßlichkeit elektronischer Signaturen und zu den Voraussetzungen und Rechtsfolgen des § 292a ZPO. 2002.

Band 10 Axel Schilder: Schadensersatz bei Durchbrechung der Bindung an obligatorische Vertragsofferten. Eine vergleichende Untersuchung zum BGB und zum UN-Kaufrecht (CISG). 2003.

Band 11 Götz Wied: Gewinnversprechen von Versandfirmen. Rechtfertigung, Auslegung und Anwendungsprobleme des § 661a BGB. 2003.

Band 12 Timo Elsner: Die laufende Kontrolle der Tochtergesellschaften durch die Verwaltung der Muttergesellschaft. Eine Konkretisierung der aktiengesetzlichen Grundlagen. 2004.

Band 13 Elmar Mand: Das Recht der Kabelweitersendung. Kabelweiterleitung von Rundfunkprogrammen im Lichte des § 20 b UrhG. 2004.

Band 14 Thorsten Schaefer: Normenkonkurrenz beim Schutz von Marken und geschäftlichen Bezeichnungen. 2005.

Band 15 Frank Fricke: Zivilrechtliche Folgen von Verstößen gegen das SchwarzArbG. 2005.

Band 16 Christine Bunzel: Der Ersatz vergeblicher Aufwendungen im modernisierten Schuldrecht. 2007.

Band 17 Christian Severin: Auflassungsvormerkung und Eingriffsschutz. Zur Frage, ob dem Inhaber eines vormerkungsgesicherten Eigentumsverschaffungsanspruchs Sanktionsschutz gegen faktische Einwirkungen auf das vormerkungsbelastete Grundstück zukommt. 2008.

Band 18 Young-Jong Yi: Zur Strukturreform der koreanischen börsennotierten AG vor dem Hintergrund des deutschen und des US-amerikanischen Aktienrechts. 2008.

Band 19 Sandra Löwer: Inhaltskontrolle von Nutzungs- und Leistungsbeziehungen zwischen dem Idealverein und seinen Mitgliedern. 2008.

Band 20 Sandra Mießner: Providerhaftung, Störerhaftung und Internetauktion. 2008.

Band 21 Alexander W. Schilling: Passivlegitimation im gewerblichen Rechtsschutz und Urheberrecht. Die Bestimmung des Anspruchsgegners des urheber-, marken- und wettbewerbsrechtlichen Unterlassungsanspruchs anhand von Verkehrspflichten. 2010.

Band 22 Florian Mizdalski: Zur restriktiven Auslegung der Urheberschranken vor dem Hintergrund von Art. 5 GG. 2011.

Band 23 Isabel Reingardt: Das Schriftformerfordernis nach § 550 BGB. 2013.

Band 24 Manuel Diller: Der Interessenausgleich zwischen Eigentümern und Urhebern. Unter besonderer Berücksichtigung von Religionsgemeinschaften als Eigentümer urheberrechtlich geschützter Werke. 2013.

Band 25 Christian Matthias Moers: Dezentrale Arzneimittelrabattvereinbarungen. Der Selektivvertrag zwischen markt- und staatsförmigen Allokationsmechanismen. 2013.

Band 26 Nadine Hartung: Die Gewährung konzernweiter Leistungen und ihr Schicksal beim Betriebsübergang auf einen konzernfremden Dritten. 2013.

Band 27 Patrick Fromlowitz: Das Urheberpersönlichkeitsrecht und das allgemeine Persönlichkeitsrecht. Eine vergleichende Untersuchung unter besonderer Berücksichtigung der geschichtlichen Entwicklung, des Inhalts, des postmortalen Schutzes und der Übertragbarkeit. 2014.

Band 28 Marc Osken: Die schlichte Einwilligung im Urheberrecht. Eine Untersuchung unter Berücksichtigung der Vorschaubilder-Rechtsprechung des BGH. 2014.

Band 29 Maximilian Jordan: Der zeitliche Anwendungsbereich des allgemeinen Leistungsstörungsrechts und der besonderen Gewährleistungsrechte beim Kauf-, Werk- und Mietvertrag. 2015.

Band 30 Michael Schlemmer: Die Anwendbarkeit der Verbrauchsgüterkaufvorschriften auf Leasinggeschäfte. Zugleich ein Beitrag zur Lehre vom Umgehungsgeschäft. 2017.

www.peterlang.com